This is Brussels

Eric Ostermann • Christian Middagh

This is Brussels

Bruxelles – Brussel

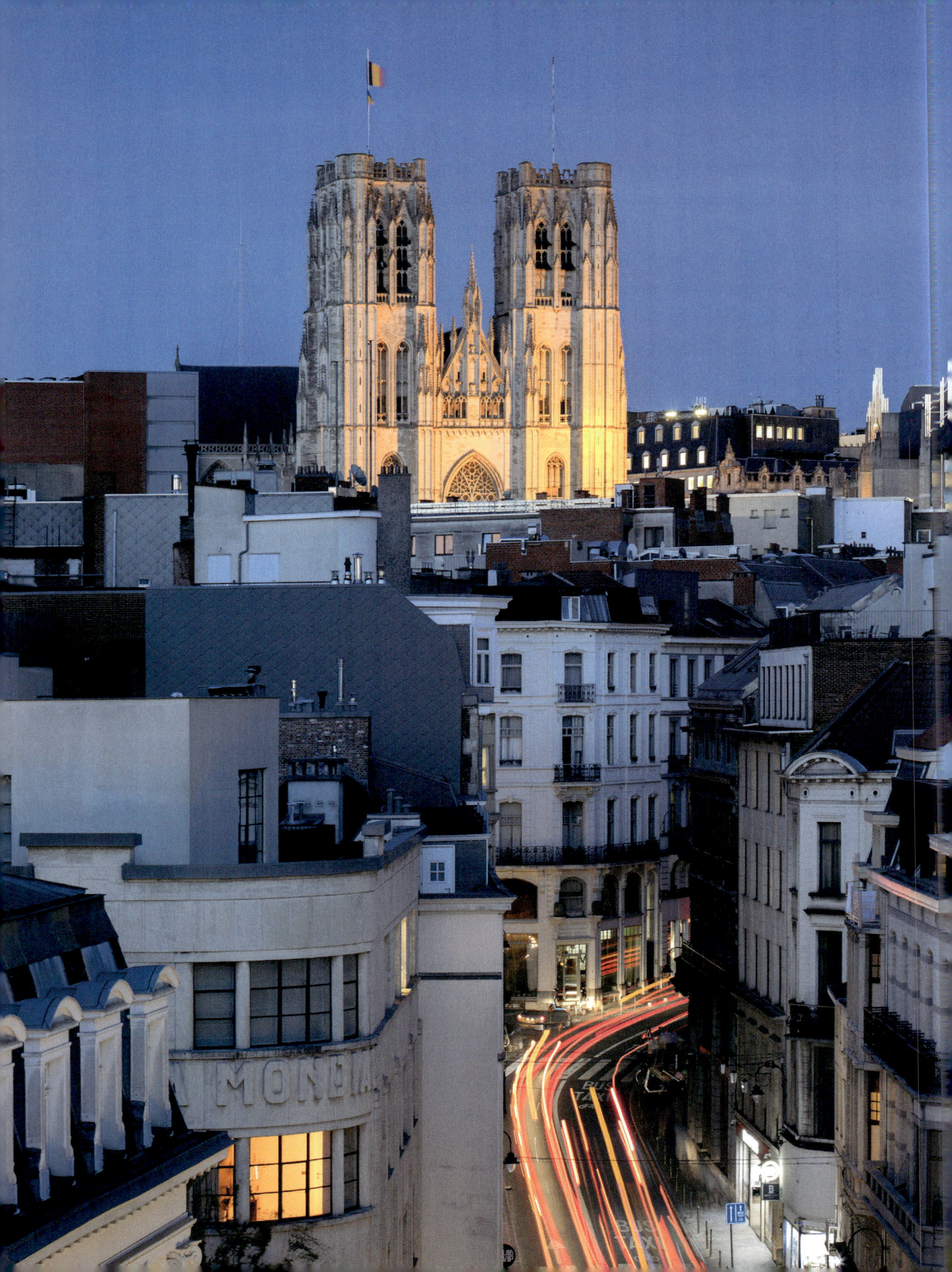
MONDIA

Fr.

Bruxelles est incontestablement la ville de tous : un million deux cent cinquante mille citoyens, cent quatre-vingts nationalités qui y pratiquent plus de cent langues différentes, dont trois nationales, c'est Babel ! Mais, à Bruxelles, on dit « babeleir » (prononcez [babe-leeeer] : le terme désigne une personne très bavarde en bruxellois).

Capitale de l'Union européenne, de la Belgique, de la Flandre, siège de l'OTAN, de l'État fédéral, de la Fédération Wallonie-Bruxelles et de la Communauté flamande, elle est aussi l'une des trois régions autonomes du pays. Ça fait beaucoup !

Bruxelles est donc un carrefour. Mais à un carrefour, on passe, tandis qu'à Bruxelles, on reste et cela fait toute la différence.

Ses dix-neuf communes se partagent 164 petits km², là où, par exemple, Londres couvre 1572 km² et Paris 2846. Bruxelles-Ville s'étend sur 33 km² seulement : pour une capitale… c'est minuscule !

Forcément, ses communes sont des villages, ses quartiers des hameaux. Commune, le joli mot ! Tellement plus attachant qu'arrondissement ou district. Commune, commun, comme un : ce qui est partagé par tous, ce qui est simple, qui nous rassemble, passion commune. Un singulier pour tant de pluriels, c'est cela Bruxelles.

Bruxelles est également la capitale la plus verte d'Europe : les arbres de ses parcs, de son bois et de la forêt toute proche laissent pousser leurs racines au pied des immeubles.

Bruxelles est une proximité. On ne va pas à Bruxelles, non … non peut-être ! On va à Flagey, dans les Marolles, à Sainte-Catherine ou au Parvis. On passe de l'un à l'autre, d'une atmosphère à l'autre, en un sourire.

Et puisqu'on y est proche de tout, l'important est de s'y perdre, vu qu'on se retrouve toujours quelque part.

Ce livre vous invite à découvrir la ville par touches de couleurs chaudes et pastel, chères aux fauves brabançons : celles de ses quartiers, ses recoins, son accent, son architecture, ses parcs, ses trésors cachés que tous les Bruxellois connaissent.

Tournez les pages et perdez-vous… En petits bouts d'âme et en pixels : *This is Brussels.*

Nl.

Brussel is de stad van iedereen, zoveel is zeker. Eén miljoen tweehonderdvijftigduizend burgers en honderdtachtig nationaliteiten die samen meer dan honderd verschillende talen spreken, waarvan er drie de landstaal zijn... Welkom in Babel! Maar in Brussel zeggen we 'babeleir' (spreek uit als [babeleeeer]: een Brussels woord om een erg spraakzaam persoon aan te duiden).

Hoofdstad van de Europese Unie, van België én van Vlaanderen. Hoofdzetel van de NAVO, van de Federale Staat, van de Federatie Wallonië-Brussel en van de Vlaamse Gemeenschap, én ook nog eens een van de drie autonome gewesten van het land. Da's heel veel!

Brussel is dus een kruispunt. Maar een kruispunt steek je over, terwijl je in Brussel blijft hangen. Dat maakt het hele verschil.

De negentien gemeenten van de stad zijn samen goed voor een luttele 164 km^2, terwijl bijvoorbeeld Londen 1572 km^2 groot is en Parijs maar liefst 2846 km^2. Brussel-Stad beslaat amper 33 km^2: voor een hoofdstad is dat... piepklein!

De Brusselse gemeenten zijn dan ook dorpen, en de wijken gehuchten. Wat een mooi woord ook: gemeente! Zoveel lieflijker dan arrondissement of district. Gemeente, gemeenschappelijk, gemeen, één: wat iedereen met elkaar deelt, wat eenvoudig is, wat ons samenbrengt, gemeenschappelijke passie. Een enkelvoud voor zoveel meervouden, dat is Brussel.

Brussel is ook de groenste hoofdstad van Europa: de bomen van de parken, bossen en het vlakbij gelegen woud laten hun wortels groeien aan de voet van de gebouwen.

Brussel staat voor nabijheid. Je gaat niet zomaar naar Brussel... *non peut-être*! Je gaat naar Flagey, naar de Marollen, naar Sint-Katelijne of naar de *Parvis*. Je gaat van het een naar het ander, van de ene sfeer naar de andere, met een glimlach.

En aangezien je hier dicht bij alles bent, is het ook belangrijk om te verdwalen. Je komt immers altijd wel weer ergens uit.

Dit boek nodigt uit om de stad te ontdekken aan de hand van toefjes warme kleuren en pasteltinten waar ook de Brabantse fauvisten zo van hielden: de kleuren van de wijken, verborgen hoekjes, het accent, de architectuur, de parken en de verscholen schatten van de stad die elke Brusselaar kent.

Sla dus de pagina's om en verdwaal in een stukje ziel van de stad, gevat in pixels: *This is Brussels*.

En.

Brussels is undoubtedly a city for everyone: 1.25 million residents, 180 nationalities, and over a hundred different languages spoken—three of which are official. It's like a modern-day Babel! Coincidentally or not, in Brussels, «babeleir» (pronounced [babeleeeer]) is what locals call someone who loves to chatter.

Brussels is a crossroads. But while a crossroads might be a place you pass through, Brussels is a place where people stay, and that makes all the difference.

Brussels, the capital of the European Union, Belgium, and Flanders, hosts NATO, the federal government, the Wallonia-Brussels Federation, and the Flemish Community, so it wears many hats. It is also one of the country's three autonomous regions. That's quite a lot for one city!

Its 19 communes (yes, just 19!) cover only 164 km^2. For comparison, London spans 1,572 square kilometres, and Paris measures 2,846 square kilometres. The City of Brussels itself is merely 33 square kilometres—tiny for a capital city!

So, of course, its communes feel like villages, and its neighbourhoods like hamlets. Commune—such a charming word! So much warmer than district or borough. 'Commune', like 'common'—what we share, what brings us together, what we care about. One singular word for so many plural identities: typically Brussels.

Brussels is also Europe's greenest capital: the trees in its parks, woodlands, and the nearby forest extend their roots all the way to the bases of apartment blocks.

Brussels is about intimacy. People don't just visit Brussels—they go to Flagey, to the Marolles, to Sainte-Catherine, to the Parvis. Moving from one specific place to another, from one atmosphere to the next, with a smile.

And since everything is so close by, the best way to explore this urban phenomenon is to get lost—you'll always find yourself somewhere you want to be.

This book invites you to explore the city in warm, pastel hues, reminiscent of those cherished by the Brabant Fauves—through its neighbourhoods, hidden corners, accents, architecture, parks, and secret treasures known to every true 'Brusseleir'.

Turn the pages and lose yourself... in tiny fragments of colourful soul and pixels: This is Brussels.

Eric Ostermann

FR. Autodidacte et passionné par la photographie, il a aiguisé son regard et sa technique au fil des années. Sillonnant les rues de la capitale, du haut des immeubles jusqu'au ras du sol, il en a fait son principal sujet depuis 2005 pour en capturer l'essence et partager ses œuvres sur les réseaux sociaux et au travers d'expositions.

NL. Een autodidact en gepassioneerd fotograaf, die met de jaren zijn ogen en techniek steeds verder verfijnt. Sinds 2005 is het vastleggen van Brussel zijn hoofdthema: hij trekt kriskras door de straten van de hoofdstad en weet de essentie te vangen, vanaf de daken van gebouwen tot op straatniveau. Hij deelt zijn werk op sociale netwerken en via tentoonstellingen.

EN. A self-taught photographer driven by passion, he has sharpened his eye and technique over the years. Since 2005, he has made Brussels his main subject, roaming its streets from rooftop heights to street level, capturing its essence and sharing his work through social media and exhibitions.

Christian Middagh

FR. Historien de l'art de formation, organisateur d'événements et crieur de rue, il aime la *zwanze* de Bruxelles, son histoire, sa population colorée, sa modestie et son bien vivre, l'odeur de la Grand-Place au petit matin, ses pavés brillants sous la pluie, ses hauts et ses bas, ses doutes et ses contrastes.

NL. Kunsthistoricus, evenementenorganisator en stadsomroeper. Geboren in Brussel uit een vader uit Sint-Gillis en een moeder uit Andersen. Verliefd op zijn stad en houdt van de Brusselse 'zwanze', haar geschiedenis en kleurrijke bewoners, de bescheidenheid en het goede leven, de geur van de Grote Markt in de vroege ochtend, de glimmende kasseien in de regen, haar ups en downs, haar twijfels en contrasten.

EN. An art historian by training, event organizer and town crier, he is deeply attached to Brussels. He loves its *zwanze* humor, rich history, colorful population, modesty and art of living—the scent of the Grand-Place at dawn, the glistening cobblestones in the rain, its ups and downs, doubts, and contrasts.

SOMMAIRE / INHOUD / CONTENTS

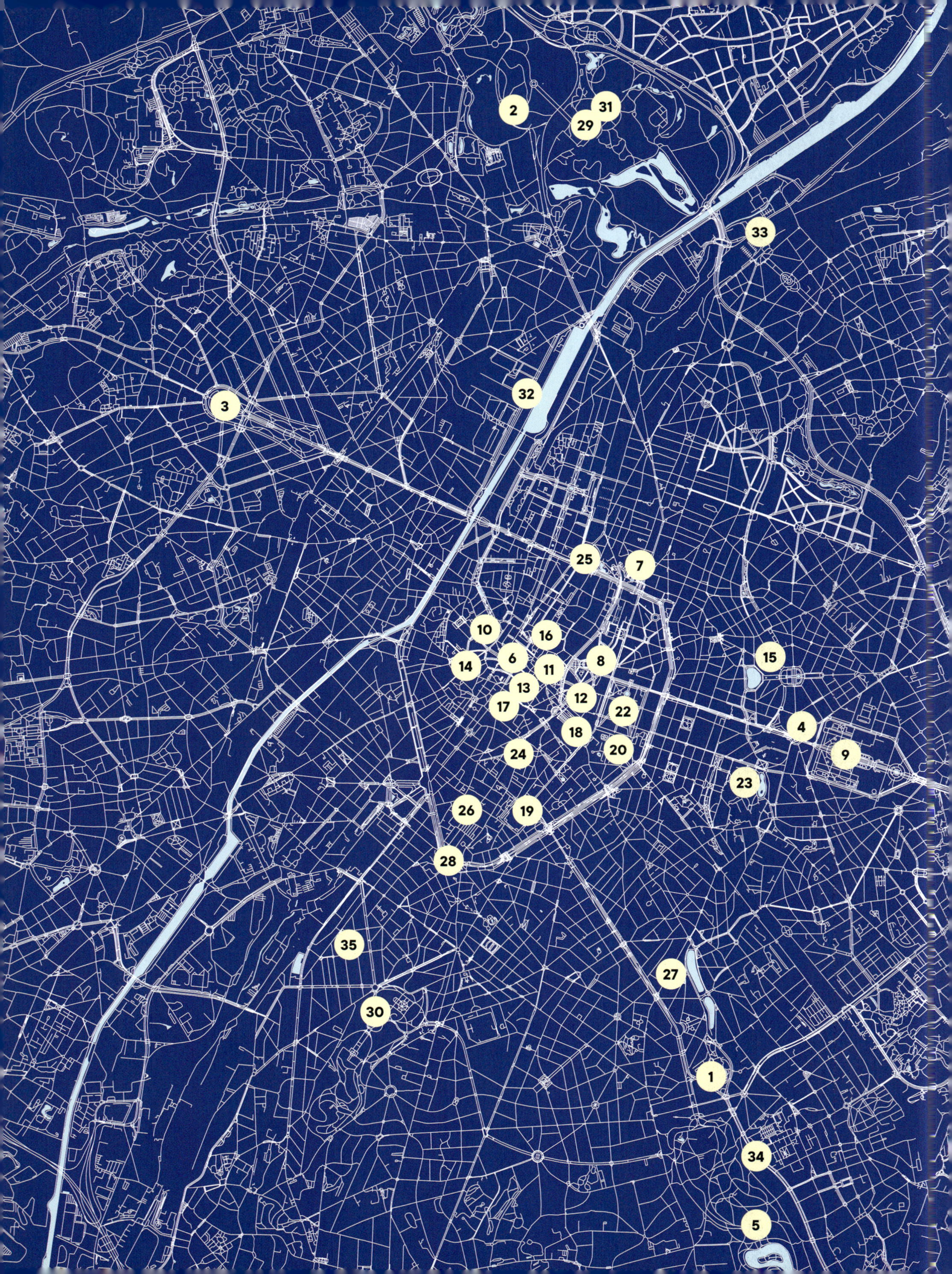

2
31
29
33
3
32
25
7
10
16
6
14
11
8
15
13
12
17
22
18
4
9
24
20
23
26
19
28
35
27
30
1
34
5

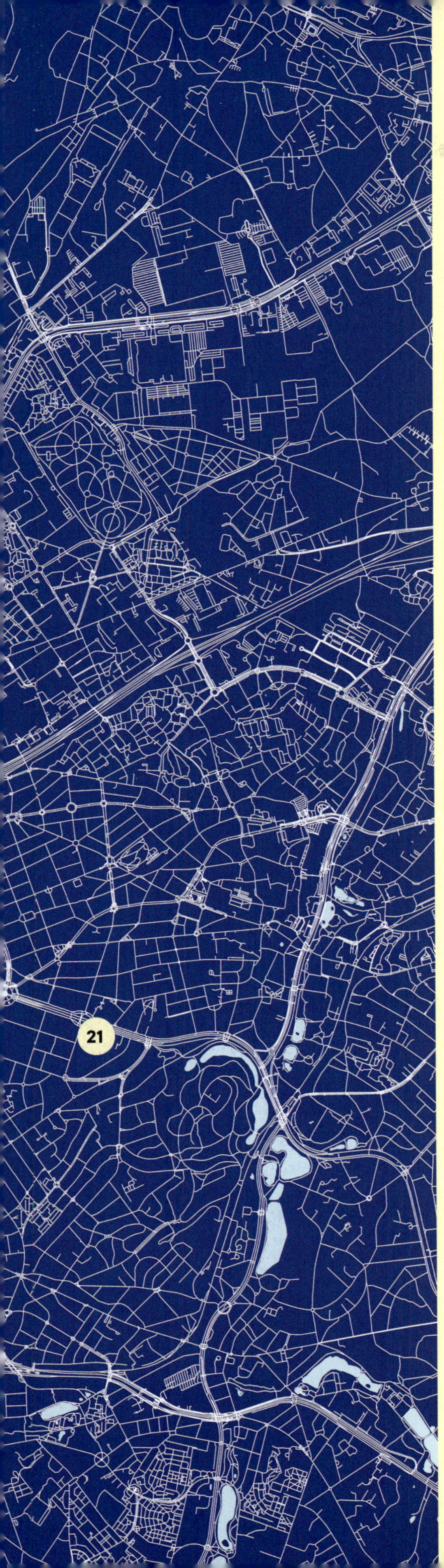

1. Abbaye de la Cambre / Abdij Ter Kameren / La Cambre Abbey
2. Atomium
3. Basilique du Sacré-Cœur de Koekelberg / Basiliek van het Heilig Hart / Basilica of the Sacred Heart
4. Berlaymont / Berlaymont building
5. Bois de la Cambre / Ter Kamerenbos
6. Bourse / Beurs / Brussels Stock Exchange
7. Botanique / Kruidtuin
8. Cathédrale des Saints-Michel-et-Gudule / Sint-Michiels-en-Sint-Goedelekathedraal / Saint Michael and Saint Gudula Cathedral
9. Cinquantenaire / Jubelpark
10. Église Sainte-Catherine / Sint-Katelijnekerk / Church of Sainte-Catherine
11. Galeries Royales Saint-Hubert / Koninklijke Sint-Hubertusgalerijen / Saint-Hubert Royal Galleries
12. Gare centrale / Centraal Station / Brussels-Central railway station
13. Grand-Place / Grote Markt
14. Halles Saint-Géry / Sint-Gorikshallen
15. Hôtel Van Eetvelde
16. Le théâtre royal de la Monnaie / De Koninklijke Muntschouwburg / The Royal Theatre of La Monnaie
17. Manneken-Pis
18. Mont des Arts / Kunstberg
19. Palais de Justice / Justitiepaleis / Palace of Justice
20. Palais royal / Koninklijk Paleis / Royal Palace
21. Palais Stoclet / Stocletpaleis / Stoclet Palace
22. Parc de Bruxelles / Warandepark / Royal Park
23. Parlement Européen / Europees Parlement / European Parliament
24. Petit Sablon / Kleine Zavelsquare
25. Place Charles Rogier / Rogierplein
26. Place du Jeu de Balle / Vossenplein
27. Place Flagey / Flageyplein
28. Porte de Hal / Hallepoort / Halle Gate
29. Serres royales de Laeken / Koninklijke Serres van Laken / Royal Greenhouses of Laeken
30. Stade Joseph Marien / Joseph Marienstadion
31. Tour japonaise / Japanse Toren / Japanese Tower
32. Tour & Taxis
33. Train World
34. Villa Empain
35. Wiels

La Grand-Place
De Grote Markt
The Grand-Place

La plus belle place du monde !

Het mooiste plein ter wereld!

The most beautiful square in the world!

Fr.

« C'est la plus belle place du monde ! » Ce ne sont pas les Bruxellois qui le disent, ils savent bien qu'ils n'ont pas vu toutes les grand-places du monde, ce sont les touristes qui la découvrent. Mais pourquoi donc ?

Grandiose mais pas grandiloquente, elle n'écrase pas le visiteur de sa magnificence, elle l'accueille. La Grand-Place est unique mais pas uniforme et dans sa multiplicité, on ressent les envies et les volontés, toutes différentes, de tous ces gens qui l'ont rêvée.

« La Grand-Place est la seule expérience urbanistique en Europe conçue sans accord, sans unité », écrit l'historien de Bruxelles Roel Jacobs. Détruite presque totalement par l'armée de Louis XIV en 1695, à l'exception des murs de l'Hôtel de ville, ce sont les corporations qui reconstruisirent ses maisons, chacune avec son architecte afin d'être bien différente des autres.

À l'ouest (à droite lorsque l'on regarde l'Hôtel de ville), sept maisons revendiquent leurs différences et pourtant, quand on regarde l'ensemble, « ça donne bien », comme on dit à Bruxelles, même si l'une présente une poupe de bateau, d'autres un phénix ou saint Nicolas. Toutes les maisons baroques de la Grand-Place répondent à cette volonté : faire ensemble, mais surtout pas la même chose.

À l'inverse, à l'est, l'énorme façade de la maison des Ducs de Brabant semble offrir une belle unité néoclassique à tout ce côté. Il fallait bien donner l'impression de céder aux envies de modernité et de grandeur de Maximilien-Emmanuel de Bavière. Mais à Bruxelles, quand on dit oui, c'est parfois non, et c'est souvent peut-être. Alors, on laissa le Wittelsbach créer sa grande façade néoclassique, mais jamais on n'abolira les six petites maisons qui la composaient pour faire place à son chimérique palais.

C'est bien plus tard, en 1873, que fut érigée la Maison du Roi, de style néogothique, face à l'Hôtel de ville. Histoire peut-être de lier l'ensemble ou se souvenir du bon roi Charles Quint, surnommé *Charel* par les Bruxellois.

Tant de styles qui se côtoient, tant de siècles, tant d'envies associées, tant de personnes, de métiers... C'est cela, la Grand-Place, ce n'est pas de l'unité, c'est de l'humanité.

Alors forcément, tous ceux qui la découvrent s'y sentent chez eux, et ils ont bien raison : c'est la plus belle place du monde !

Nl.

"Dit is het mooiste plein ter wereld!" Niet de Brusselaars zeggen dat, zij beseffen goed dat ze lang niet alle pleinen in de wereld hebben gezien, maar wel de toeristen die de Grote Markt voor het eerst ontdekken. Hoe komt dat?

De Grote Markt is overweldigend, maar niet bombastisch. Ze verplettert de bezoekers niet met haar pracht en praal, maar heet hen welkom. De Grote Markt is uniek, maar niet uniform. In haar veelheid zijn alle verlangens voelbaar van al wie dit plein ooit mee heeft bedacht.

"De Grote Markt is het enige stedenbouwkundige experiment in Europa dat ontworpen is zonder overeenstemming of eenheid", schrijft de Brusselse historicus Roel Jacobs. Het plein werd in 1695 bijna volledig verwoest door de leger van Lodewijk XIV, op de muren van het Stadhuis na, maar later heropgebouwd door de gilden. Die namen elk een eigen architect onder de arm, opdat hun huis er zeker anders zou uitzien dan alle andere.

Aan de westkant (rechts als je naar het Stadhuis kijkt) zijn de zeven huizen duidelijk verschillend, en toch, als je het geheel bekijkt, *"ça donne bien"*, zoals ze in Brussel zeggen. Ook al prijkt op het ene pand de achtersteven van een boot en op het andere een feniks of de heilige Nicolaas. Alle barokke panden aan de Grote Markt voldoen aan die ene wens: we doen het samen, maar vooral niet op dezelfde manier.

Aan de oostkant lijkt de enorme gevel van het huis van de hertogen van Brabant wel voor fraaie neoklassieke eenheid te zorgen. Men moest immers de indruk wekken toe te geven aan de drang naar moderniteit en grandeur van Maximiliaan Emmanuel van Beieren. Maar als ze in Brussel 'ja' zeggen, betekent dat soms 'nee' en vaker 'misschien'. Dus liet men de Wittelsbach-telg zijn neoklassieke gevel ontwerpen, maar de zes huisjes die plaats moesten ruimen voor zijn droompaleis bleven gewoon staan. Het neogotische Broodhuis tegenover het Stadhuis kwam pas veel later, in 1873. Misschien om alsnog enige samenhang in het geheel te brengen, of als aandenken aan de goede koning Karel de Vijfde, *Charel* voor de Brusselaars.

Zoveel stijlen naast elkaar, zoveel eeuwen, verlangens, mensen en beroepen... Dát is de Grote Markt: geen eenheid, maar menselijkheid. Wellicht daarom voelt iedereen zich er meteen thuis. En ja, ze hebben gelijk: dit is het mooiste plein ter wereld!

En.

"It's the most beautiful square in the world!" This is not boasting by the locals – they are aware they haven't seen all the squares in the world – but an exclamation common among awe-struck tourists from across the globe. What is it about the Grand-Place that so captivates? It is majestic yet not ostentatious; it doesn't intimidate with its grandeur but rather beckons and entices. The Grand-Place is a tapestry of uniqueness, a symphony of diversity, each element a testament to the myriad dreams and aspirations of those who shaped it.

"The Grand-Place is the only urban environment in Europe conceived without unity," writes historian Roel Jacobs. The army of XIV destroyed the guild houses lining the Grand-Place in 1695, leaving only the walls of the old Town Hall. The guilds rebuilt their houses, each employing a different architect to ensure theirs stood out from the rest.

To your right when facing the Town Hall, seven houses assert their individuality – yet, when viewed together, "ça donne bien," as they say in Brussels. It works, even though one features a ship's stern and others a phoenix or Saint Nicholas. All the baroque houses of the Grand-Place reflect the intention to rebuild the square collectively but, above all, to avoid creating identical buildings.

On the opposite side, the imposing façade of the House of the Dukes of Brabant evokes a striking unity in neoclassical style. The citizens had to pretend to yield to Maximilian Emmanuel of Bavaria's grand, modern aspirations. However, in Brussels, 'yes' may mean 'no' and often means 'maybe.' The citizens allowed the prince to build his neoclassical façade, yet never tore down the houses behind it to create space for his fanciful palace.

Much later, in 1873, the King's House (Maison du Roi) was constructed opposite the Town Hall in neo-Gothic style – perhaps in an attempt to unify the square or to honor the memory of good King Charles V, known in Brussels as *Charel*. So many styles side by side, so many centuries, so many dreams and lives intertwined, so many people, so many trades...

That is the essence of the Grand-Place – not a symbol of unity, but an image of humanity, which is why everyone feels at home here. And they are right: it is the most beautiful square in the world!

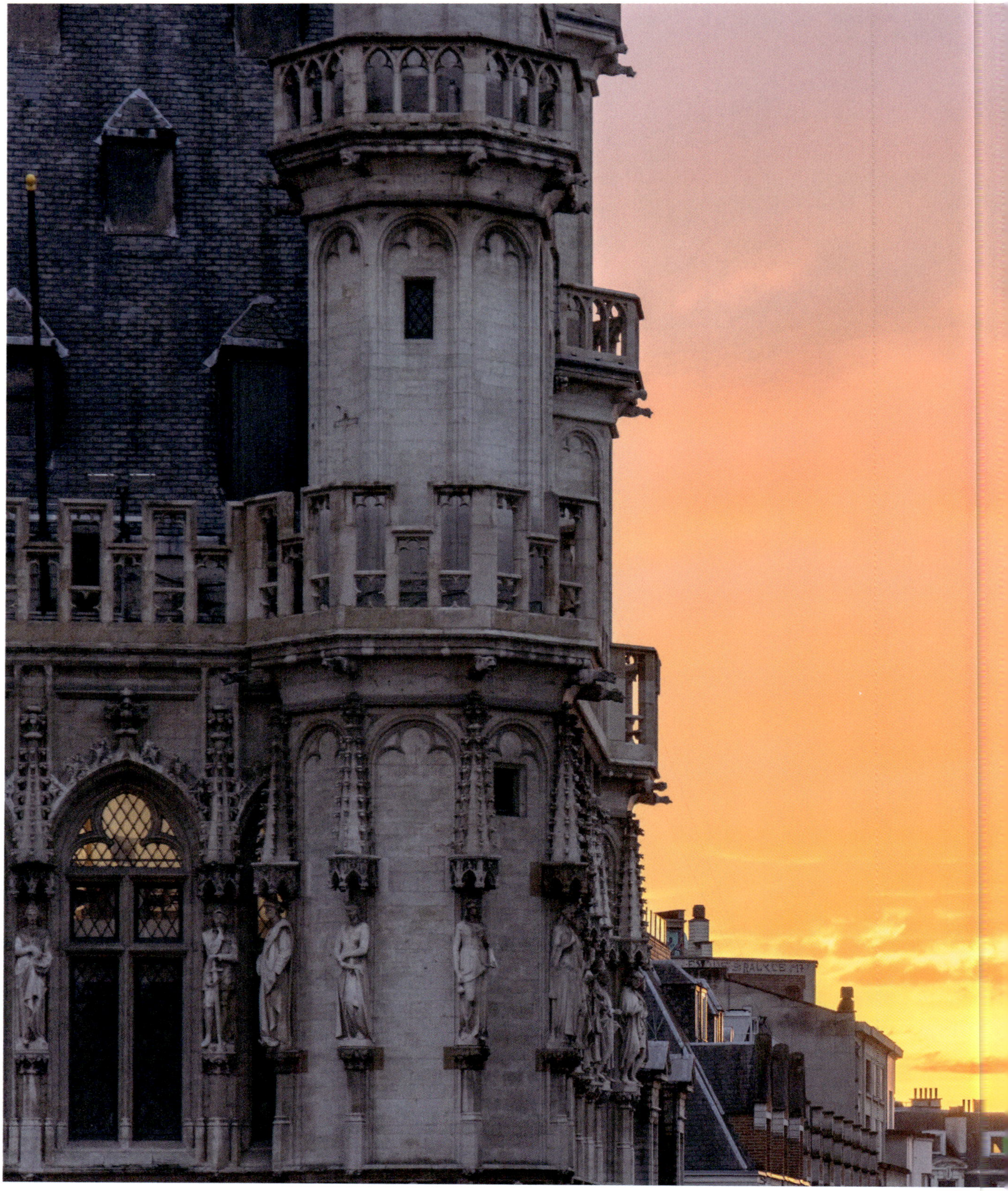

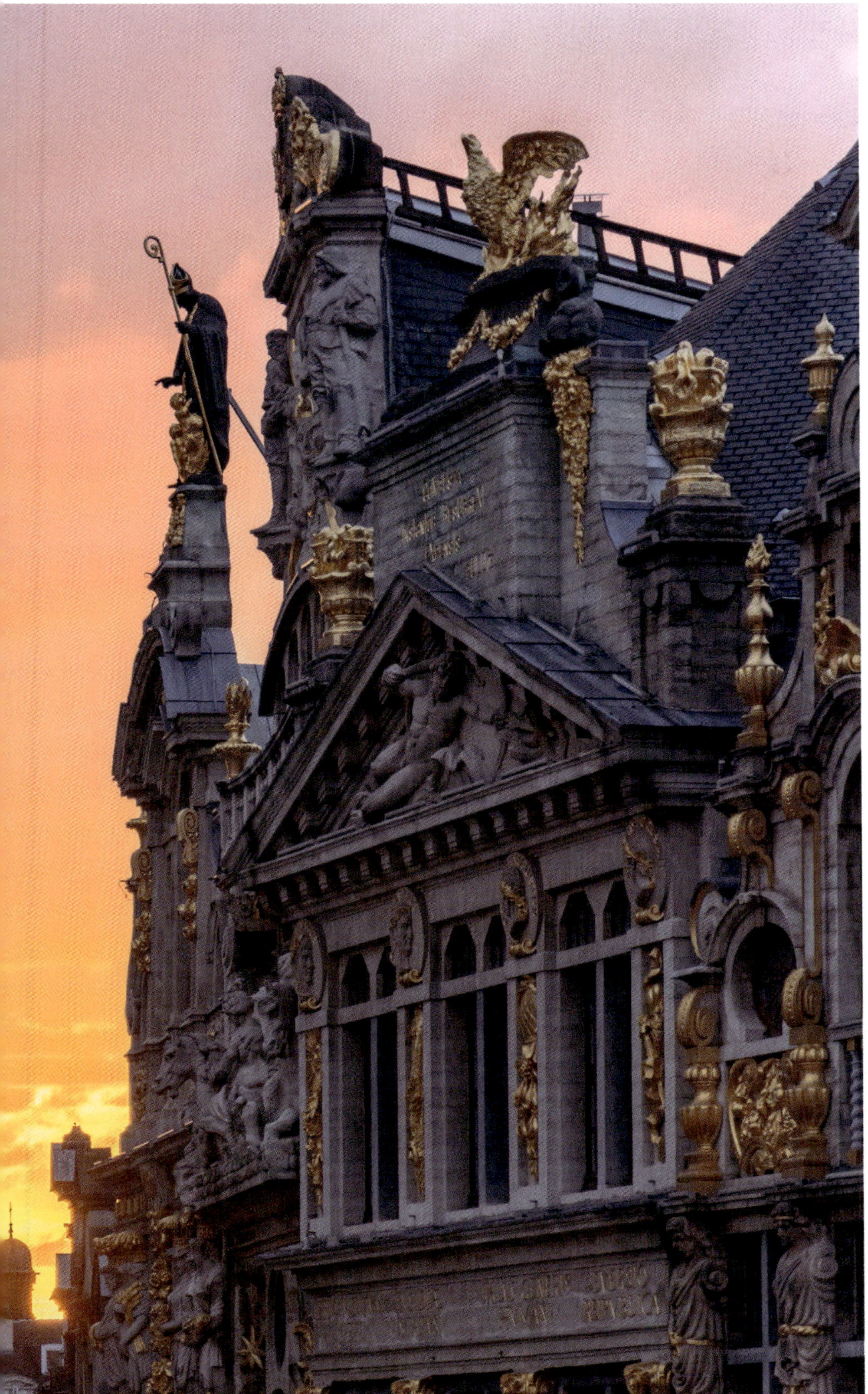

La Grand-Place de Bruxelles, coin de l'Hôtel de Ville, côté rue de la Tête d'Or. Maison de la Louve et Maison du Renard (détails)
De Grote Markt van Brussel, hoek van het Stadhuis, aan de kant van de Guldenhoofdstraat. Huis De Wolvin en Huis In den Vos (details)
The Brussels Grand-Place, a corner of the City Hall, on the side of the rue de la Tête d'Or. The guild houses Maison de la Louve and Maison du Renard (details)

Statue de saint Nicolas, Maison du Renard
Standbeeld van sint Niklaas, Huis In den Vos
The statue of Saint Nicholas atop Maison du Renard

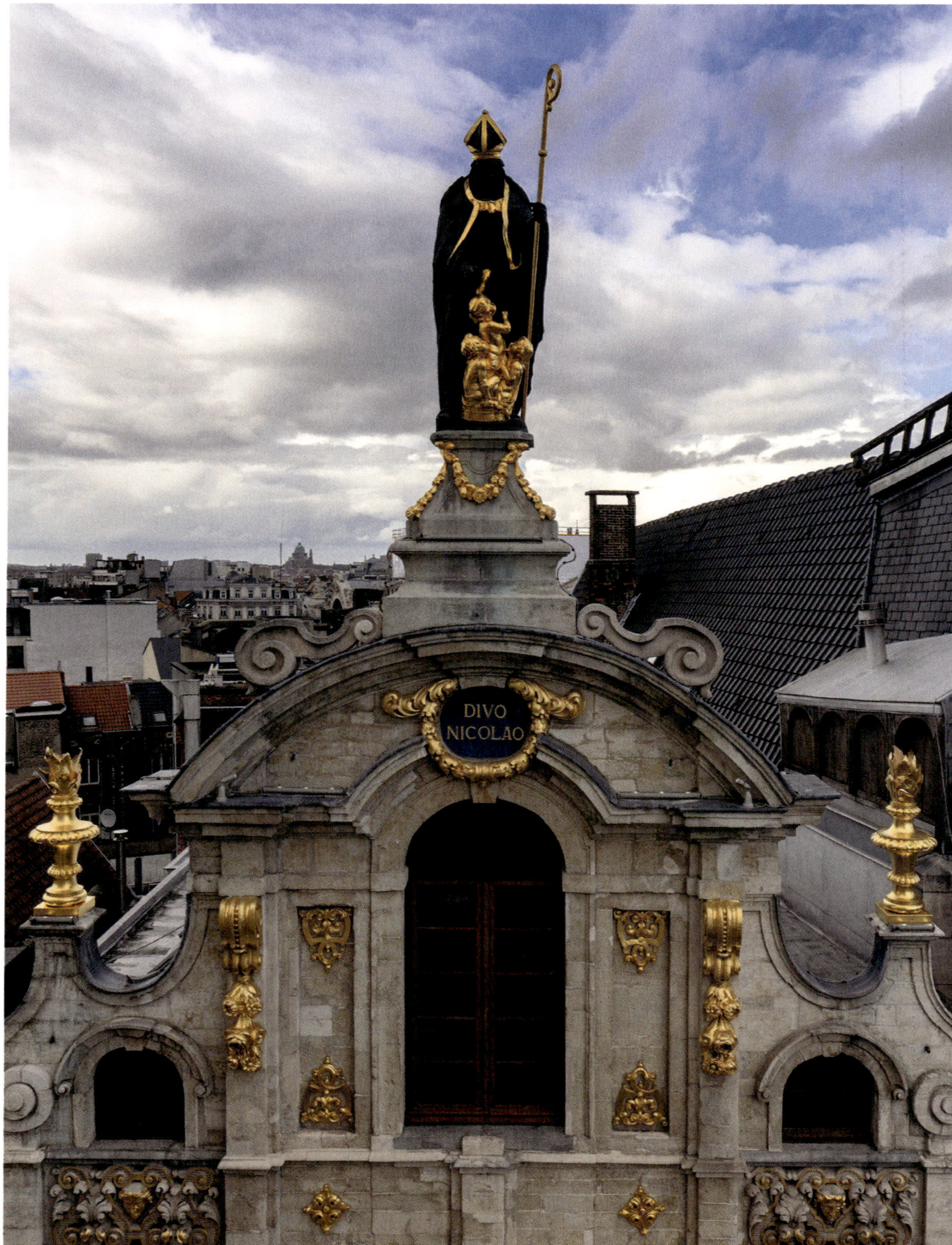

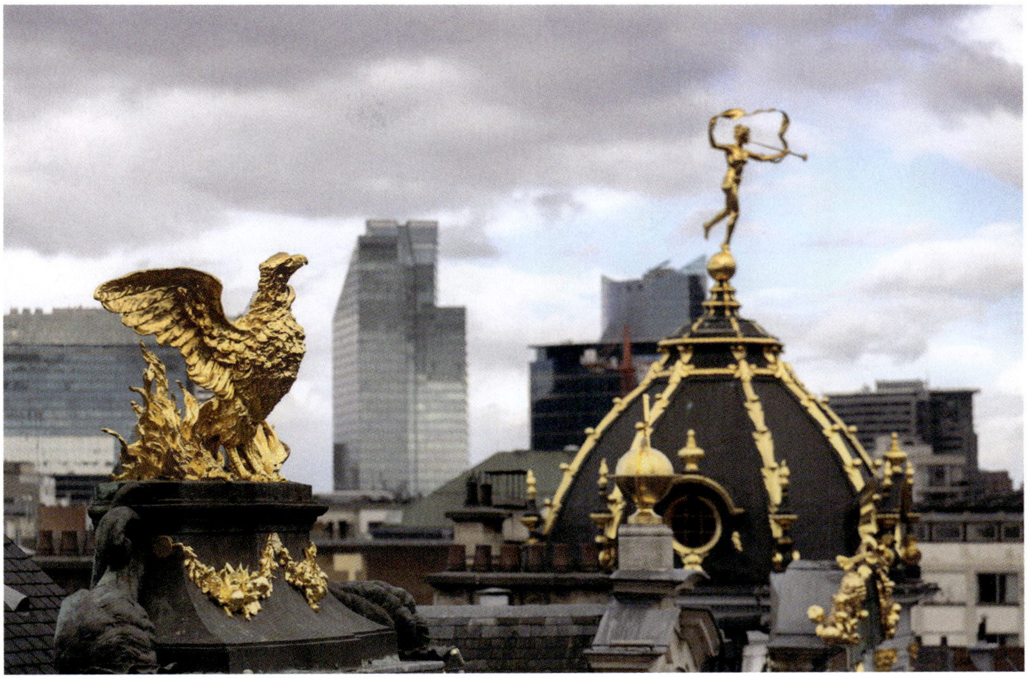

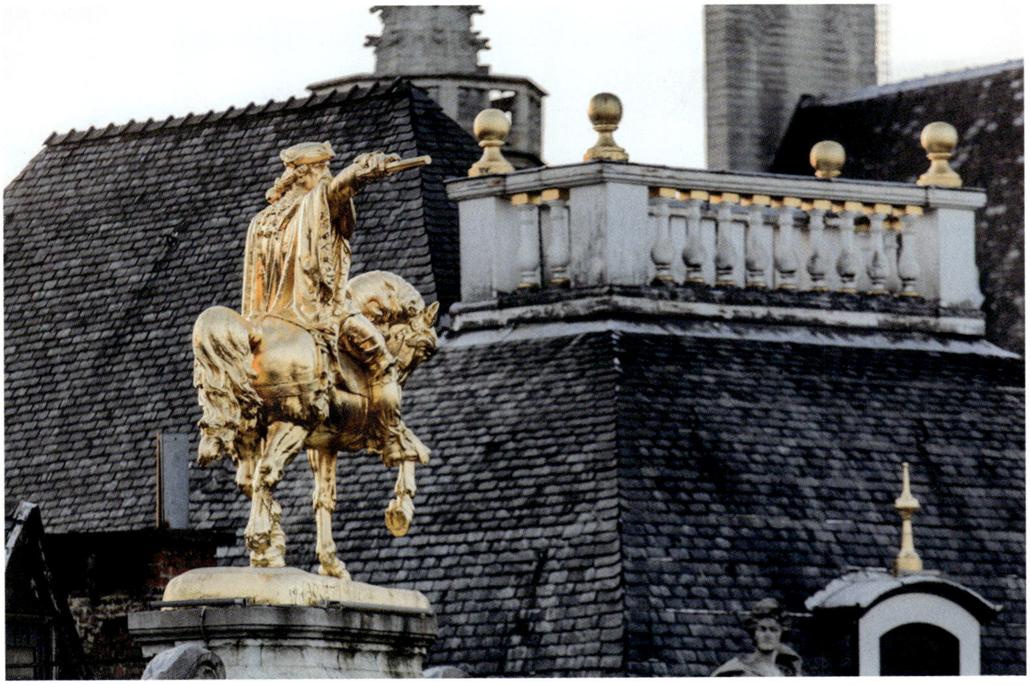

↑ Le Phénix, Maison de la Louve
De Feniks, Huis De Wolvin
The Phoenix atop Maison de la Louve

↓ La Renommée sonnant de la trompette, Le Roy d'Espagne
De Faam die op een trompet blaast, Den Coninck van Spaigniën
Fame sounding its trumpet, atop Le Roy d'Espagne

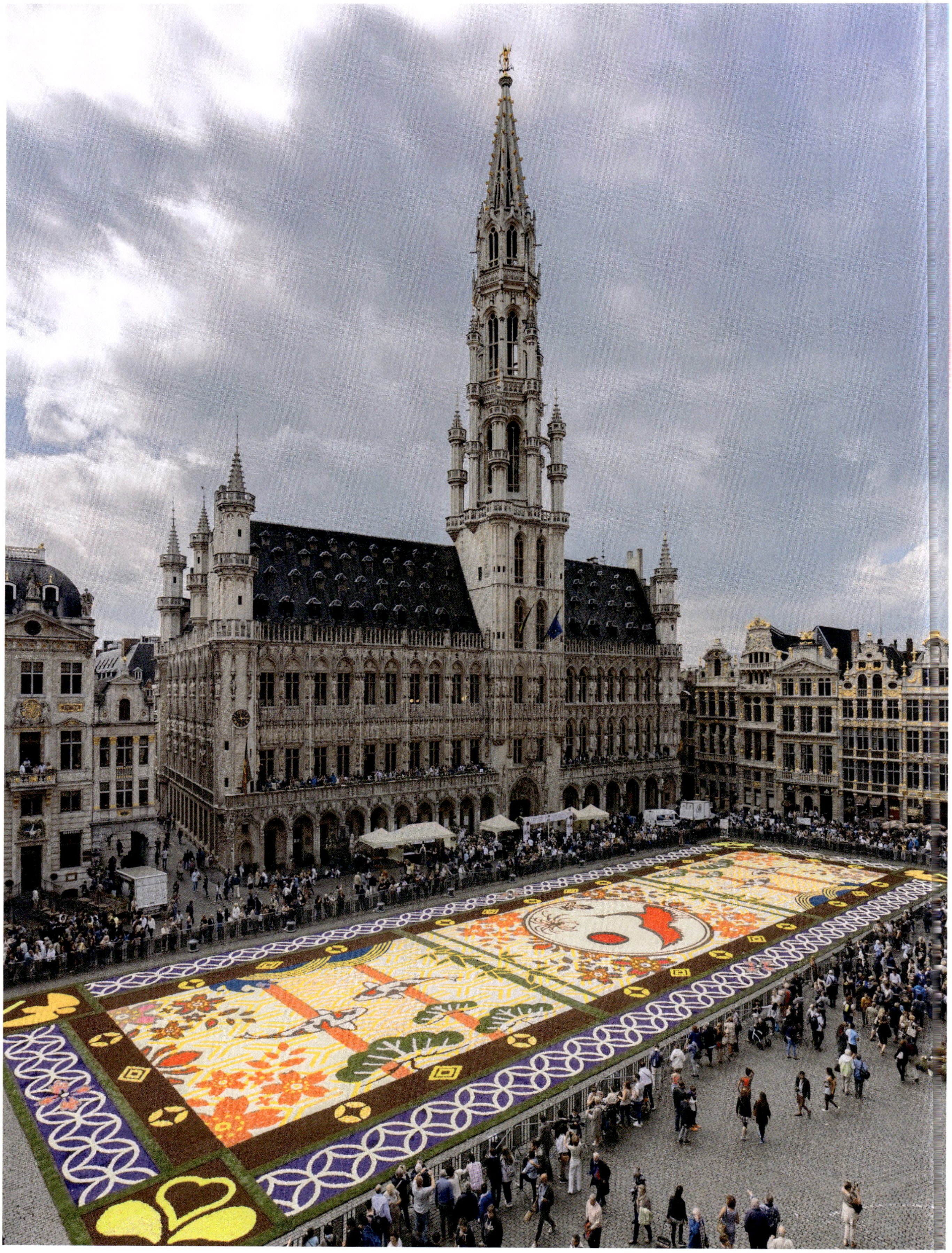

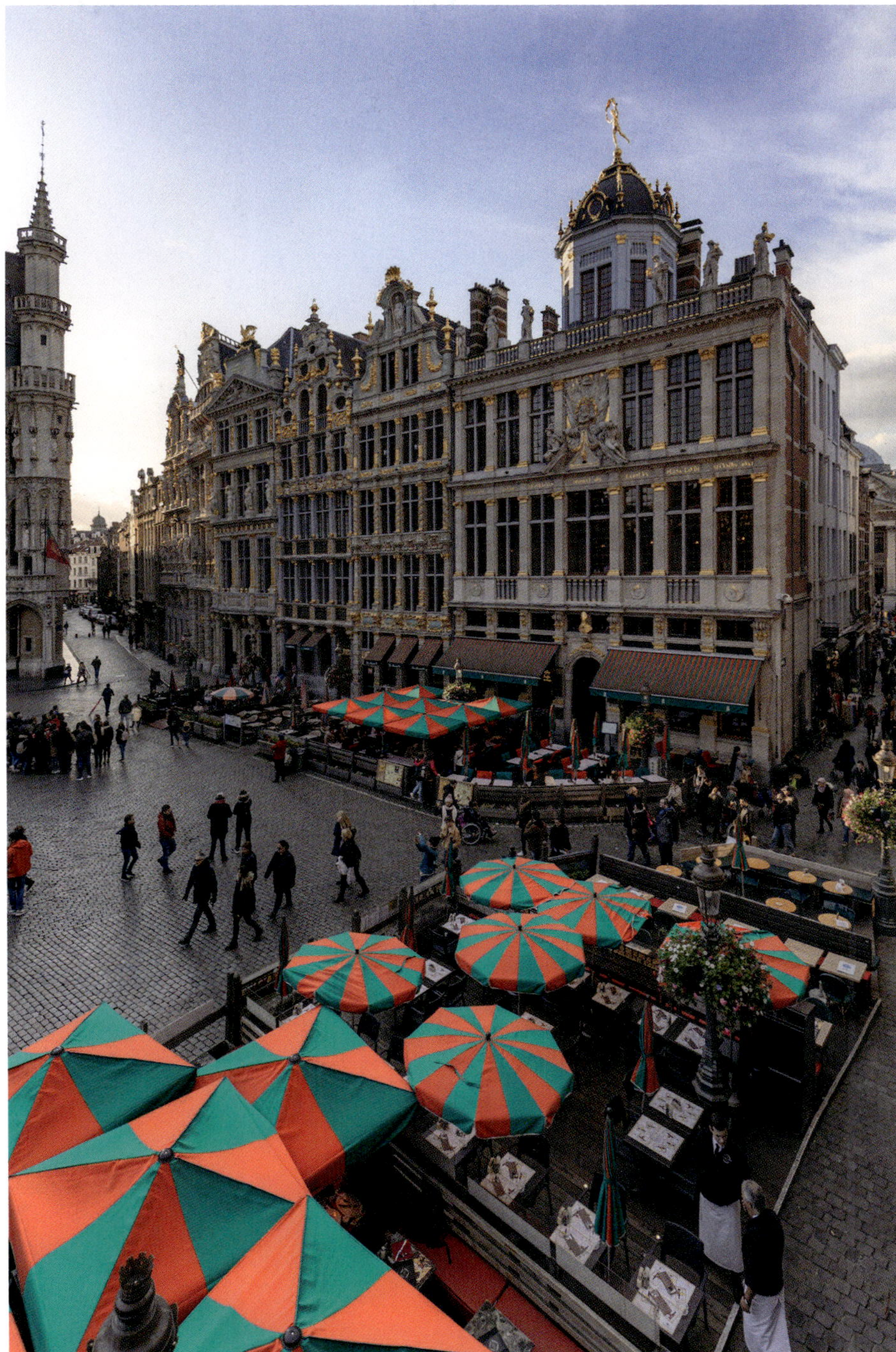

← L'Hôtel de Ville et le tapis de fleurs (1.680 m², 300 fleurs par m²), un événement biennal sur la Grand-Place depuis 1971
Het Stadhuis en het bloementapijt (1680 m², 300 bloemen per m²), een tweejaarlijks evenement op de Grote Markt sinds 1971
The City Hall and the floral carpet (1.680 m², 300 flowers per m²), a biennial event held on the Grand-Place since 1971.

→ Terrasses aux couleurs de la ville. Les façades à droite de l'Hôtel de Ville, avec le Roy d'Espagne
Terrassen in de kleuren van de stad. De gevels rechts van het Stadhuis, met Den Coninck van Spaigniën
Terraces in the colours of the city. The façades to the right of the Town Hall, with Le Roy d'Espagne

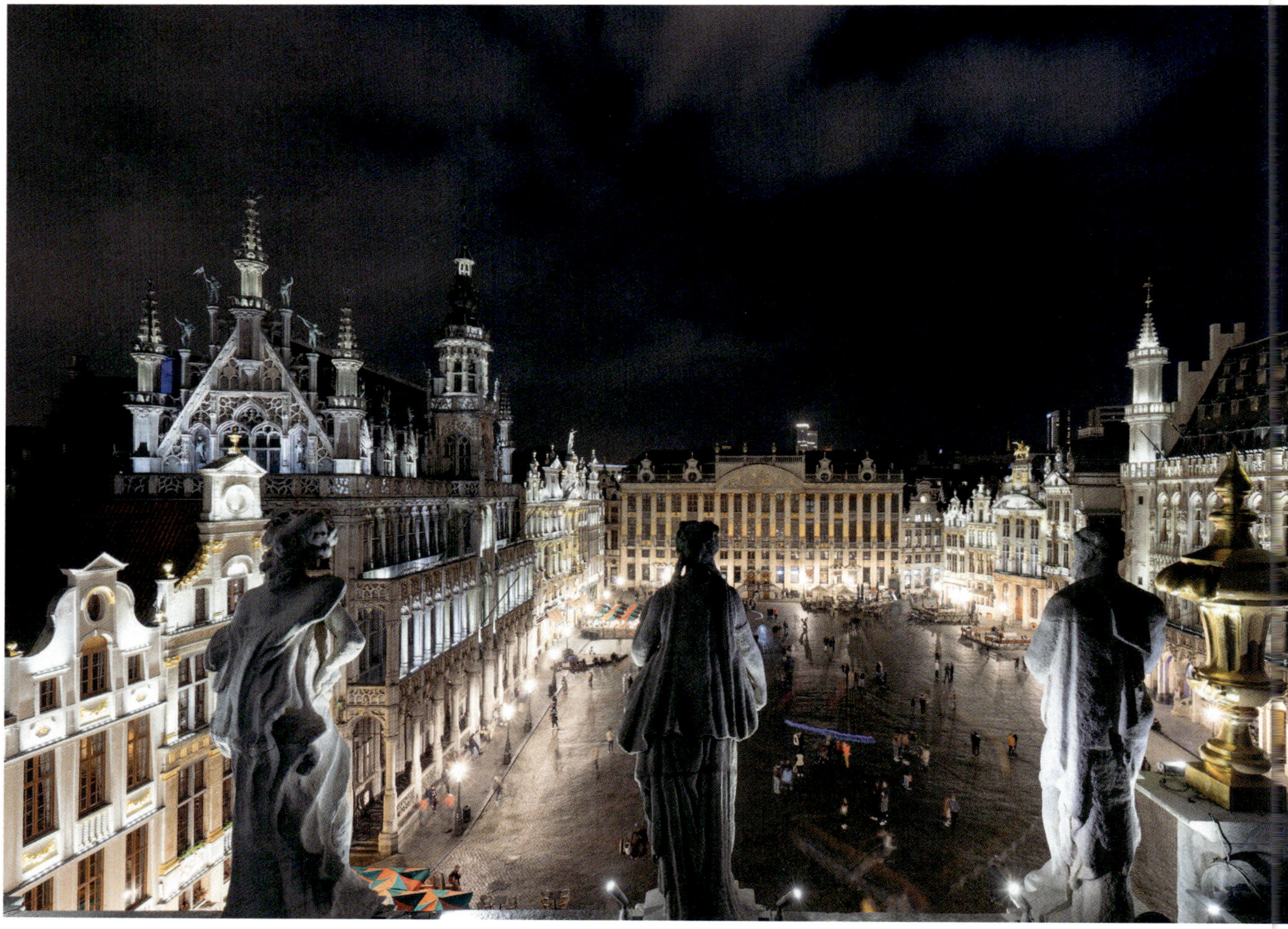

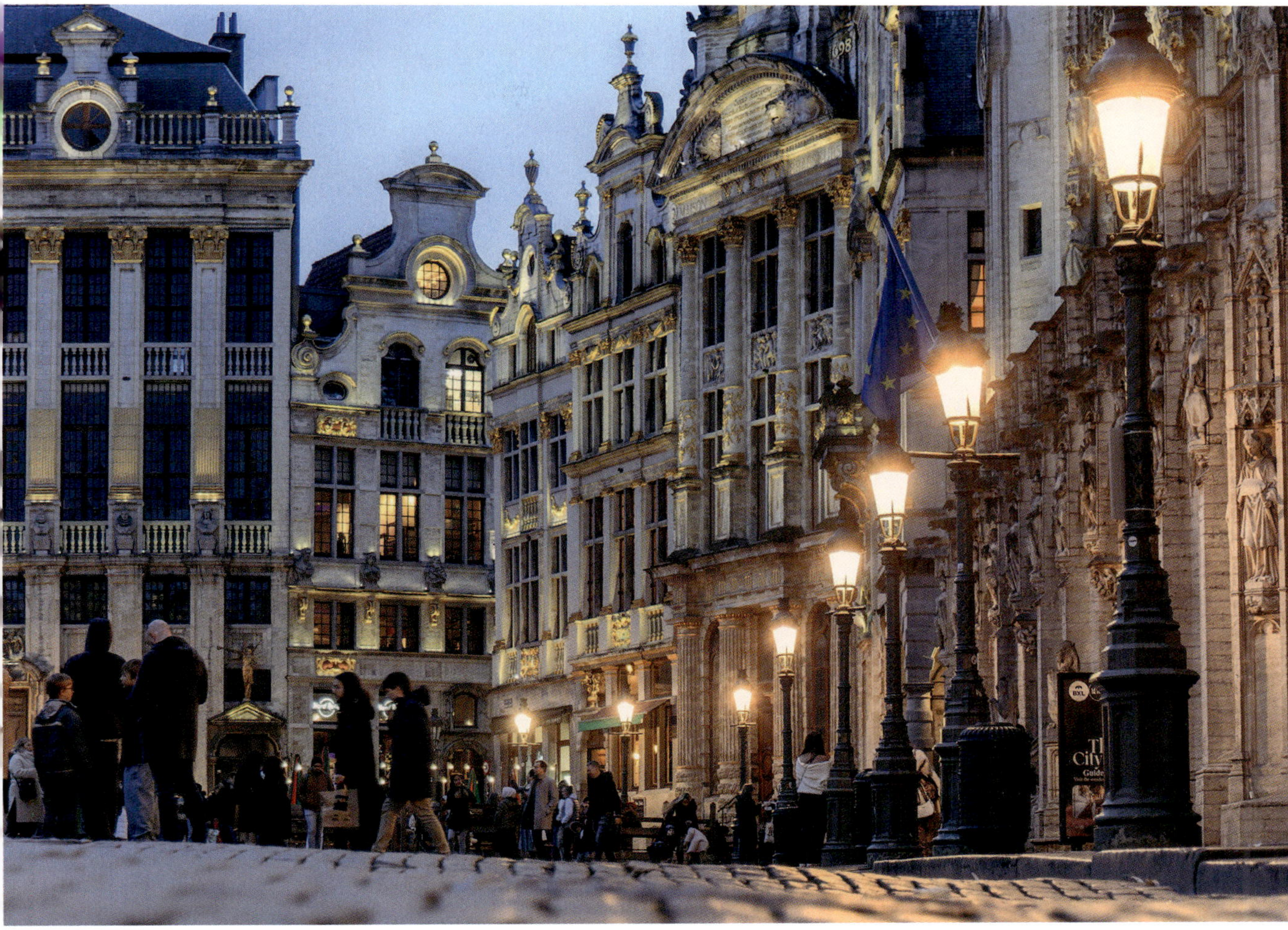

↖ **Hercule, Cérès et le Vent (statues sur le toit du Roy d'Espagne)**
Hercules, Ceres en de Wind (beelden op het dak van Den Coninck van Spaigniën)
Hercules, Ceres, and the Wind (statues on the roof of Le Roy d'Espagne)

↑ **Coin de la place, côté rue des Chapeliers, avec les maisons l'Étoile, le Cygne, l'Arbre d'Or, la Rose, le Mont Thabor et la Maison des Ducs de Brabant**
Hoek van het plein, aan de kant van de Hoedenmakerstraat, met de huizen De Sterre, De Zwane, In den Gulden Boom, De Roos, In den Berg Thabor en Hertogen van Brabant
A corner of the square, on the side of rue des Chapeliers, featuring houses named the Star, the Swan, the Golden Tree, the Rose, Mont Thabor and the House of the Dukes of Brabant

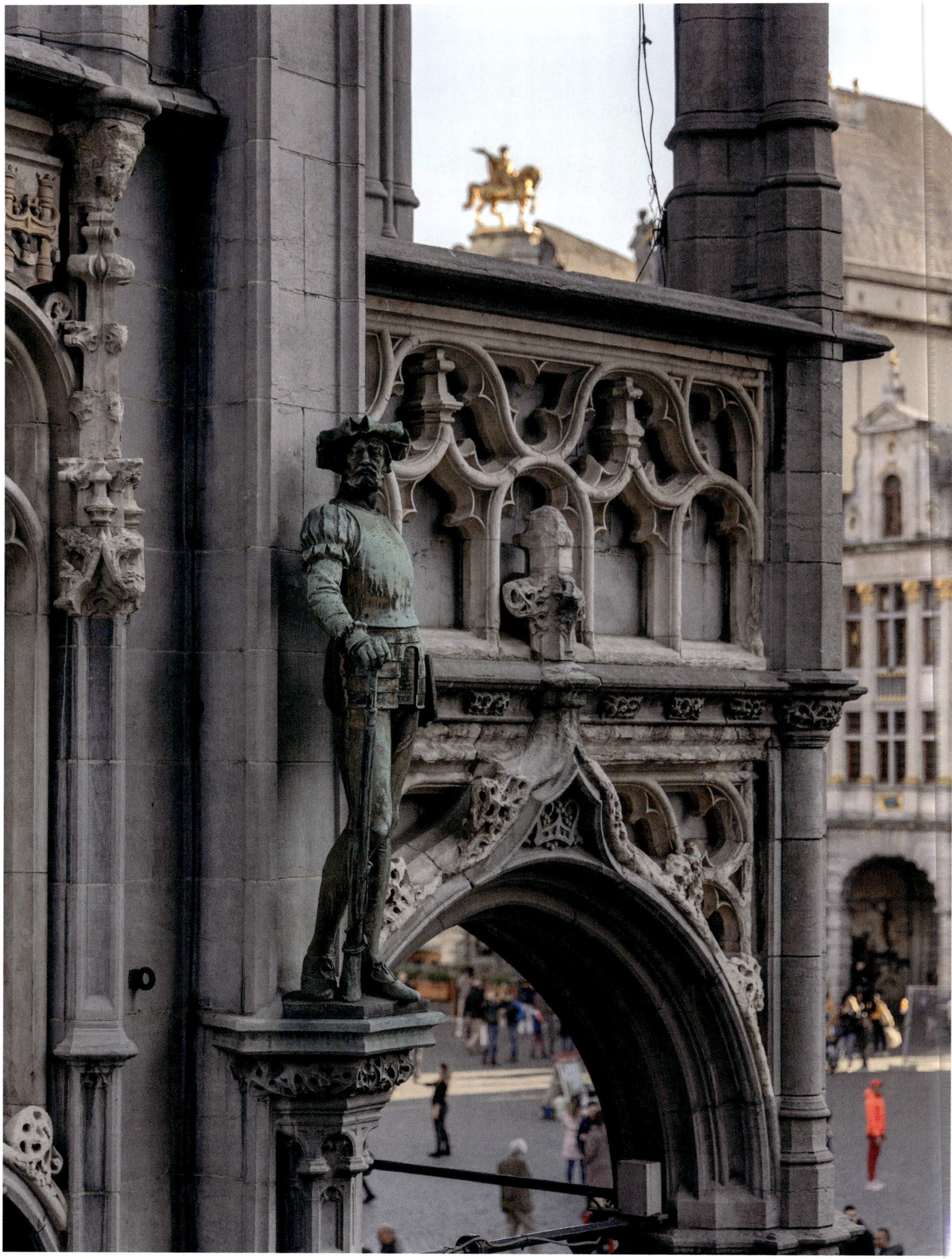

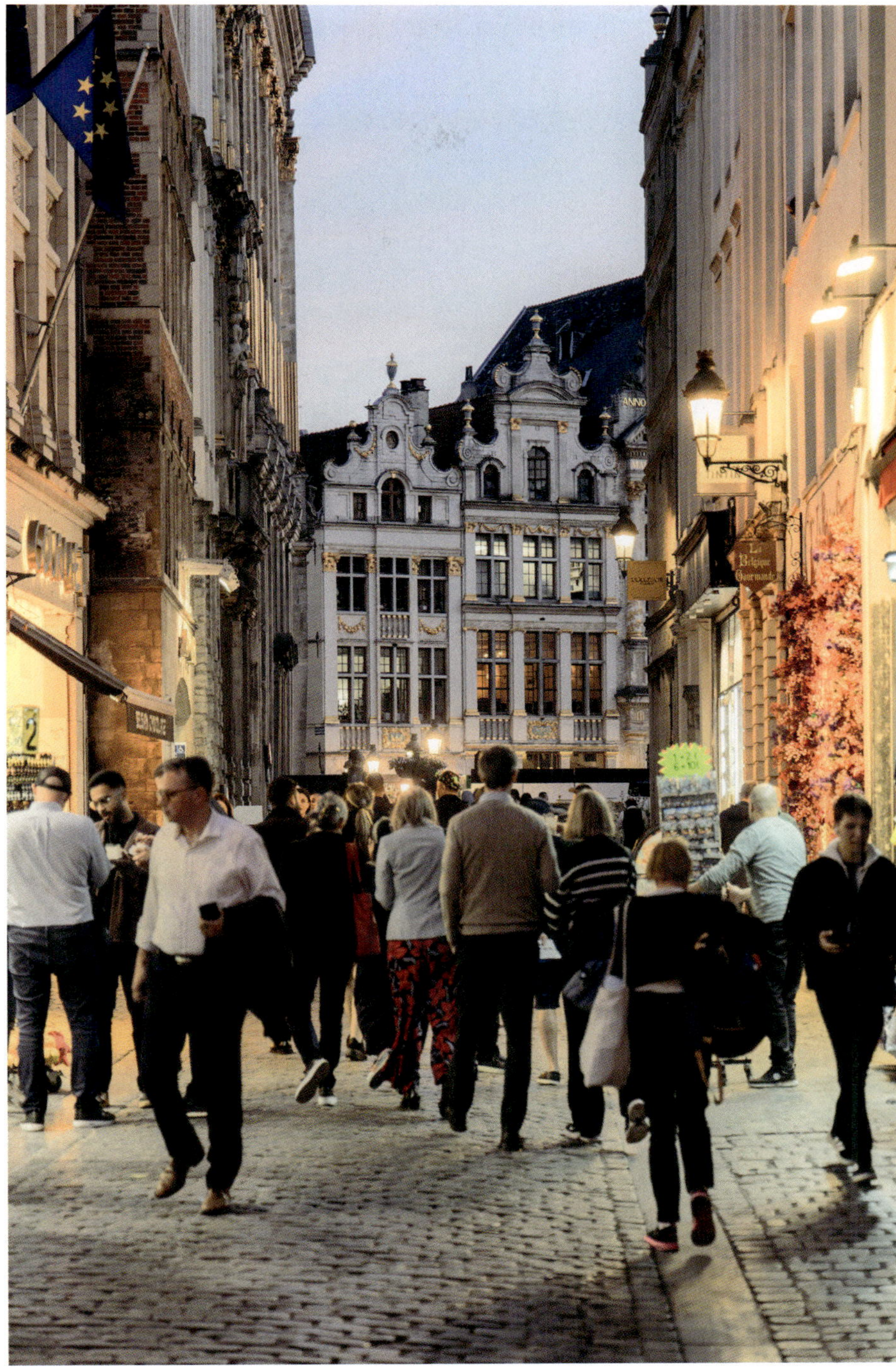

→ Vue sur la rue de la Colline
Uitzicht op de Heuvelstraat
View of the Rue de la Colline

← Le serment des Arquebusiers (détail de la Maison du Roi)
De eed van de Haakbusschutters (detail van het Broodhuis)
The oath of the Arquebusiers (detail of the Maison du Roi)

Entrée depuis la Grand-Place dans la cour intérieure de l'Hôtel de Ville
Ingang naar de binnenplaats van het Stadhuis vanaf de Grote Markt
Entry from the Grand-Place into the interior courtyard of the Town Hall

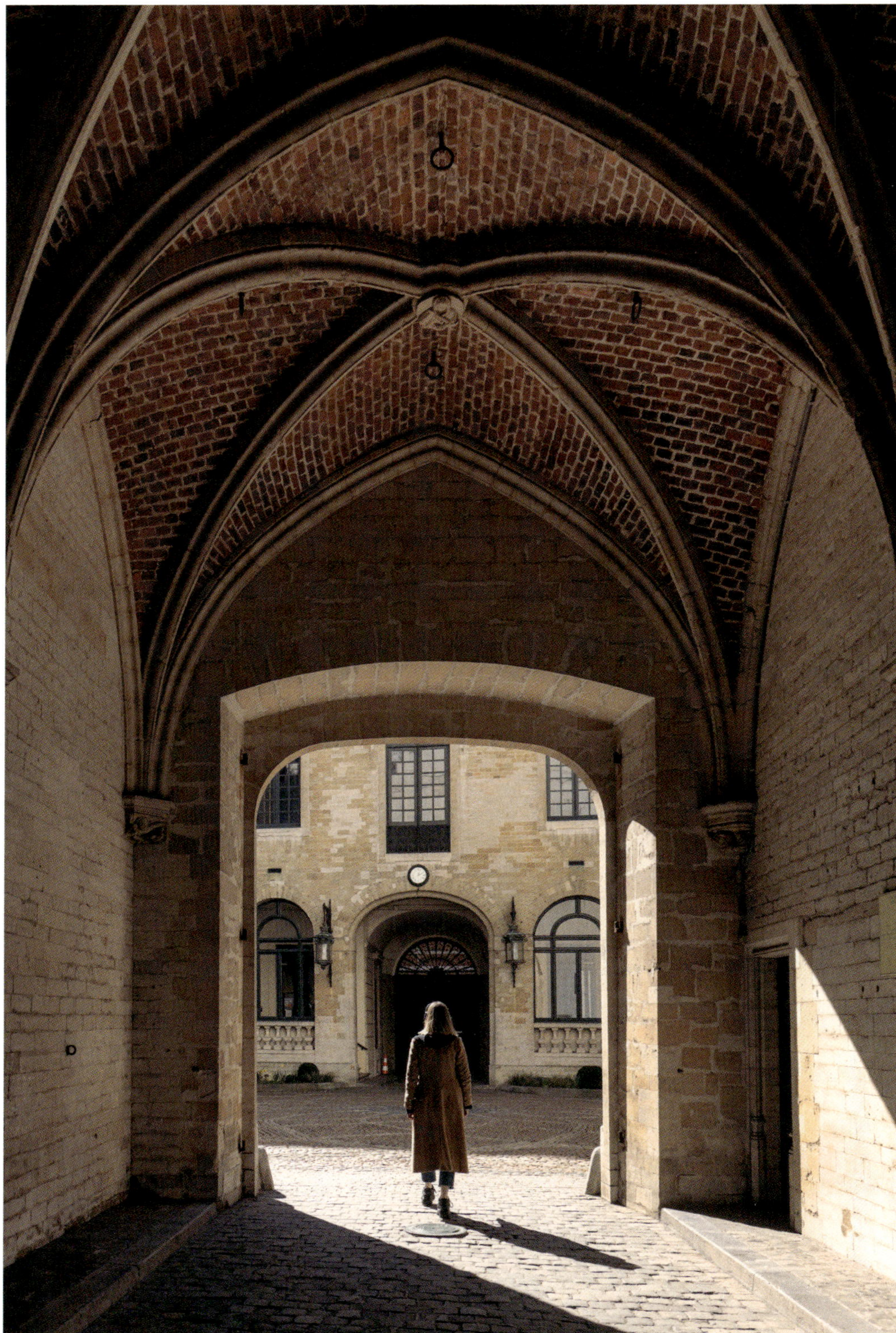

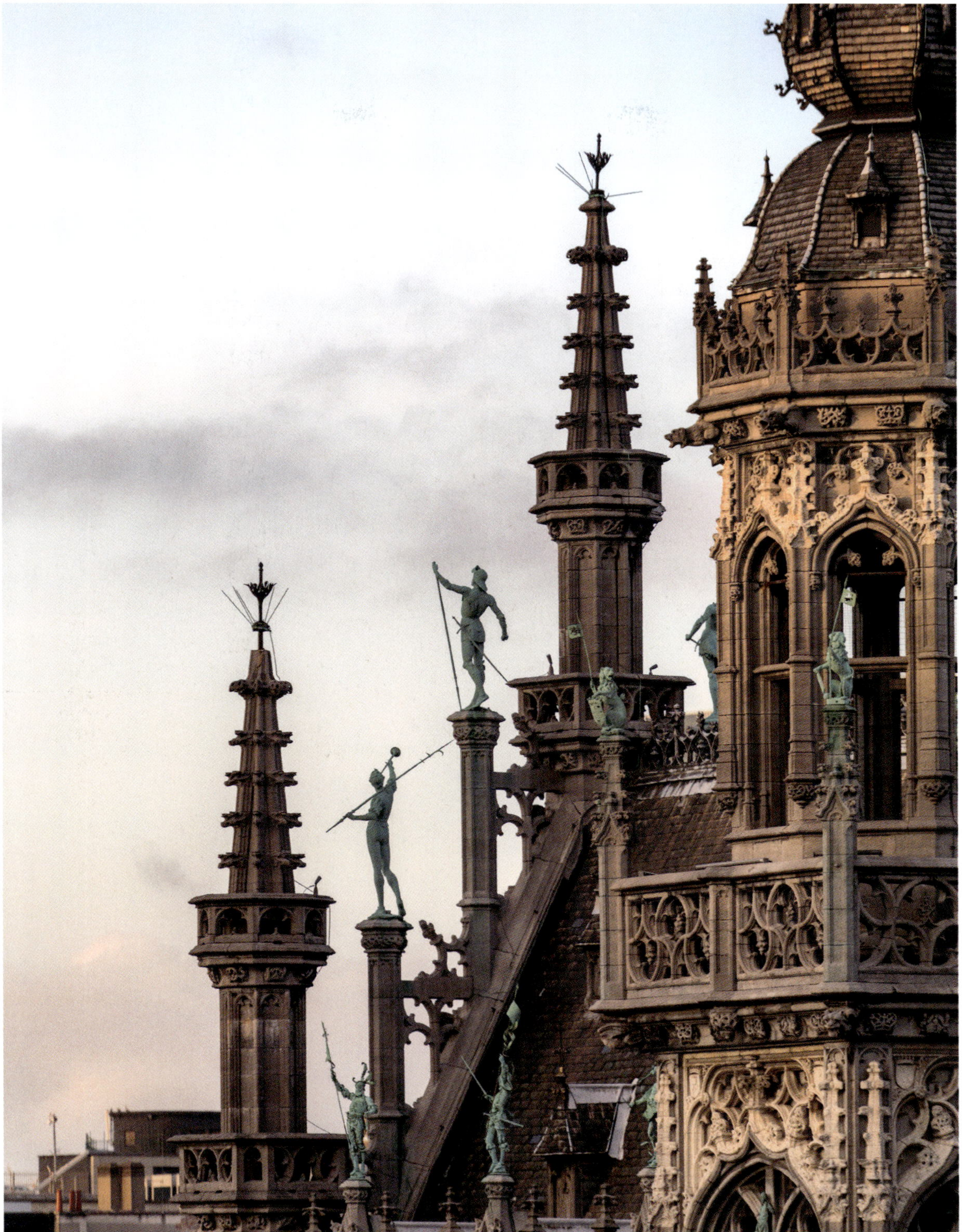

Les Hérauts d'armes (détail de la Maison du Roi)
De Wapenherauten (detail van het Broodhuis)
The Heralds of Arms (detail of the Maison du Roi)

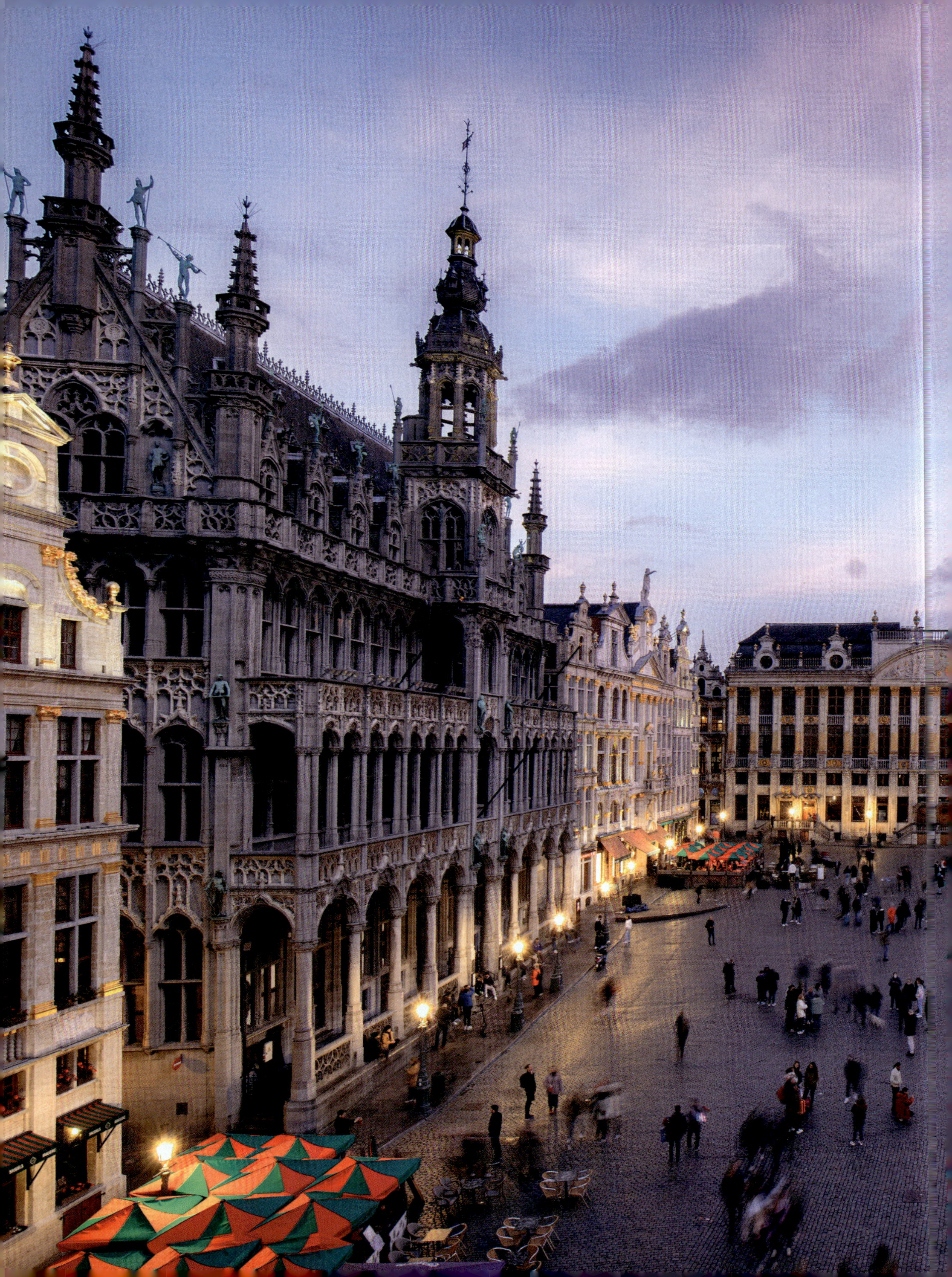

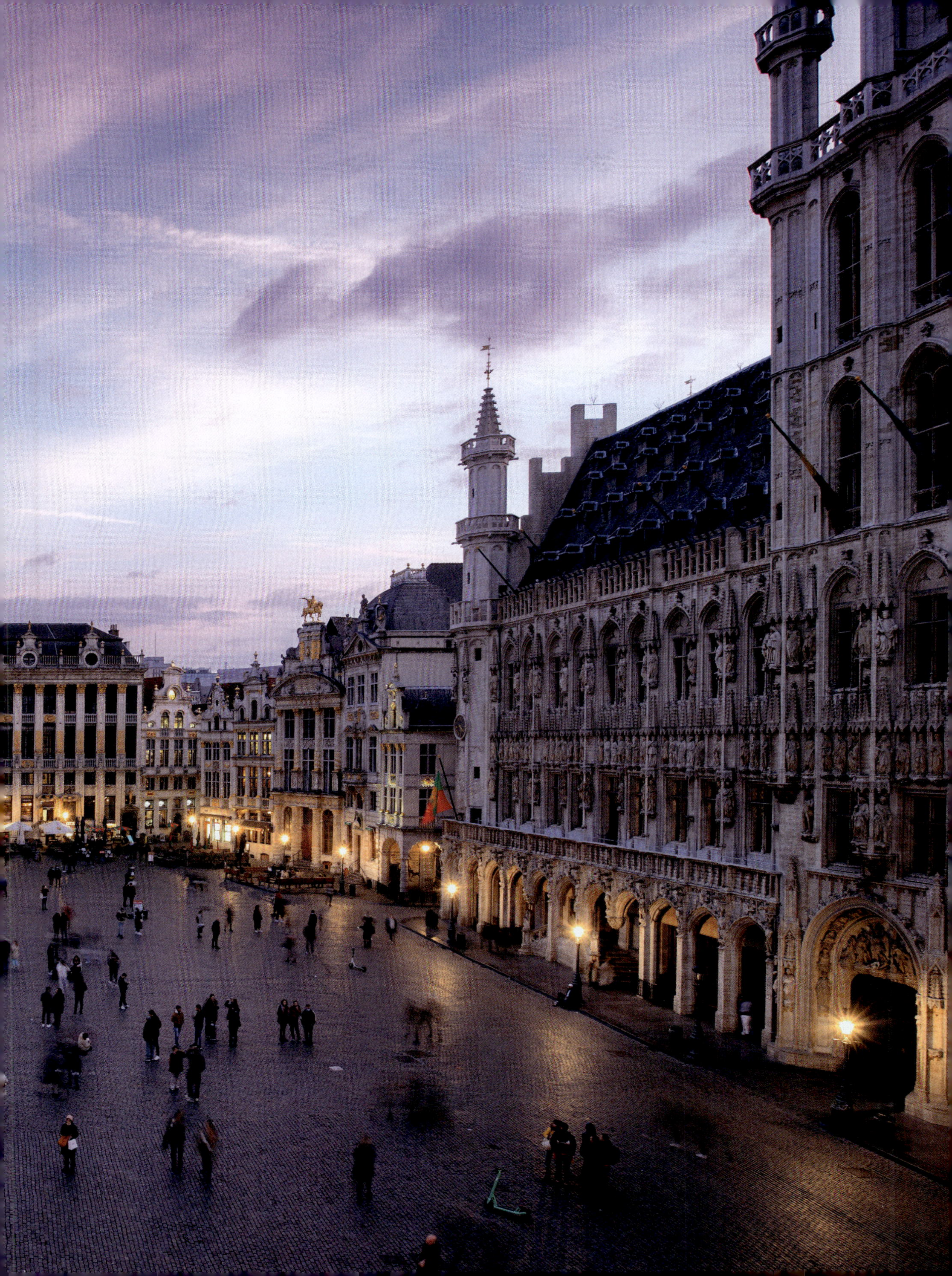

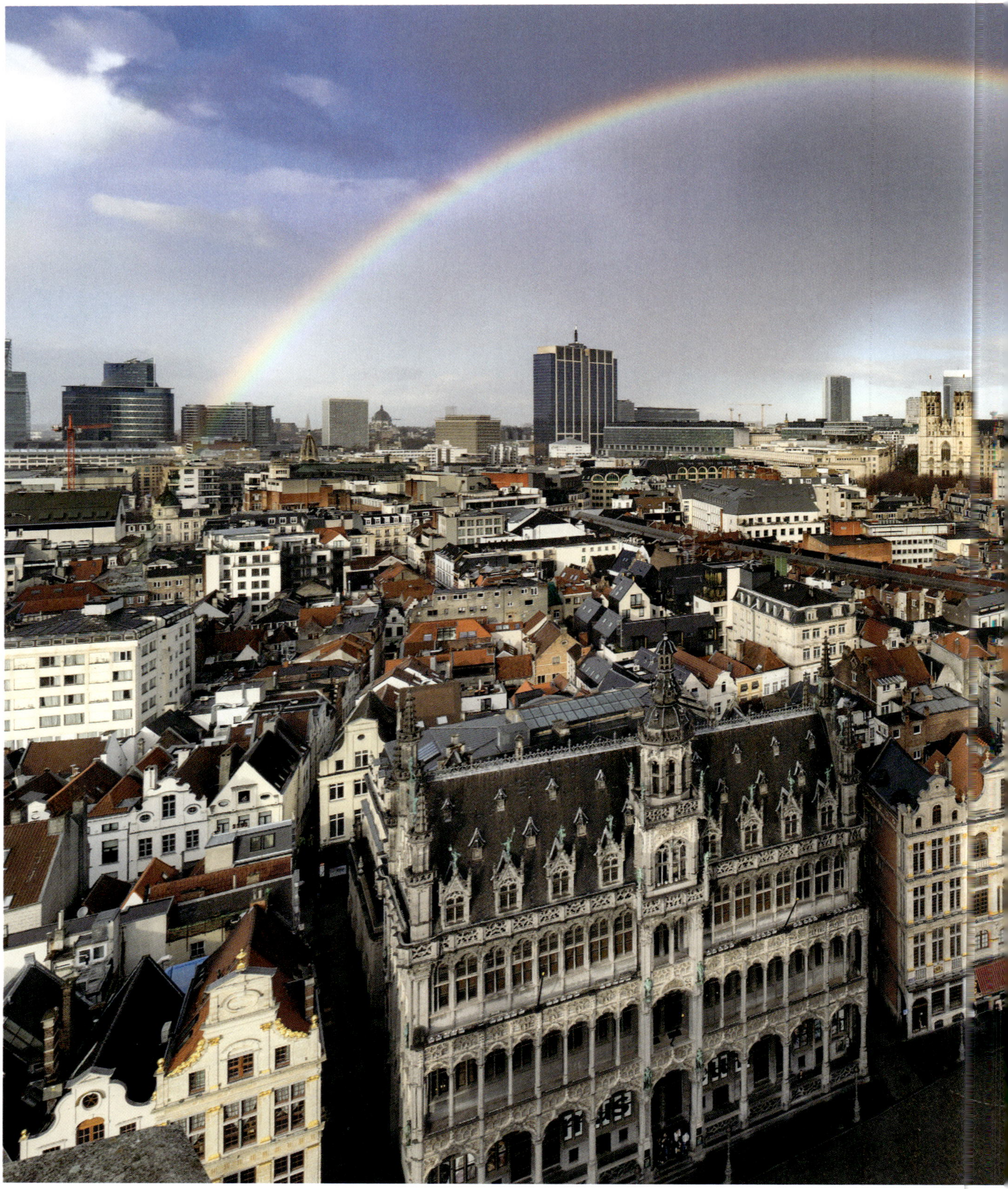

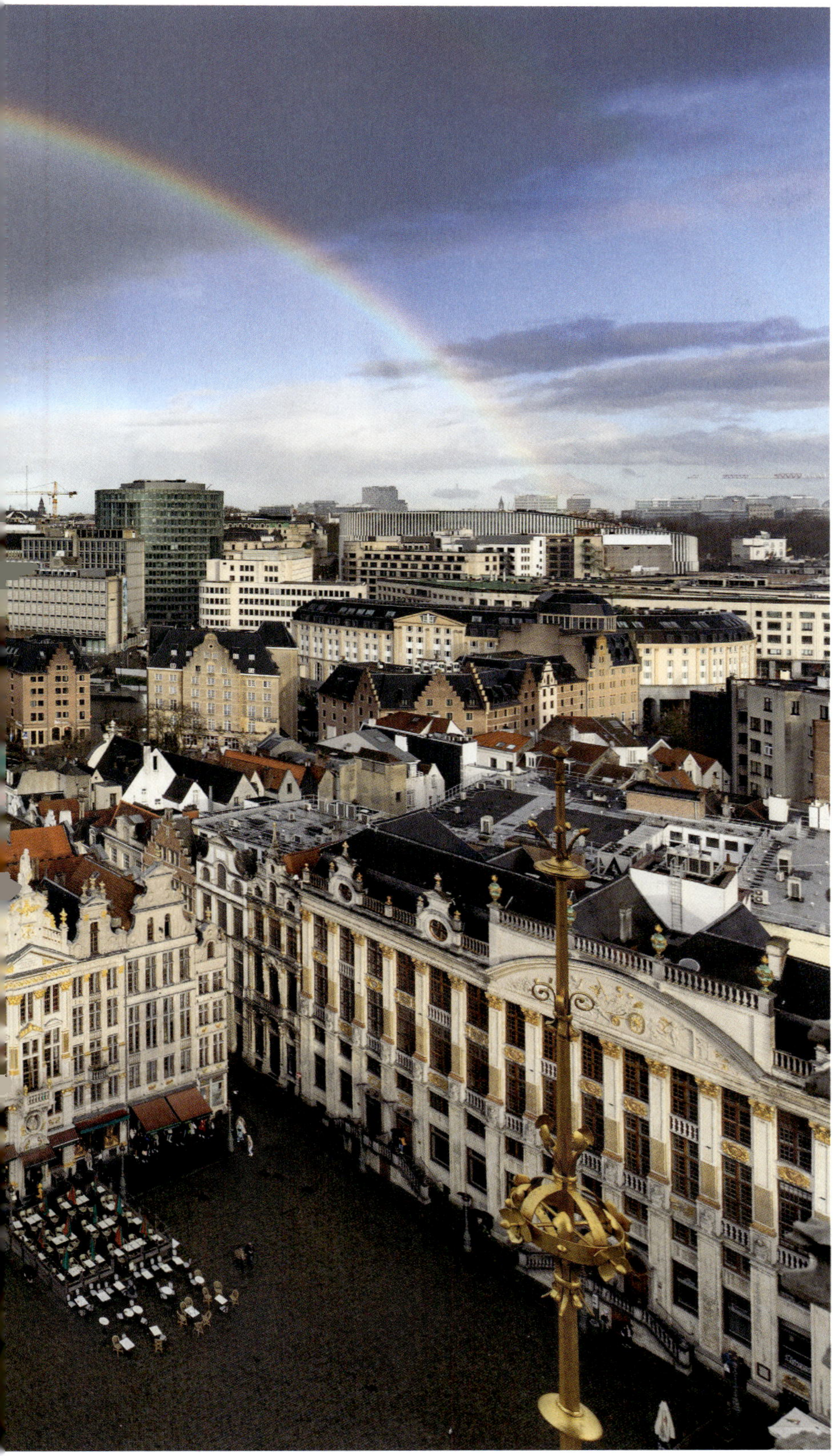

PP. 26- 27
La Grand-Place avec, au fond, la Maison des Ducs de Brabant, à gauche, la Maison du Roi
De Grote Markt, met achteraan de huizengroep Hertogen van Brabant en links het Broodhuis
The Grand-Place with, in the background, the House of the Dukes of Brabant and to the left, the Maison du Roi (the King's House)

← **Vue depuis la tour de l'Hôtel de Ville de Bruxelles**
Uitzicht vanaf de toren van het Brusselse Stadhuis
View from Brussels City Hall tower

De Saint-Jacques à Saint-Géry
Van Sint-Jacob tot Sint-Gorik
From Saint-Jacques to Saint-Géry

Un village au cœur de Bruxelles

Een dorp in hartje Brussel

A Village at the Heart of Brussels

Fr.

Adossé à l'Hôtel de ville, le quartier Saint-Jacques nous conduit par la rue de l'Étuve jusqu'au célèbre Manneken-Pis. Voici qu'un modeste petit garçon de bronze qui se soulage en public attire plus de monde que la tour Eiffel : une leçon d'humilité toute bruxelloise. Plus haut, la Vieille Halle aux blés déploie ses maisons baroques en couronne avec ses restaurants, ses bars et sa surprenante boutique Historic Marine & Aviation, née de la volonté d'un commandant de frégate venu s'échouer sur la jolie place. En son centre, la statue du grand Jacques Brel, bras au ciel, chante *Don Quichotte*. Au bout de la rue, voici l'église Notre-Dame du Bon Secours, point de départ séculaire du pèlerinage vers Compostelle. L'inaccessible étoile pour Jacques, le champ des étoiles (*Campo Stella*) pour les pèlerins, une même quête d'absolu aux deux coins d'une même rue.

À Saint-Jacques, de nombreux artisans, des créateurs, des boutiques vintage, de vinyles et de BD en font le paradis des chineurs. Ses ruelles piétonnes nous conduisent vers quelques-uns des plus célèbres estaminets de la ville, dont La Fleur en papier doré, quartier général des surréalistes belges. Terminons en strass et paillettes : le quartier Saint-Jacques est également le cœur battant de la communauté LGBTQIA+ où l'on s'aime en couleurs arc-en-ciel.

En quelques pas, nous rejoignons la Bourse, qui depuis peu abrite le musée de la Bière, nous passons ainsi du « blé » au houblon. C'est l'occasion de déguster le breuvage doré au sommet du bâtiment, sur le *rooftop* qui offre un magnifique panorama sur la ville. En traversant le piétonnier, nous arrivons aux Halles Saint-Géry, ancienne île entourée par la Senne, lieu de naissance légendaire de Bruxelles. Saint-Géry, avec ses bars et ses nombreux restaurants thaïs et vietnamiens, est l'un des quartiers les plus fréquentés de la ville.

Après Saint Géry, c'est le quartier Dansaert, haut lieu de la mode et du design, le coin branché de la ville. Boutiques de luxe, créateurs et stylistes se partagent les vitrines avec des galeries d'art et quelques bars et restaurants réputés. Au centre de la rue Dansaert, la place du Nouveau Marché au Grain invite à une pause gourmande à l'ombre de ses arbres.

Au bout de la rue, le café Walvis marque la fin du quartier et ouvre ses terrasses sur le canal, comme une invitation au voyage pour une clientèle élégante, en majorité néerlandophone.

Nl.

Pal naast het Stadhuis ligt de Sint-Jacobswijk, die via de Stoofstraat naar het beroemde Manneken Pis leidt. Het bronzen ventje van bescheiden afmetingen dat zich in het openbaar ontlast, lokt meer mensen dan de Eiffeltoren: een typisch Brussels lesje in nederigheid. Hogerop ligt het Oud Korenhuis, omzoomd door de barokke gevels van restaurants en bars. De bijzondere winkel Historic Marine & Aviation werd geopend door een fregatcommandant die aanspoelde op dit aardige pleintje. Midden op het plein staat een standbeeld van Jacques Brel, die met open armen *Don Quichot* zingt. Aan het eind van de straat prijkt de Onze-Lieve-Vrouw van Goede Bijstandkerk, al eeuwenlang een vertrekpunt voor de pelgrimstocht naar Compostella. De onbereikbare ster voor Jacques en het sterrenveld *(Campo Stella)* voor pelgrims: eenzelfde zoektocht naar het absolute op beide hoeken van dezelfde straat.

De Sint-Jacobswijk is een paradijs voor wie graag rondsnuistert in winkeltjes van ambachtelijke makers, ontwerpers, vintagespullen, vinylplaten en strips. Voetgangersstraatjes leiden langs enkele beroemde *estaminets* van de stad, zoals Het Goudblommeke in Papier, het hoofdkwartier van de Belgische surrealisten. We eindigen onze tocht met glitter en glamour: de Sint-Jacobswijk is het kloppende hart van de LGBTQIA+-gemeenschap. Hier heerst de liefde in alle kleuren van de regenboog.

In een wip staan we bij het Beursgebouw, waar sinds kort een biermuseum is gevestigd, en dat brengt ons van het koren bij de hop. In de *rooftopbar* trakteren we ons op het gouden vocht, inclusief fraai panoramisch uitzicht. We steken de voetgangerszone of *piétonnier* over naar de Sint-Gorikshallen, ooit een eilandje omringd door de Zenne, de legendarische ontstaansplek van Brussel. De Sint-Gorikswijk telt naast een resem bars ook veel Thaise en Vietnamese restaurants, en is een van de meest drukbezochte buurten van de stad. Na Sint-Goriks volgt de Dansaertwijk, een hotspot voor mode en design en dé trendy buurt van de stad. Luxeboetieks, ontwerpers en stylisten delen er hun etalages met kunstgalerijen en enkele vermaarde bars en restaurants. Midden in de Dansaertstraat ligt de Nieuwe Graanmarkt, waar het heerlijk toeven is onder de bomen.

Aan het eind van de straat geeft café Walvis het einde van de wijk aan. Op het terras aan het kanaal wanen de stijlvolle, vooral Nederlandstalige klanten zich even op reis.

En.

Nestled behind the City Hall, the Saint-Jacques district guides us along Rue de l'Étuve to Manneken-Pis. This modest bronze boy, who relieves himself in public, draws larger crowds than the Eiffel Tower: a quintessential Brussels lesson in humility. Further along, the Old Granary (Oud Korenhuis) features its baroque houses arranged in a circle, flanked by restaurants, bars, and the quirky Historic Marine & Aviation shop, born from the dream of a frigate commander.

At the centre of this charming square stands the statue of Jacques Brel, one arm raised to the sky. The Church of Our Lady of Good Help (Notre-Dame du Bon Secours), at the other end of the street, serves as a departure point for pilgrimages to Santiago de Compostela. The Saint-Jacques district is a treasure hunters' paradise, boasting artisans, designers, vintage shops, as well as vinyl and comic book stores. Its pedestrian alleys lead us to some of the city's iconic taverns, including Het Goudblommeke in Papier, the headquarters of the Belgian surrealists. To conclude our visit to Saint-Jacques with a touch of sparkle: this is also the heart of the LGBTQIA+ community, where love shines in rainbow colors.

Just a few steps away, we reach the Bourse (Stock Exchange), now home to the Beer Museum—which takes us from 'grains' to hops. This is the ideal place to enjoy the golden beverage, standing on the rooftop of the building while taking in a magnificent view of the city.

As we cross the pedestrian area, we reach the Halles Saint-Géry, a former island surrounded by the Senne River, the legendary birthplace of Brussels. With its pubs and numerous Thai and Vietnamese eateries, Saint-Géry is one of the most lively areas in the city.

Beyond Saint-Géry lies the Dansaert district, a hotspot for fashion and design. Luxury shops, designers, and stylists share storefronts with art galleries alongside a selection of renowned bars and restaurants. In the centre of Rue Dansaert, the Place du Nouveau Marché au Grain invites a gourmet pause beneath the shade of its trees.

At the end of the street, the Walvis café, popular with a stylish and mainly Dutch-speaking crowd, marks the boundary of the neighbourhood, its terraces offering a view of the canal.

→ La galerie centrale de la Bourse, dans laquelle trônent quelques sculptures d'Auguste Rodin
De centrale galerij van de Beurs, waarin enkele beelden van Auguste Rodin pronken
The central gallery of the Bourse, featuring some sculptures by Auguste Rodin

↓ La Bourse, construite en 1868 par l'architecte Léon Suys
De Beurs, in 1868 gebouwd door de architect Léon Suys
The Bourse, built in 1868 by architect Léon Suys

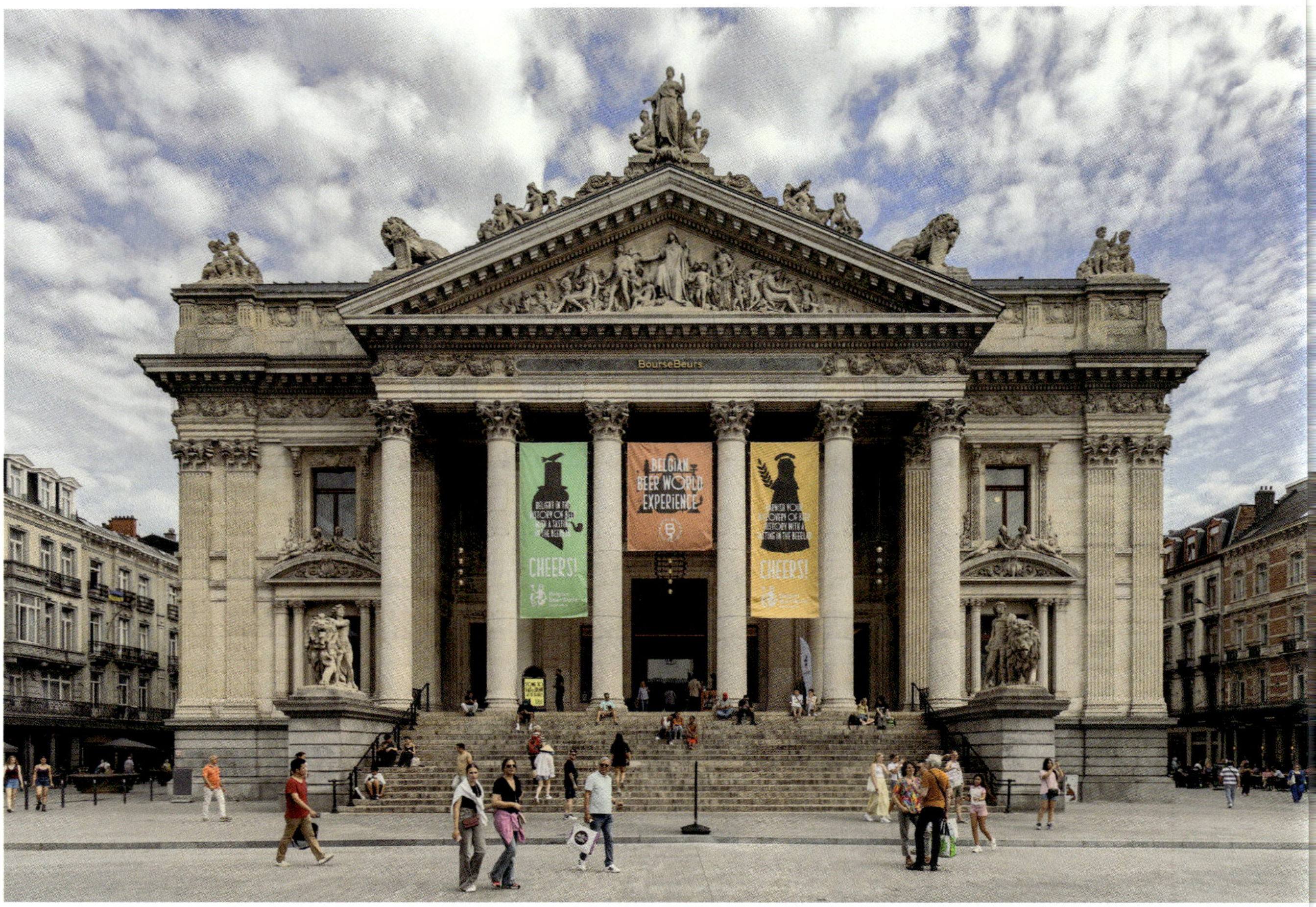

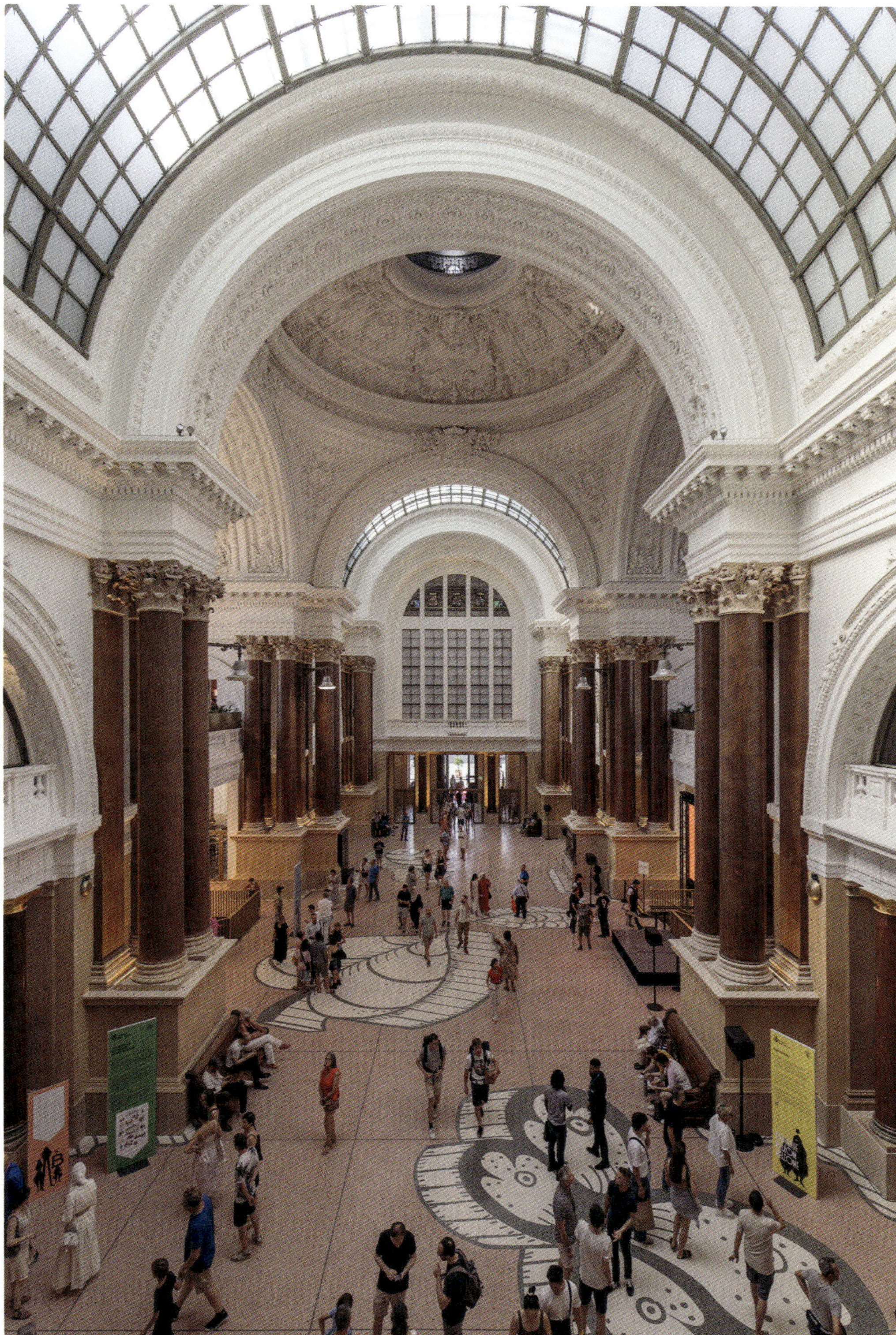

↑ Le Grand Café, place de la Bourse
Le Grand Café, Beursplein
The Grand Café, Place de la Bourse

↓ Couple de figures couchées, par Guillaume De Groot, symbolisant le Travail et l'Abondance
Paar liggende figuren, door Guillaume De Groot, die symbool staan voor Arbeid en Overvloed
A pair of reclining figures by Guillaume De Groot, symbolising Labour and Abundance

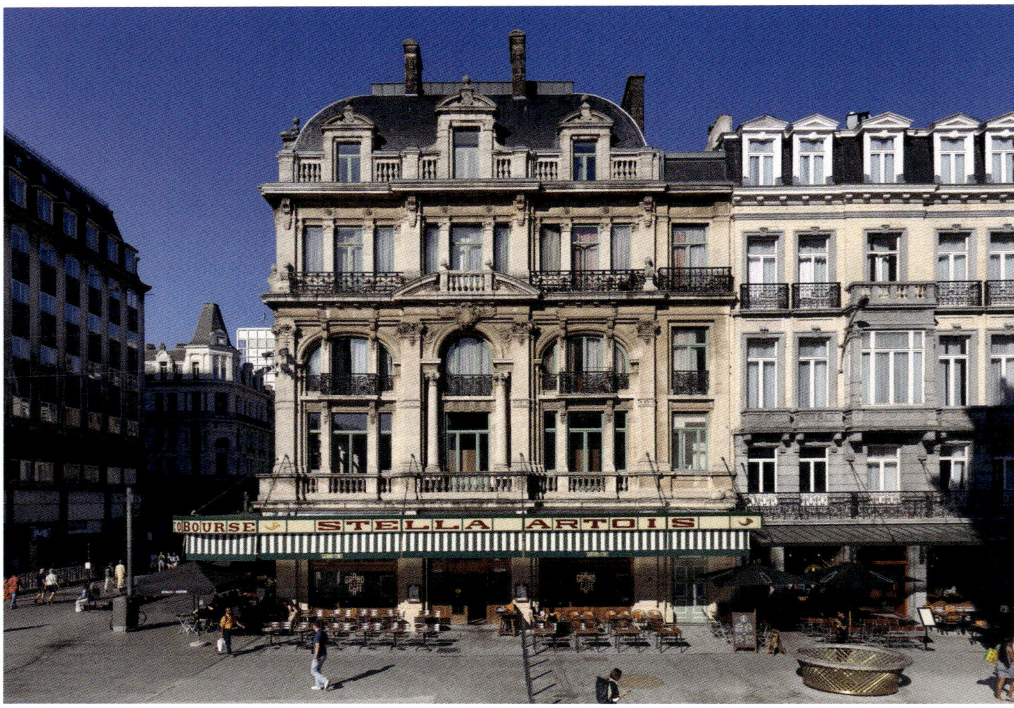

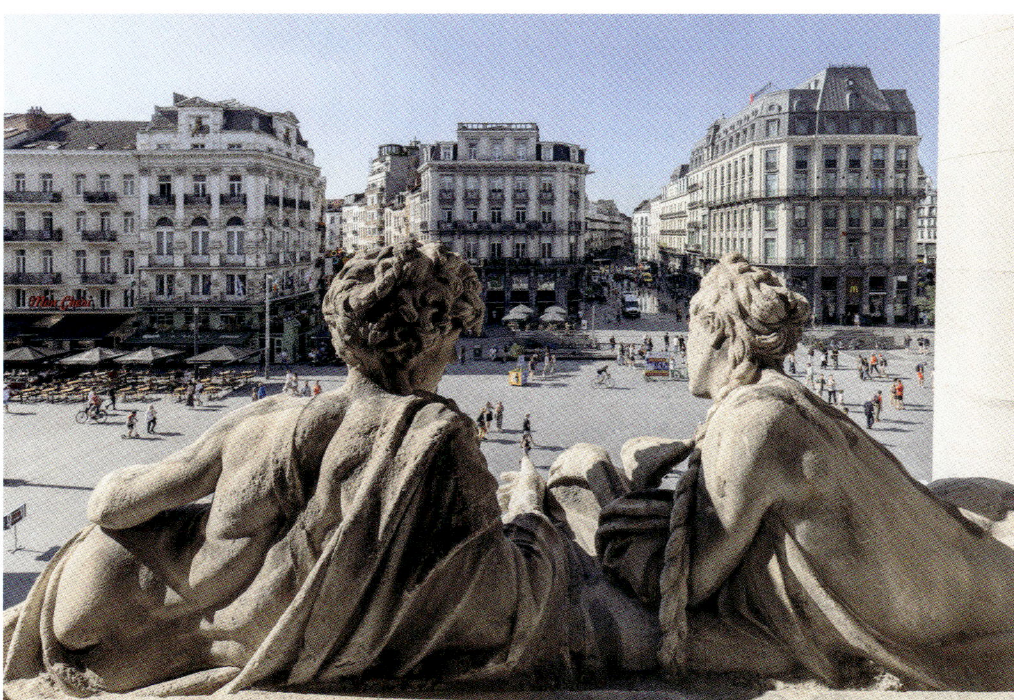

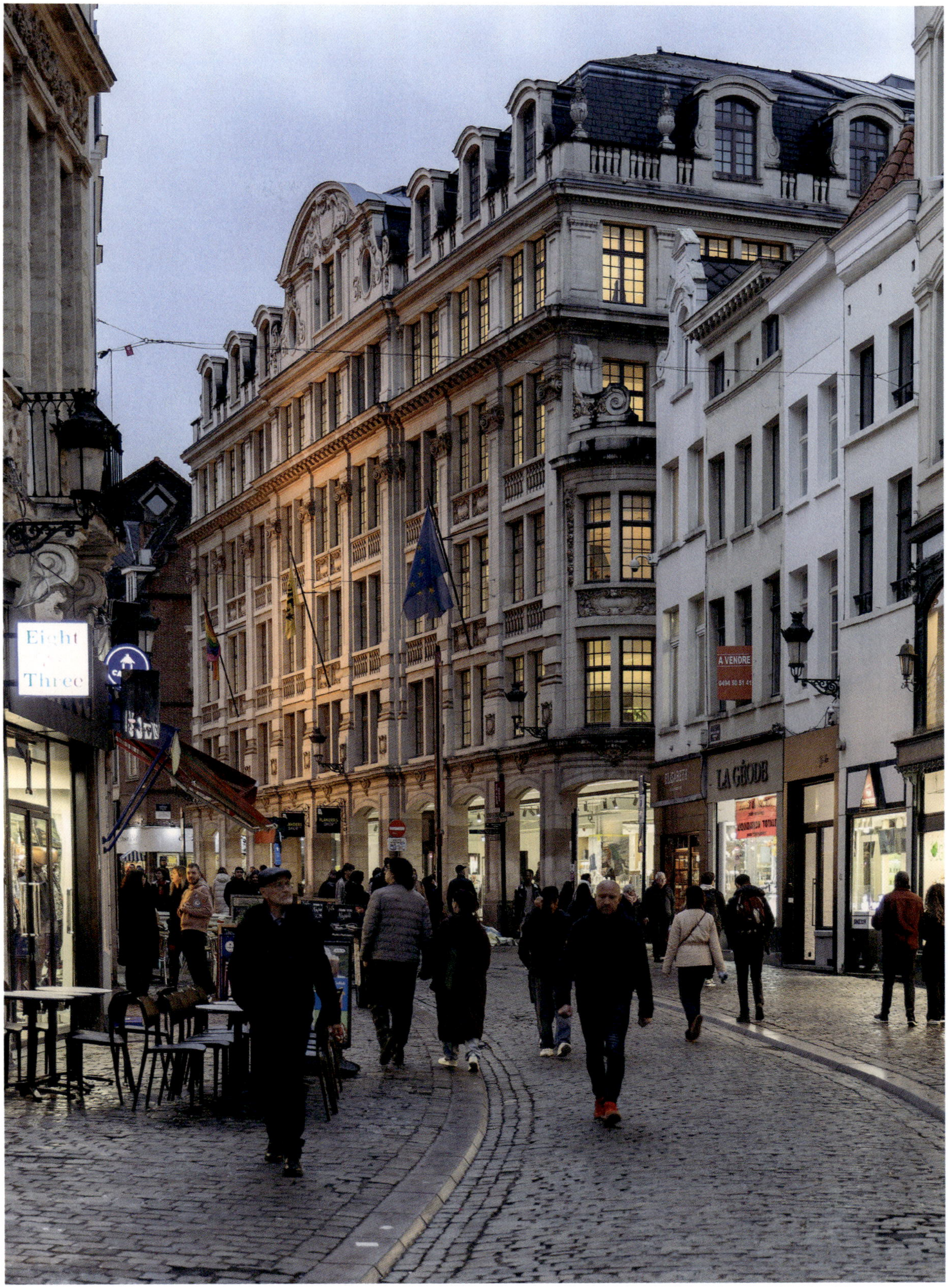

Le Nouveau Palais, rue du Marché aux Herbes
Het Nieuwe Paleis, Grasmarkt
The New Palace, Rue du Marché aux Herbes

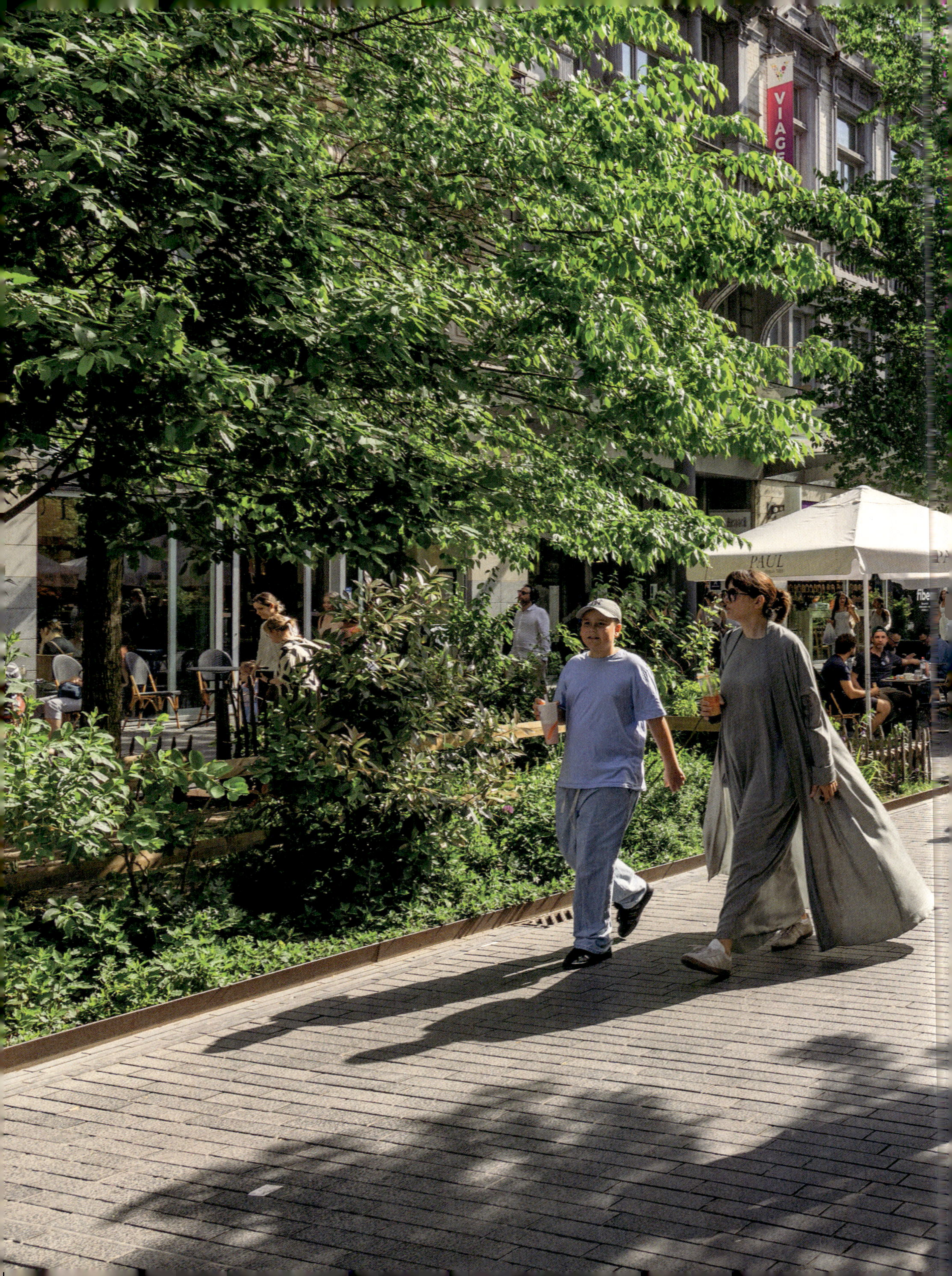
PAUL

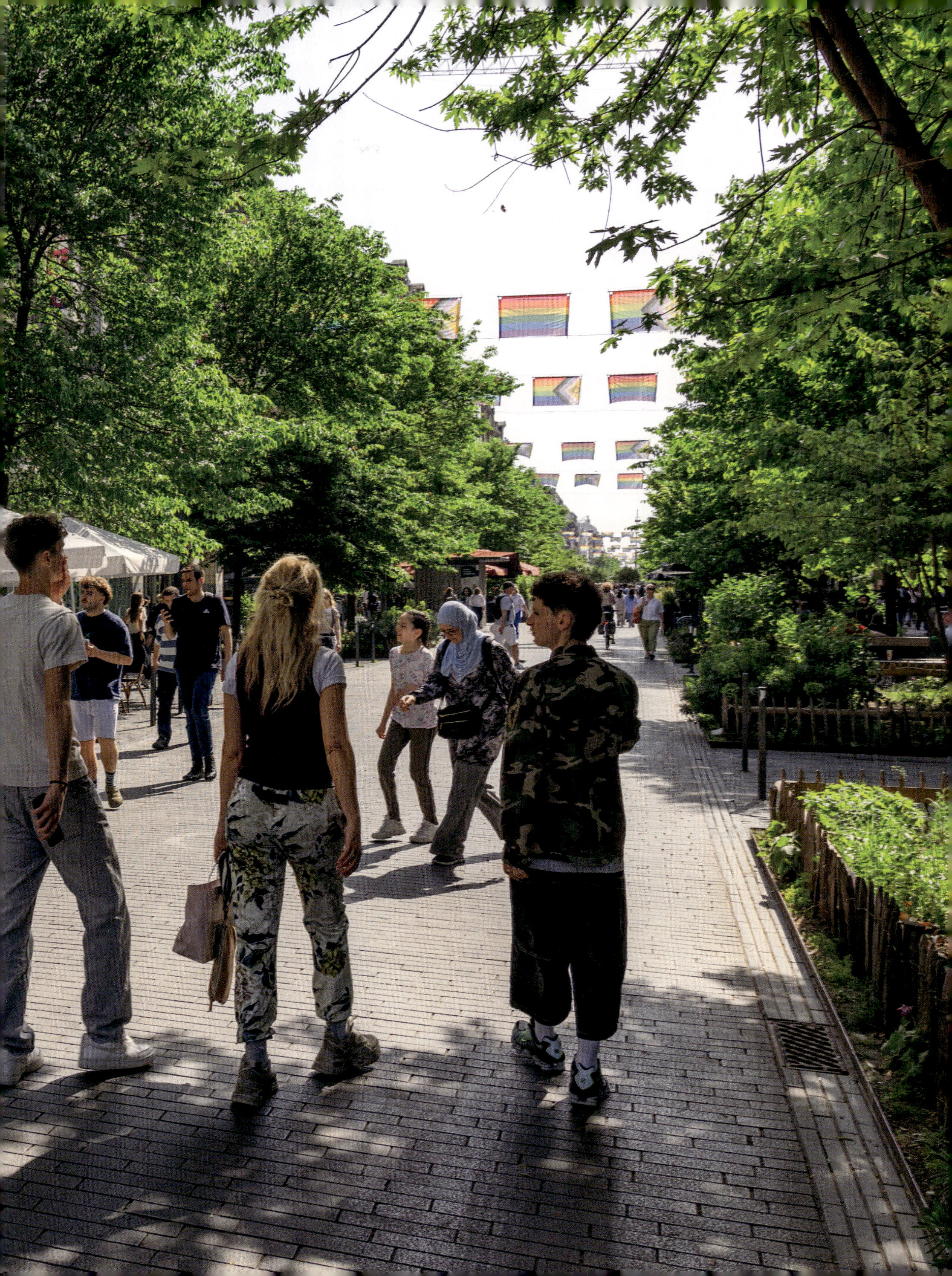

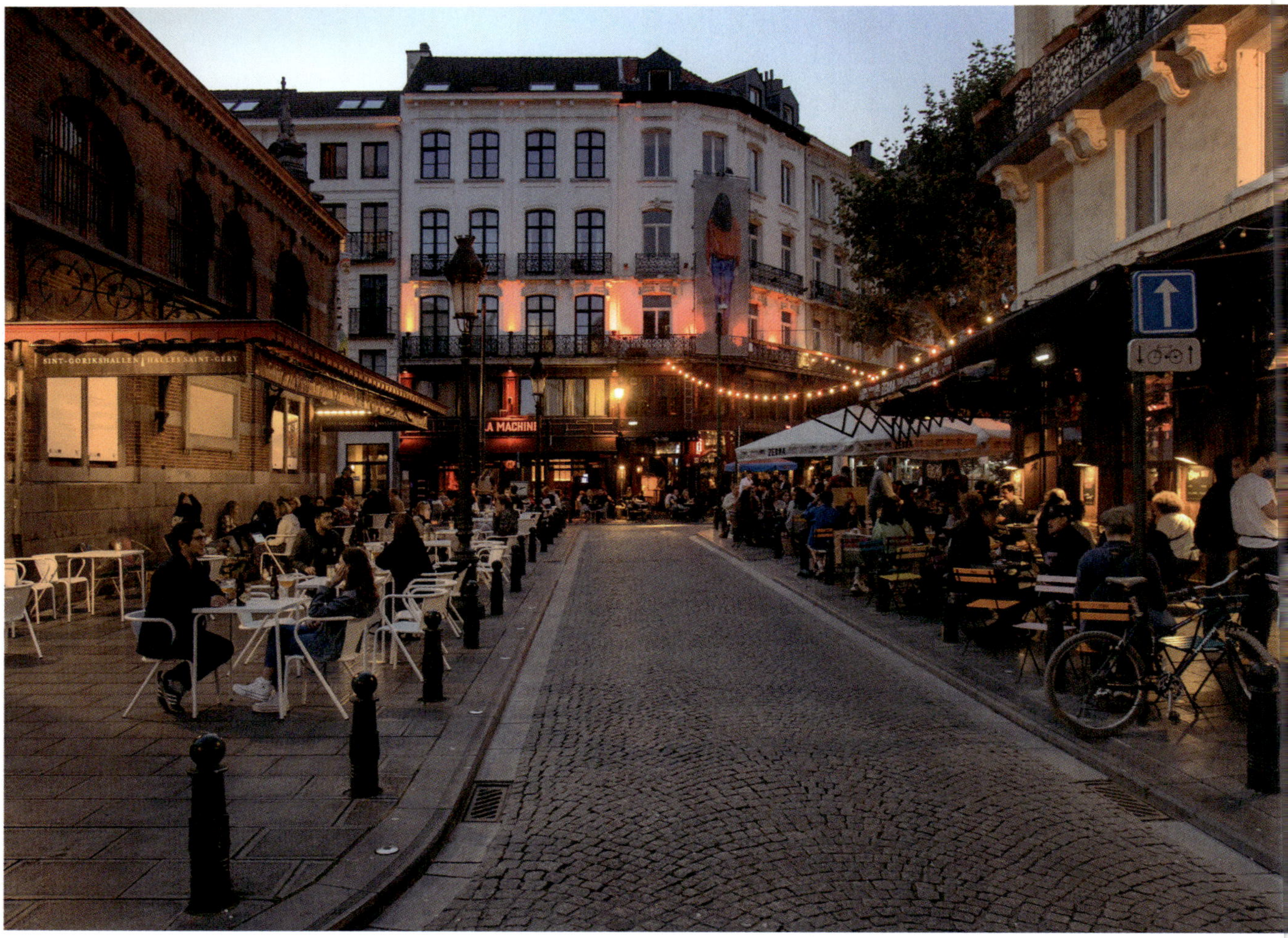
SINT-GORIKSHALLEN | HALLES SAINT-GERY

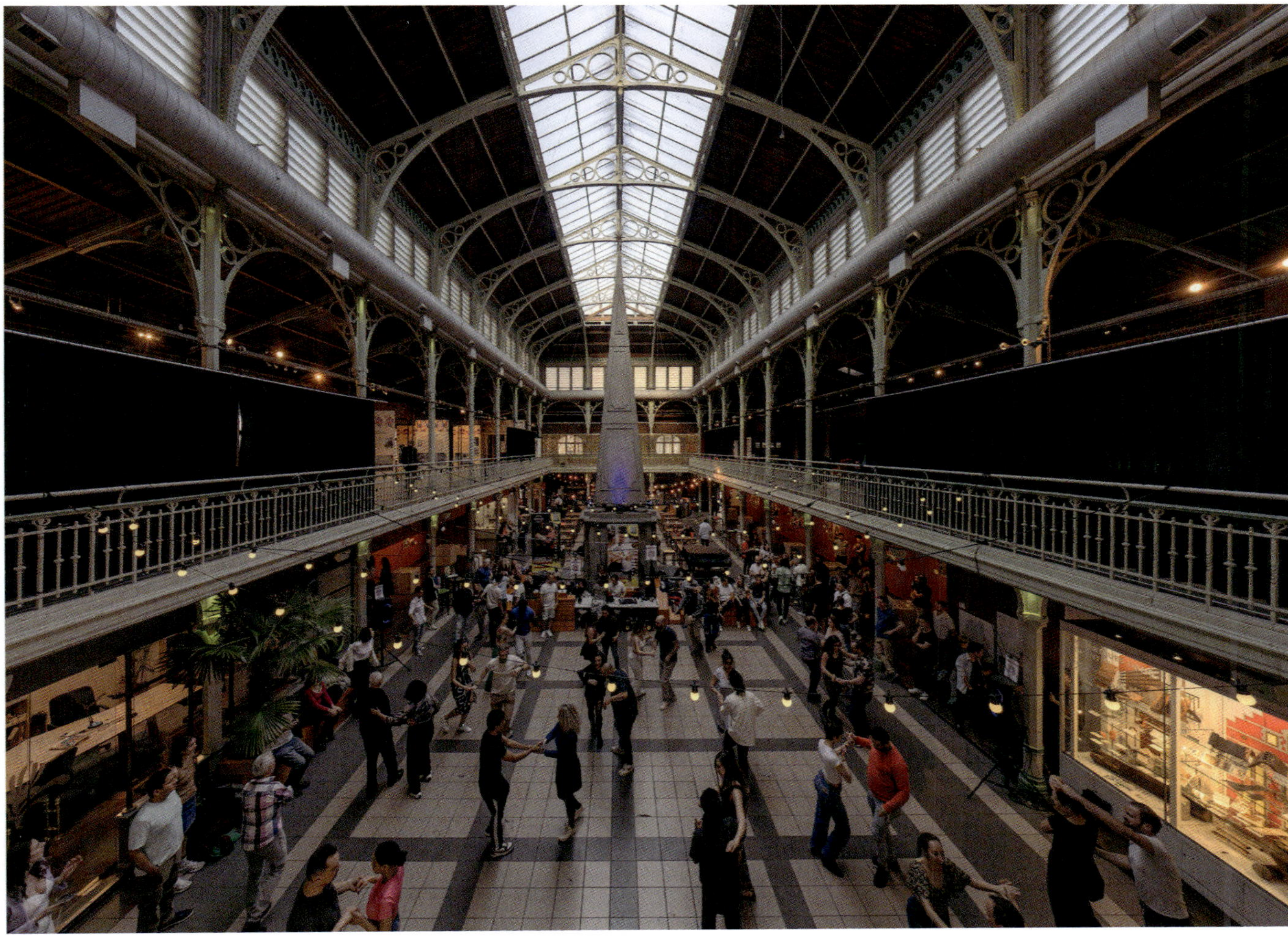

PP. 36-37 : Le piétonnier, boulevard Anspach
De voetgangerszone, Anspachlaan
The pedestrianised zone, Boulevard Anspach

↖ Place Saint-Géry
Sint-Goriksplein
Place Saint-Géry

↑ Les Halles Saint-Géry
De Sint-Gorikshallen
Halles Saint-Géry

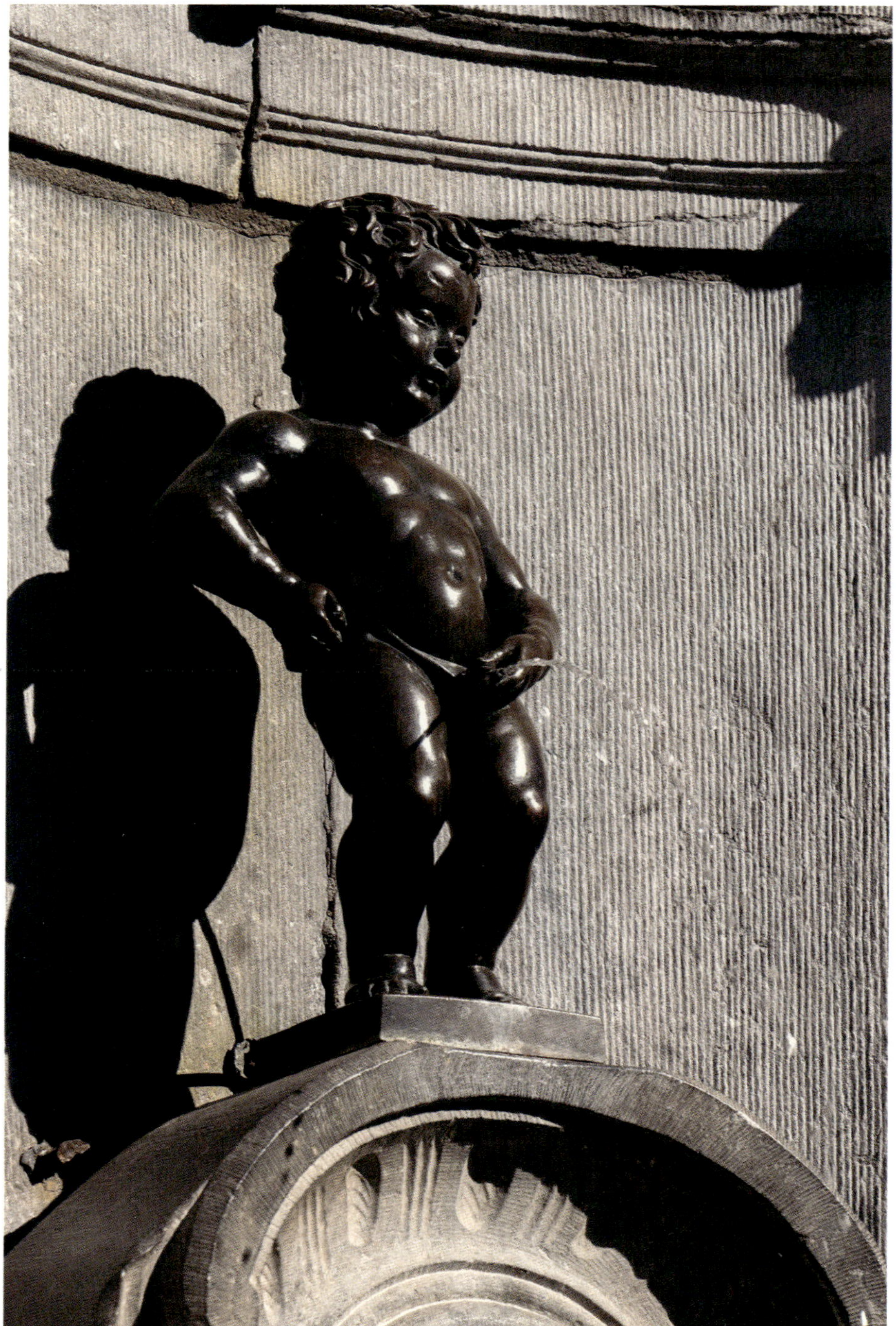

← Manneken-Pis, symbole de l'humour, de la dérision et de l'esprit d'indépendance des Bruxellois
Manneken-Pis, symbool van de humor, spot en onafhankelijke geest van de Brusselaars
Manneken-Pis, symbol of humour, derision, and the spirit of independence typical of the Bruxellois

→ La fresque *Broussaille* de Frank Pé, réalisée par Urbana, rue du Marché au Charbon (quartier Saint-Jacques)
De muurschildering *Broussaille* van Frank Pé, gemaakt door Urbana, Kolenmarkt (Sint-Jacobswijk)
Fresco named Broussaille, created by Frank Pé and executed by Urbana, rue du Marché au Charbon (Saint-Jacques district)

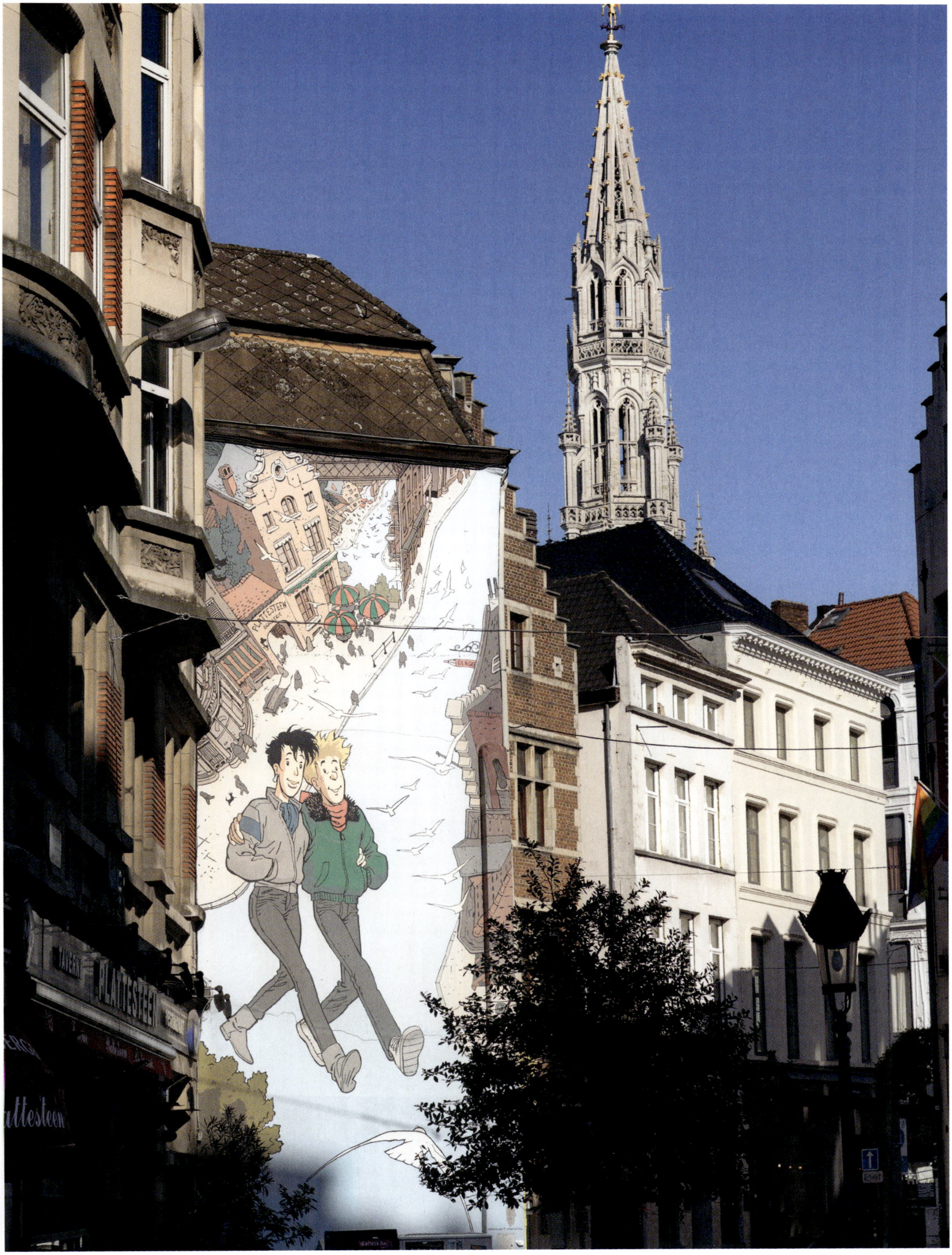
PLATTESTEEN

« Bleus sur jaune », ensemble de mâts-drapeaux conçu par l'artiste français Daniel Buren (place de la Justice)
« Bleus sur jaune », geheel van vlaggenmasten ontworpen door de Franse kunstenaar Daniel Buren (Justitieplein)
'Blues on Yellow', 89 yellow masts flying blue and white flags. Created by the French artist Daniel Buren (Place de la Justice)

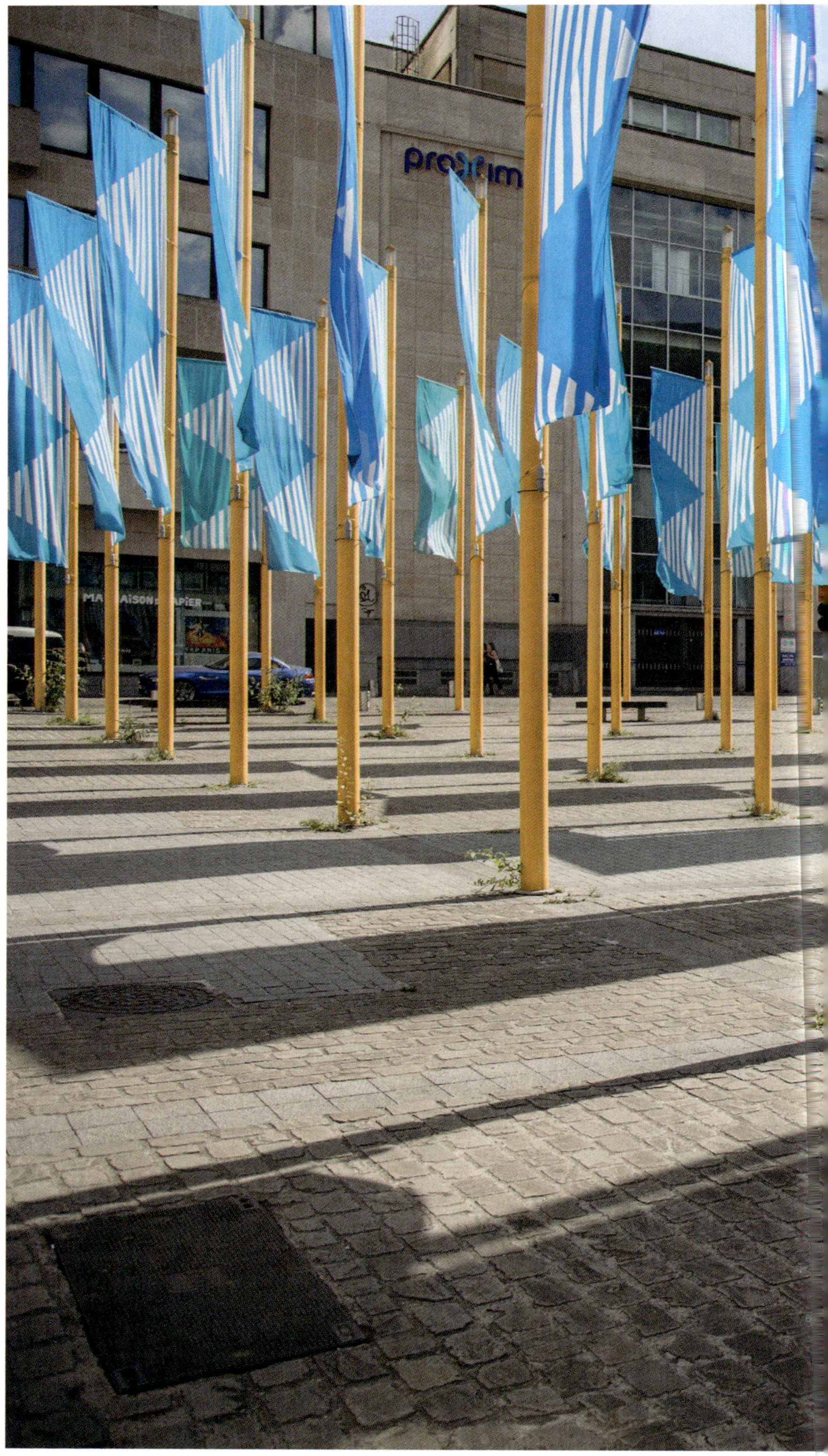

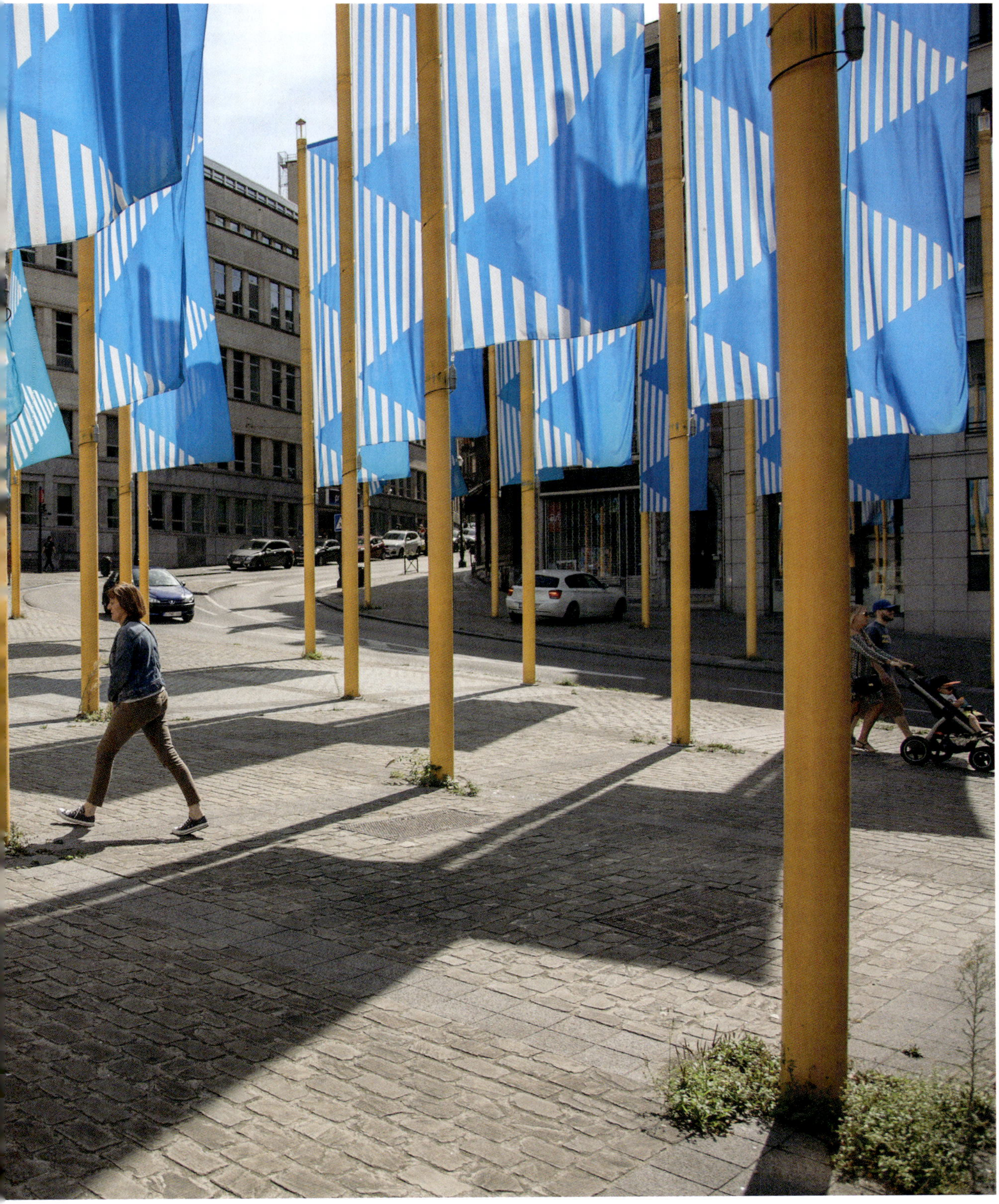

De Saint-Hubert à Sainte-Catherine
Van Sint-Hubertus tot Sint-Katelijne
From Saint-Hubert to Sainte-Catherine

Bruxelles d'antan, Bruxelles d'aujourd'hui

Het Brussel van vroeger en nu

Brussels then and now

Fr.

Proches de la Gare Centrale, les Galeries Royales Saint-Hubert sont les témoins d'un temps où Bruxelles enchantait. Les galeries associent les ors du style renaissance florentine à l'ingéniosité anticipatrice de sa splendide verrière autoportante, anciennement surnommée « le parapluie de Bruxelles » par les élégantes du XIXe siècle. Boutiques de luxe et cafés au charme désuet se partagent l'espace avec un cinéma et l'emblématique Théâtre Royal des Galeries dont le plafond fut peint par Magritte. On traverse ses allées en venant de la Grand-Place, on s'arrête devant Tropismes, la célèbre librairie, pour sortir côté Monnaie en songeant qu'au-dessus des boutiques, certains ont la chance d'habiter.

La place de la Monnaie invite à se poser sur ses nombreux bancs au bord de ses fontaines et à contempler l'apaisante façade néo-classique du théâtre.

La place s'ouvre sur la rue Neuve, l'artère la plus commerçante du centre-ville, sur la rue des Fripiers et face au royal théâtre, la nouvelle Galerie Mint rejoint la place de Brouckère. Il est également possible de rejoindre la place par le Passage du Nord, galerie couverte du XIXe siècle avec ses vitrines anciennes et sa boutique La Coutellerie du Roi fondée en 1750. C'est sur la place De Brouckère, haut lieu de la Belle Époque, que se dresse l'hôtel Métropole, d'où les femmes en crinoline du Grand Jacques rejoignaient le marché aux poissons pour se donner des envies de grand large. Car Bruxelles disposait de son port relié à la mer via le canal de Willebroek et l'Escaut.

Situé derrière l'église Sainte-Catherine, le port sera un important pôle économique jusqu'à la moitié du XXe siècle. C'est aussi au *Vismet* que les marchands ambulants de caricoles (bulots) viendront se fournir avant de balader leurs charrettes dans les rues de la ville pour y vendre ce gastéropode dans son odorant bouillon épicé de poivre, de piment et de céleri. Une succulente tradition qui n'existe qu'à Bruxelles.

Aujourd'hui, le quai aux Briques et le quai au Bois à brûler qui bordent la place sont autant d'évocations du port disparu. S'il ne s'y tient plus de marché aux poissons, le quartier est réputé pour ses restaurants de poissons et de crustacés aux noms évocateurs : La belle Maraîchère, le Vismet, le Quai, la Péniche, Bij den Boer sans oublier la poissonnerie La Mer du Nord où l'on mange debout au coin du comptoir.

Nl.

Niet ver van het Centraal Station pronken de Koninklijke Sint-Hubertusgalerijen, uit de tijd waarin Brussel betovering opwekte. Het goud van de Florentijnse renaissancestijl is gecombineerd met het vooruitstrevende vernuft van een schitterende zelfdragende glaskoepel, volgens de elegante jongedames uit de 19de eeuw 'de paraplu van Brussel'. Luxeboetieks en cafés met ouderwetse charme delen de ruimte met een bioscoop en het iconische Théâtre Royal des Galeries, waarvan het plafond is beschilderd door Magritte. Kuier vanaf de Grote Markt door de gangen, wip binnen bij de bekende boekhandel Tropismes en ga naar buiten via de kant van de Munt – en bedenk dat er geluksvogels zijn die boven die winkels wonen.

Strijk op het Muntplein neer op een bankje aan de fonteinen en bewonder de rustgevende neoklassieke gevel van de schouwburg. Dit plein geeft uit op de Nieuwstraat, dé winkelstraat van het centrum, en de Kleerkopersstraat. Tegenover de Koninklijke Muntschouwburg leidt het nieuwe shoppingcentrum The Mint naar het De Brouckèreplein, dat ook te bereiken is via de Noorddoorgang, een overdekte 19de-eeuwse winkelgalerij met nog de oude etalageramen en de in 1750 opgerichte winkel La Coutellerie du Roi. Aan het De Brouckèreplein, centrum van de belle époque, staat Hotel Métropole, vanwaar de dames in hoepelrok uit het liedje van 'grand Jacques' naar de vismarkt gingen om er zich tegoed te doen aan de geneugten van de zee. Brussel had immers zijn eigen haven, verbonden met de zee via het Kanaal van Willebroek en de Schelde.

De haven lag achter de Sint-Katelijnekerk en was tot halverwege de 20ste eeuw een belangrijk economisch knooppunt. Nog op de *Vismet* kwamen de straatverkopers van *karakollen* zich bevoorraden, waarna ze met hun karren door de Brusselse straten trokken om de wulken in hun heerlijk geurende bouillon met peper, chilipoeder en selderij aan de man te brengen. Een verrukkelijke traditie die alleen in Brussel bestaat.

De Baksteenkaai en de Brandhoutkaai aan het plein verwijzen naar die verdwenen haven. Nu is er geen vismarkt meer, maar de wijk staat wel bekend om zijn vis- en schaaldierrestaurants met veelzeggende namen: La Belle Maraîchère, Vismet, Le Quai, La Péniche, Bij den Boer en uiteraard de viswinkel De Noordzee, waar je staand aan de toonbank een hapje eet.

En.

Located near the Central Station, the Galeries Royales Saint-Hubert stand as a testament to a time when Brussels captivated the world's attention.

The galleries combine the elegance of Florentine Renaissance style with the innovation of their self-supporting glass canopy, once referred to as 'Brussels' umbrella' by fashionable women in the 19th century. Here, luxury boutiques and charming traditional cafés sit alongside a cinema and the iconic Théâtre Royal des Galeries, whose ceiling was painted by Magritte.

Visitors wander through the arcades extending from the Grand-Place, pausing at Tropismes, the renowned bookstore, before leaving on the Monnaie side. In passing, they may wistfully notice that some locals are fortunate enough to reside above the shops.

Place de la Monnaie invites passersby to sit on a bench by a fountain and contemplate the calming neoclassical façade of the theatre. The square opens onto Rue Neuve, the busiest shopping street in the city centre, and onto Rue des Fripiers. Opposite the Royal Theatre, the new Mint Gallery connects to Place de Brouckère. Another route leading there is the Passage du Nord, a 19th-century covered arcade featuring vintage shop windows and a cutlery shop established in 1750: La Coutellerie du Roi.

Place de Brouckère, a lively Belle Époque centre, is home to the Hotel Métropole, from which crinoline-clad ladies may have walked to the Vismet (fish market), dreaming of the open sea. Indeed, Brussels once had a seaport, via the Willebroek Canal and the River Scheldt.

Situated behind the Church of Sainte-Catherine, the port remained a vital economic hub until the mid-20th century. At the Vismet, street vendors always bought *caricoles* in fragrant, peppery, spicy, celery-infused broth (whelks—sea snails) to sell to street customers from their pushcarts—a delightful tradition unique to Brussels.

Today, Quai aux Briques and Quai au Bois à Brûler, which border the square, are living reminders of the vanished port. The fish market has long since disappeared, but the neighbourhood is renowned for its evocatively named seafood restaurants: La Belle Maraîchère, Le Vismet, Le Quai, La Péniche, Bij den Boer, and the fish shop La Mer du Nord, where people still enjoy a quick bite, standing at a corner of the counter.

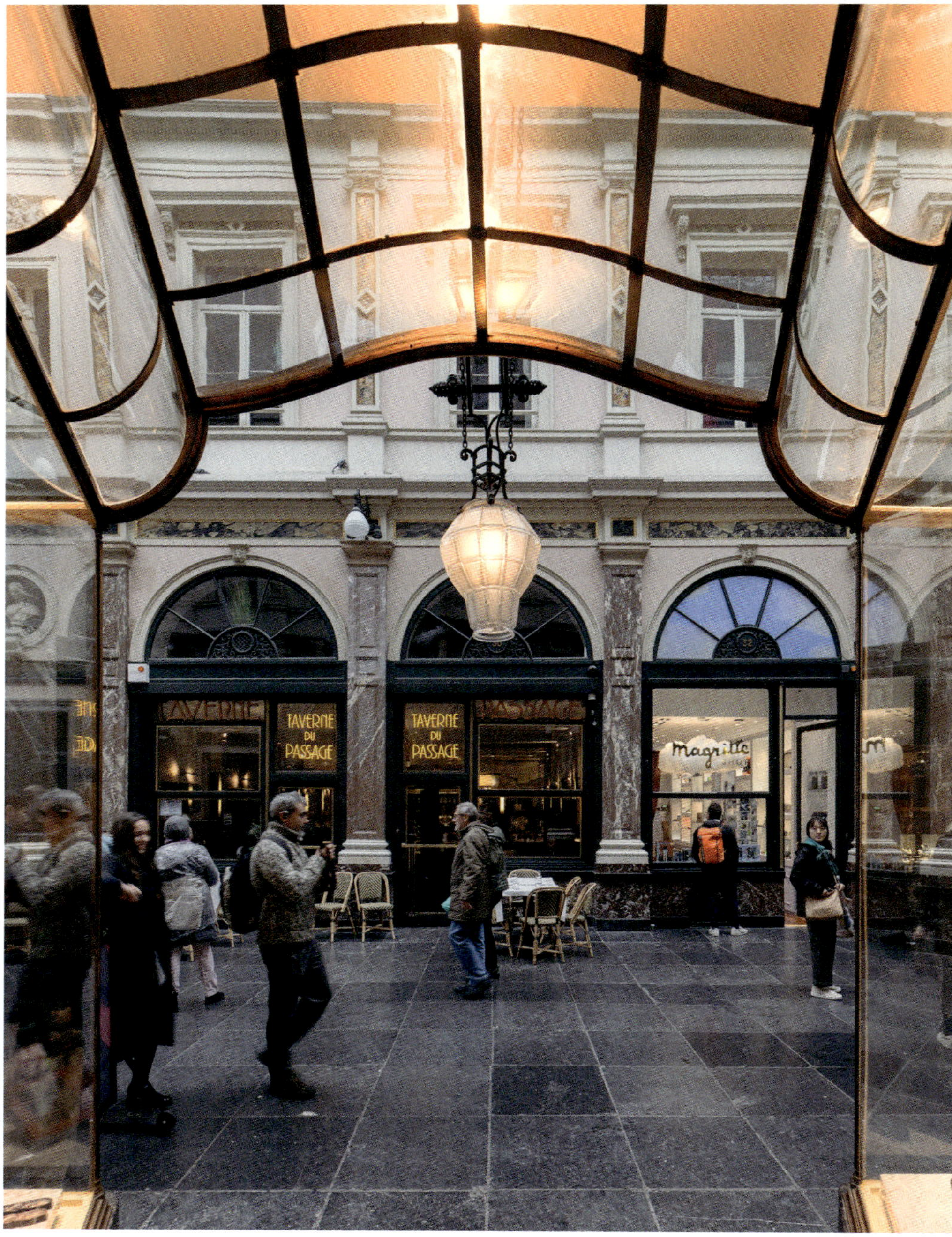

La galerie du Roi
De Koningsgalerij
The King's Gallery

PP. 48-49 : Les galeries royales Saint-Hubert
De Koninklijke Sint-Hubertusgalerijen
The Saint-Hubert Royal Galleries

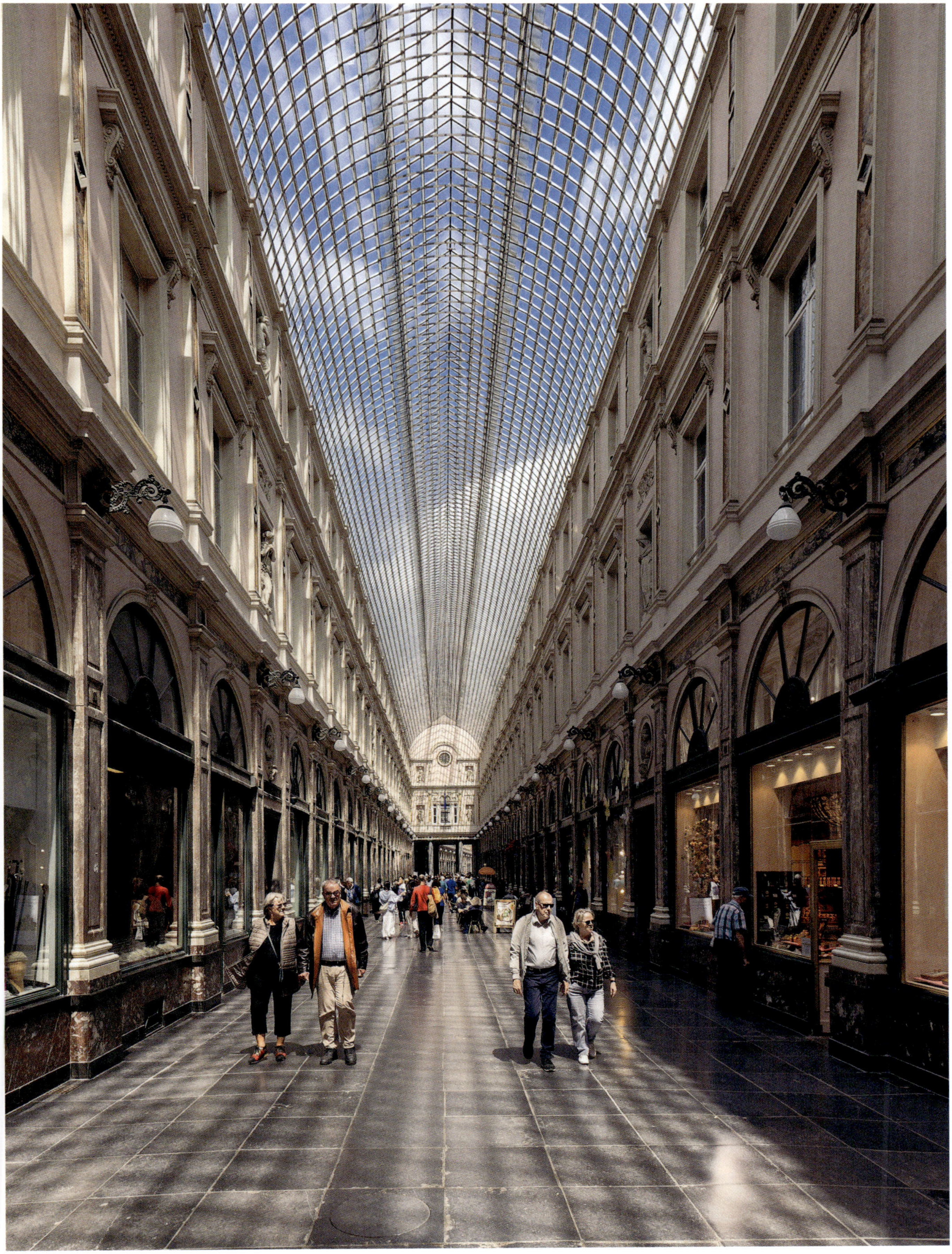

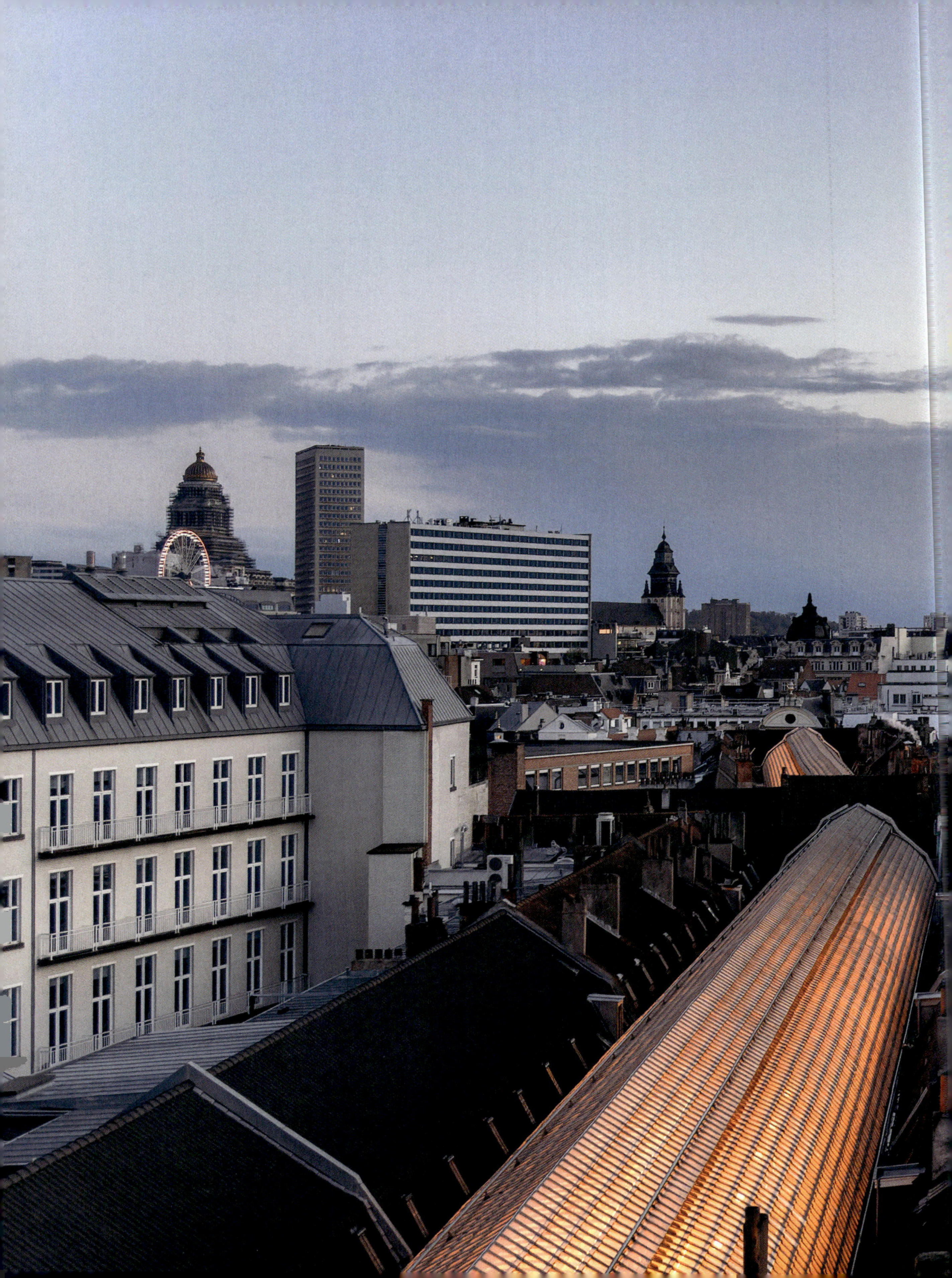

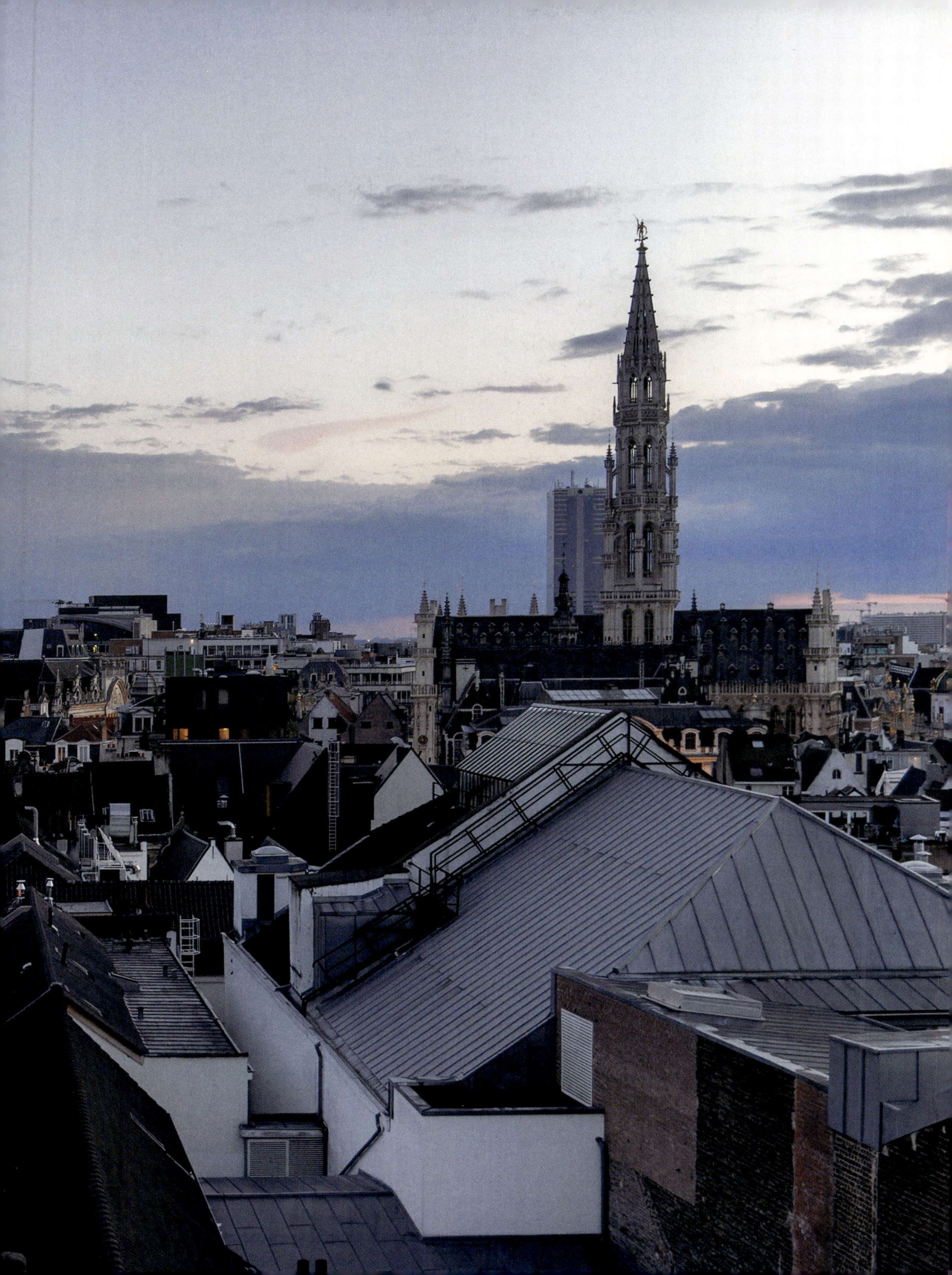

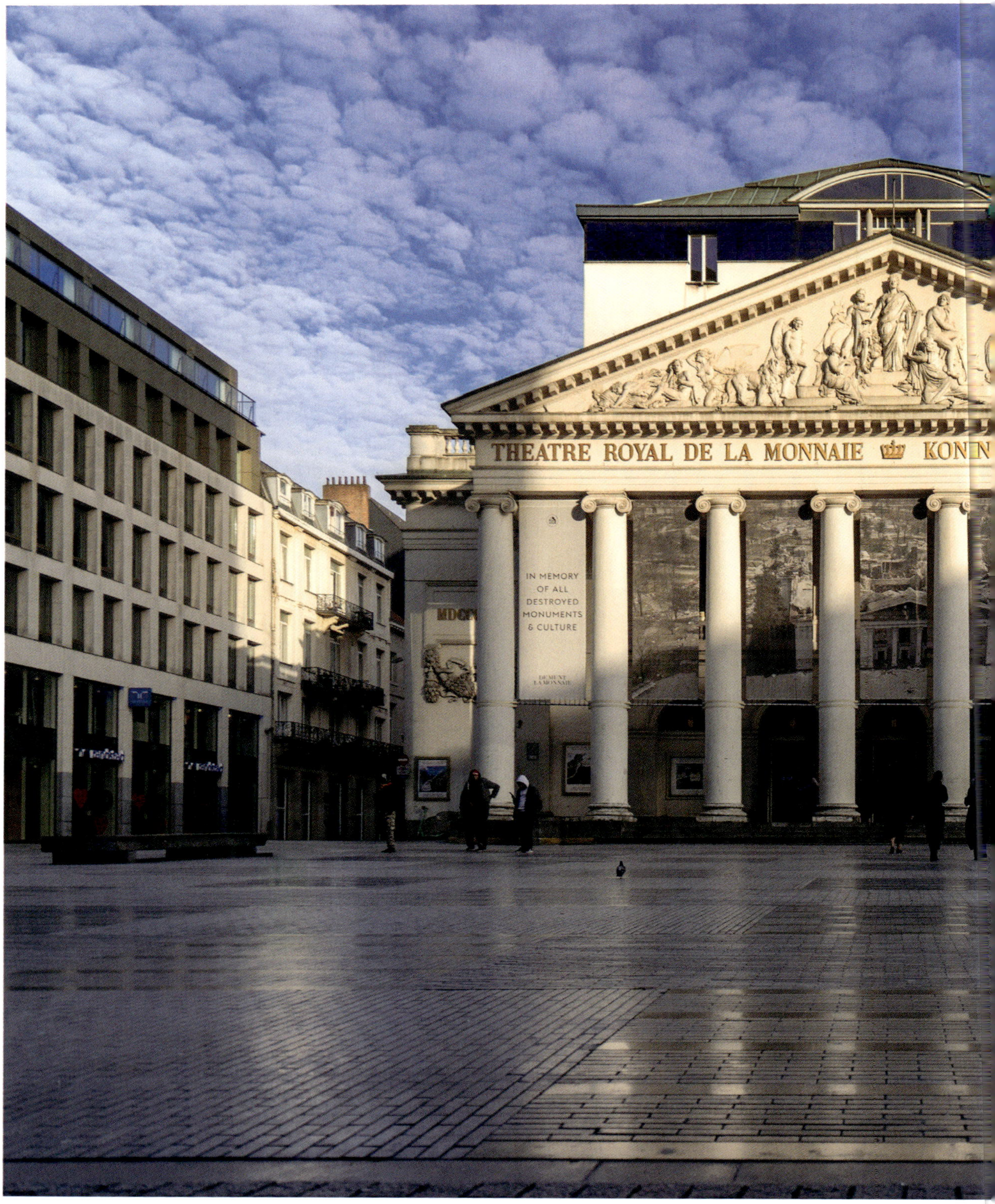
THEATRE ROYAL DE LA MONNAIE
IN MEMORY
OF ALL
DESTROYED
MONUMENTS
& CULTURE

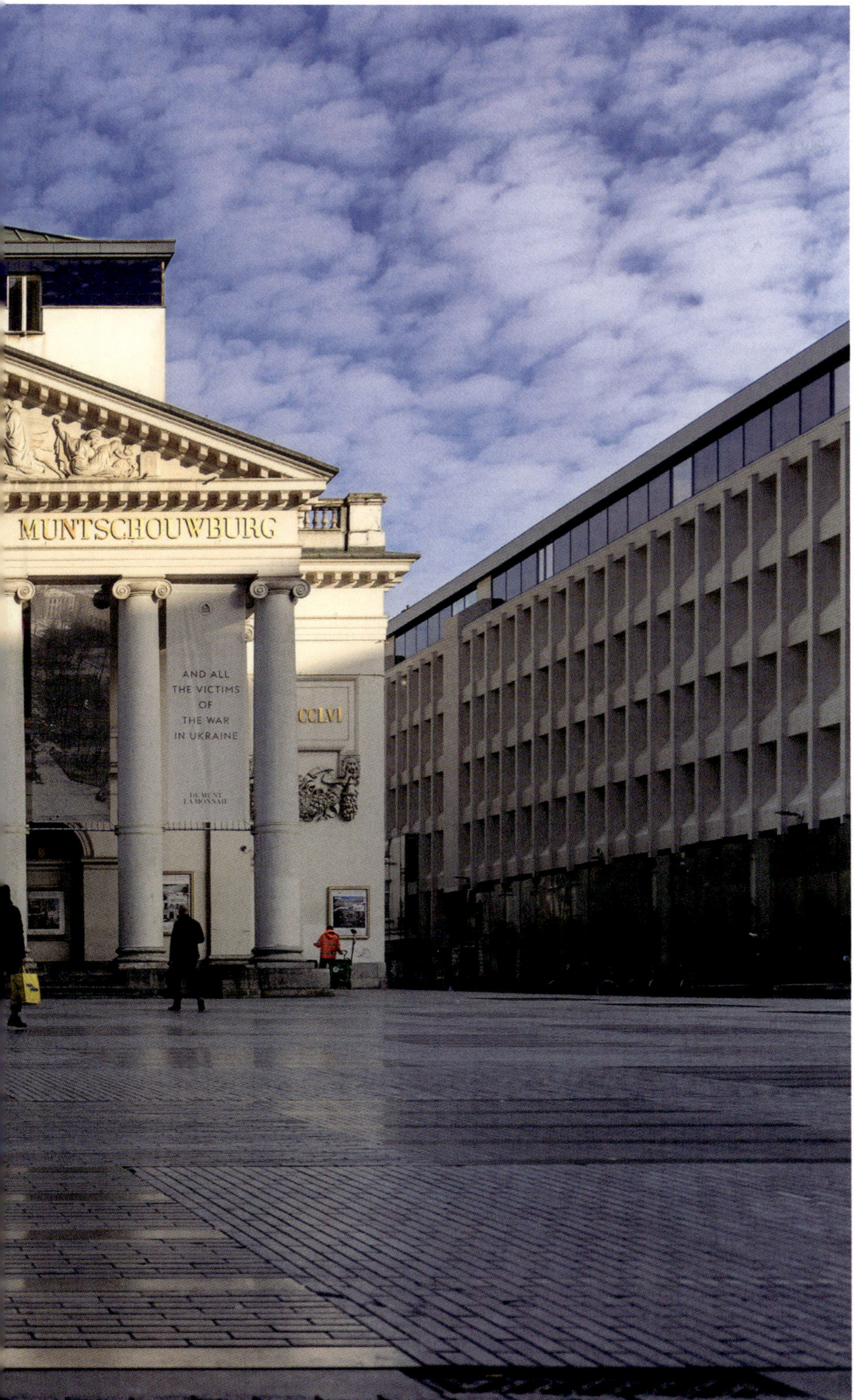

← Le Théâtre Royal de la Monnaie
De Koninklijke Muntschouwburg
The Royal Theatre of the Mint (la Monnaie)

PP. 52-53 : La place de la Monnaie
Het Muntplein
Place de la Monnaie

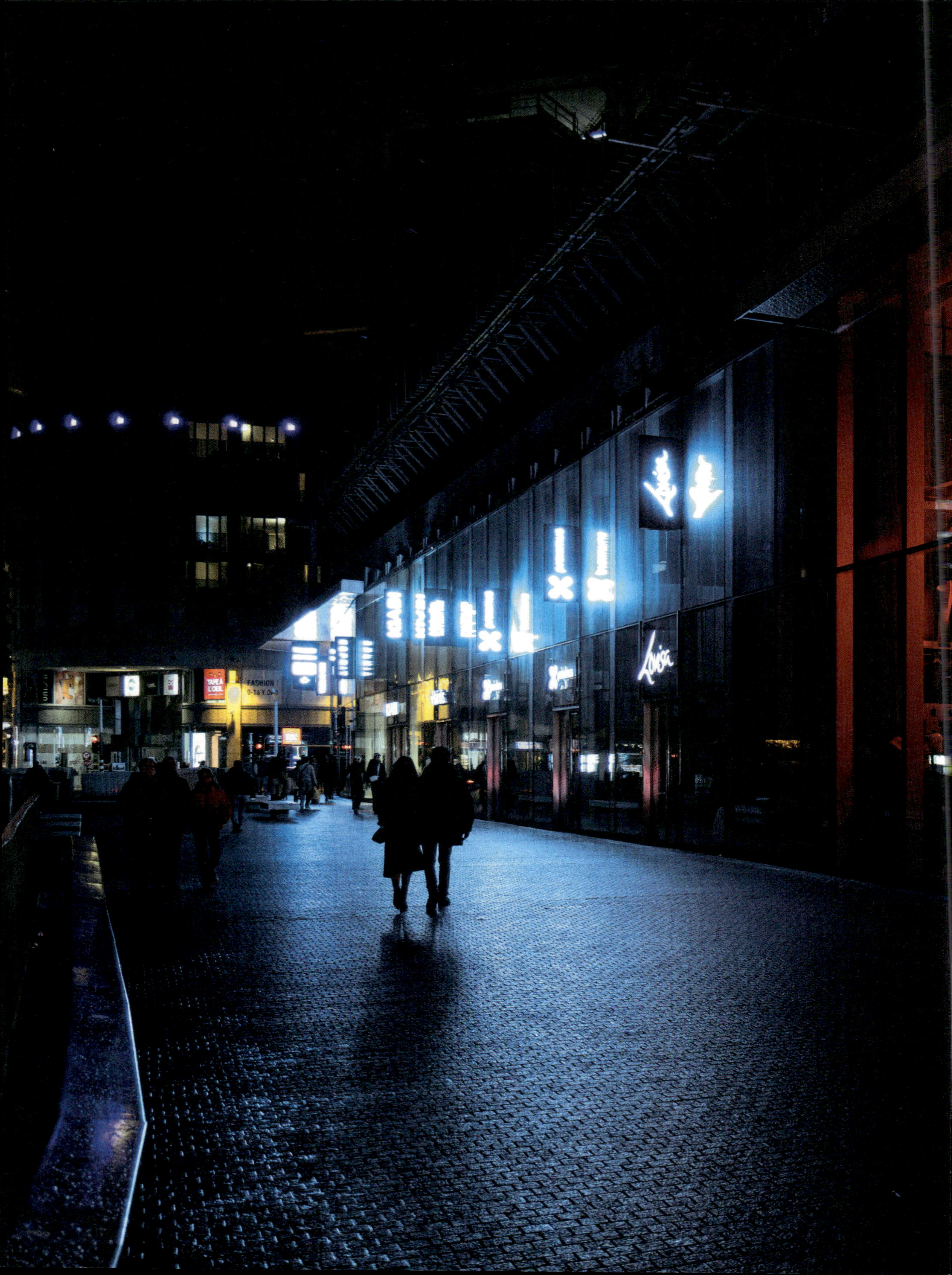
FASHION

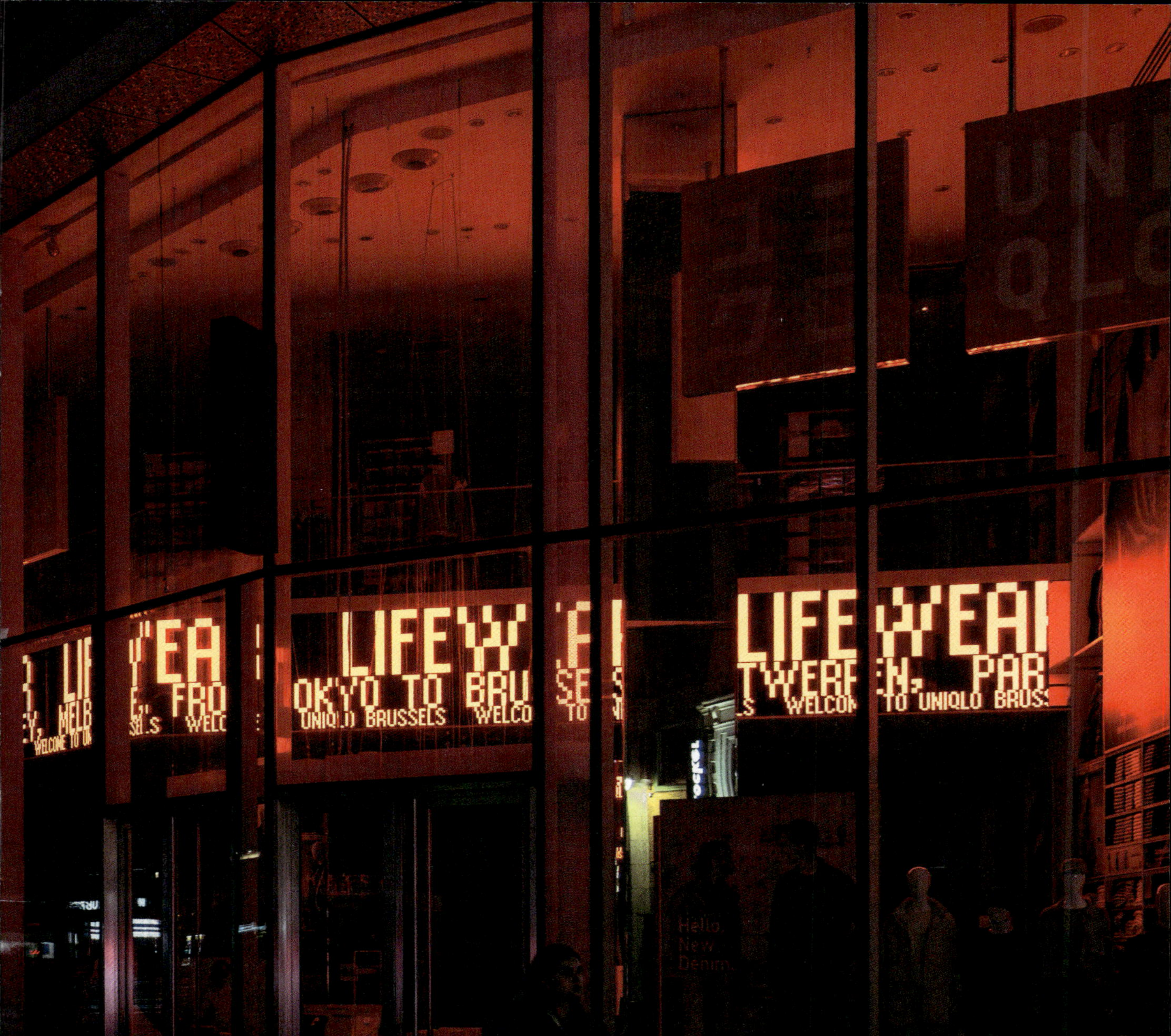
UNIQLO BRUSSELS
Hello.
New
Denim.

Le piétonnier du boulevard Anspach
De voetgangerszone van de Anspachlaan
The car-free zone along Boulevard Anspach

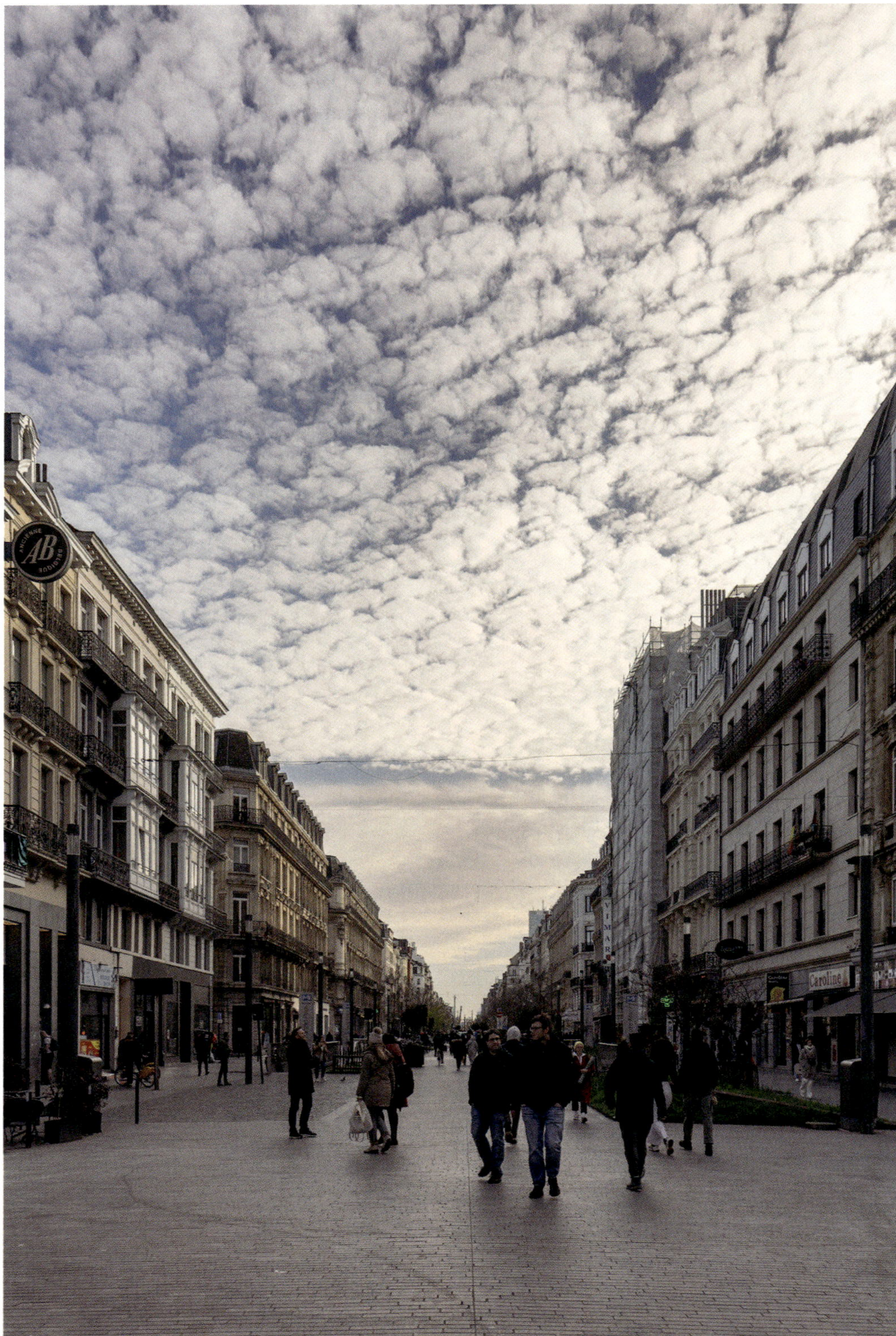

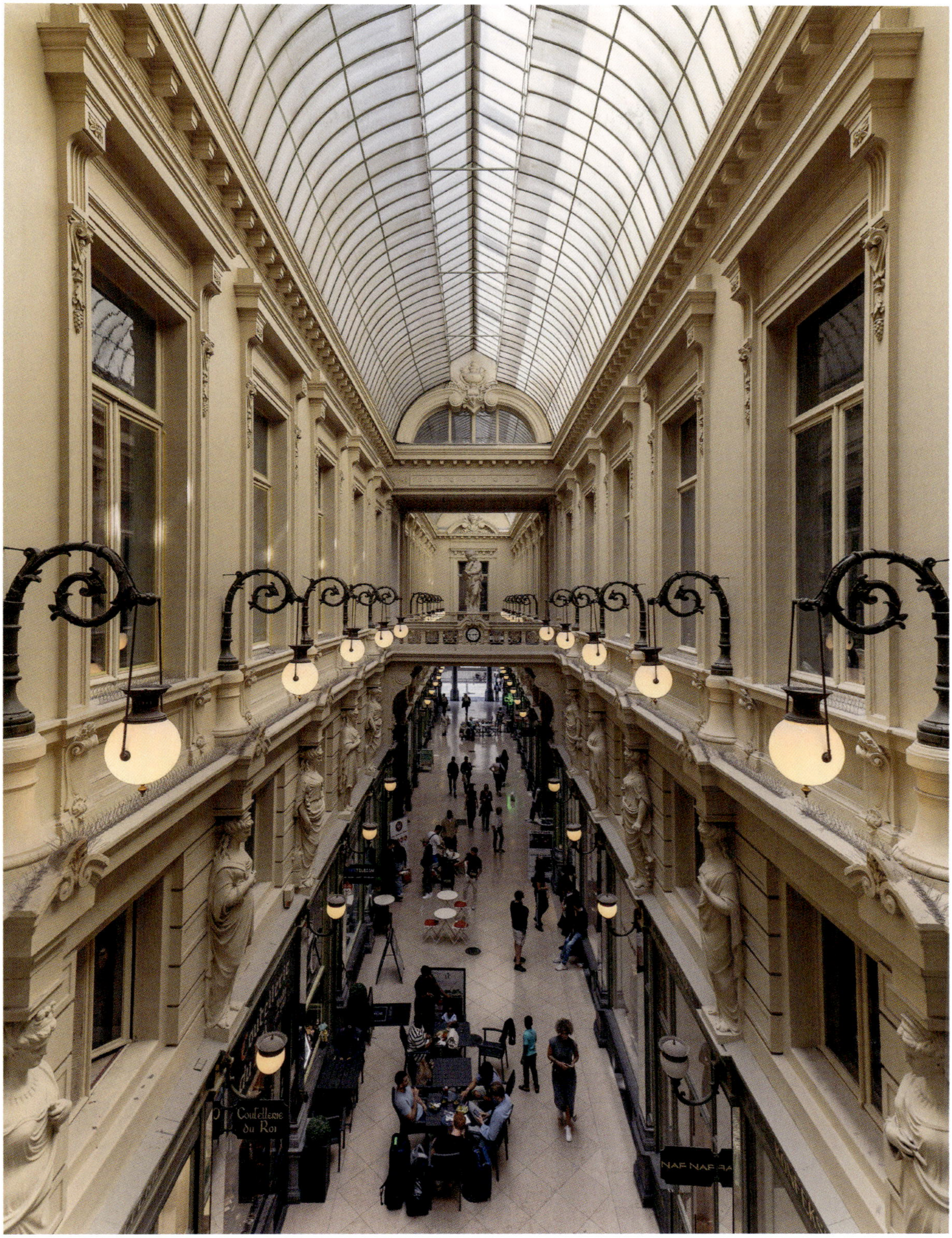

Le passage du Nord, reliant la rue Neuve à la place De Brouckère
De Noorddoorgang, die de Nieuwstraat met het De Brouckèreplein verbindt
The Passage du Nord, connecting Rue Neuve with Place De Brouckère

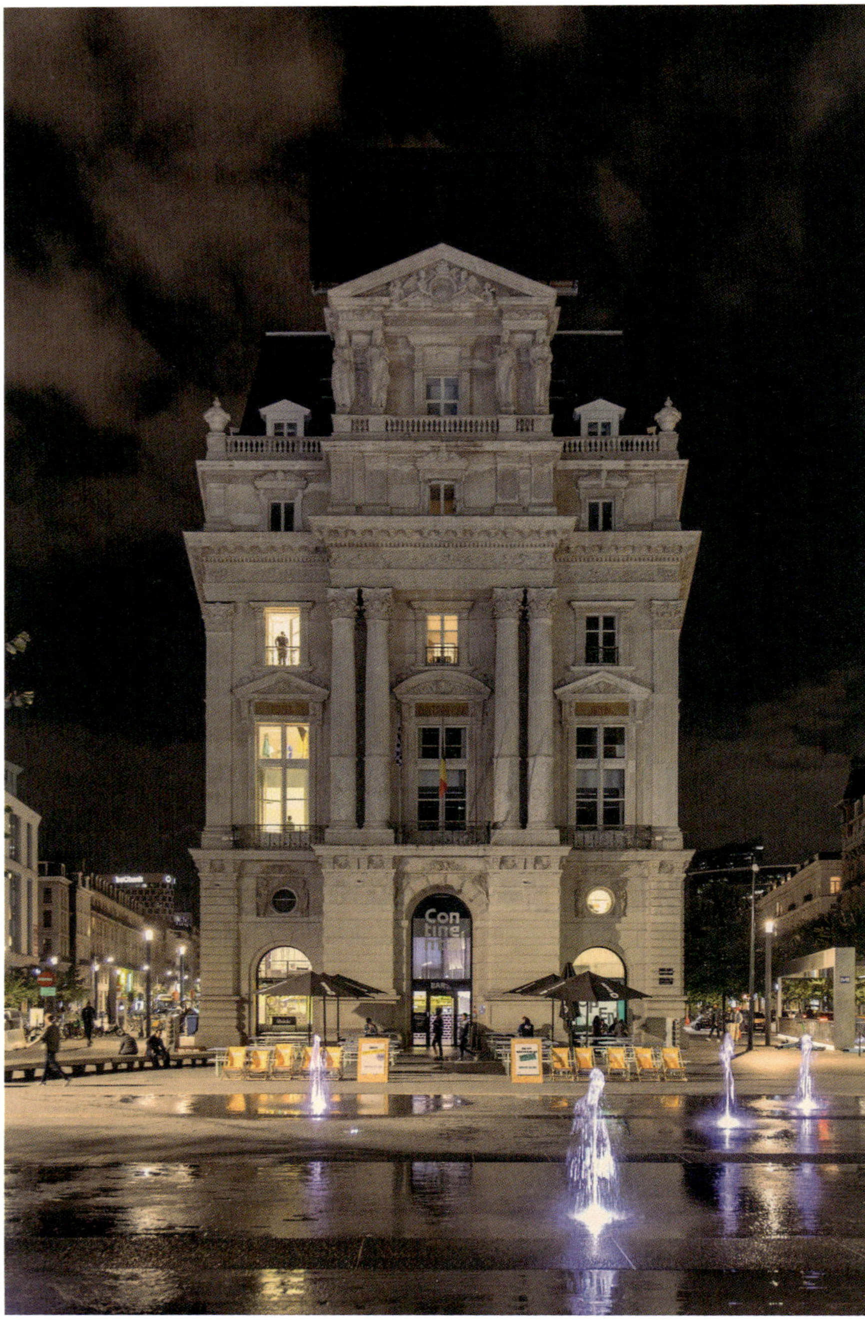

↑ L'hôtel Continental (place De Brouckère)
Het Hotel Continental (De Brouckèreplein)
Hotel Continental (Place de Brouckère)

→ La Multi Tower (vue depuis la place Sainte-Catherine)
De Multi Tower (gezien vanaf het Sint-Katelijneplein)
The Multi Tower (view from Place Sainte-Catherine)

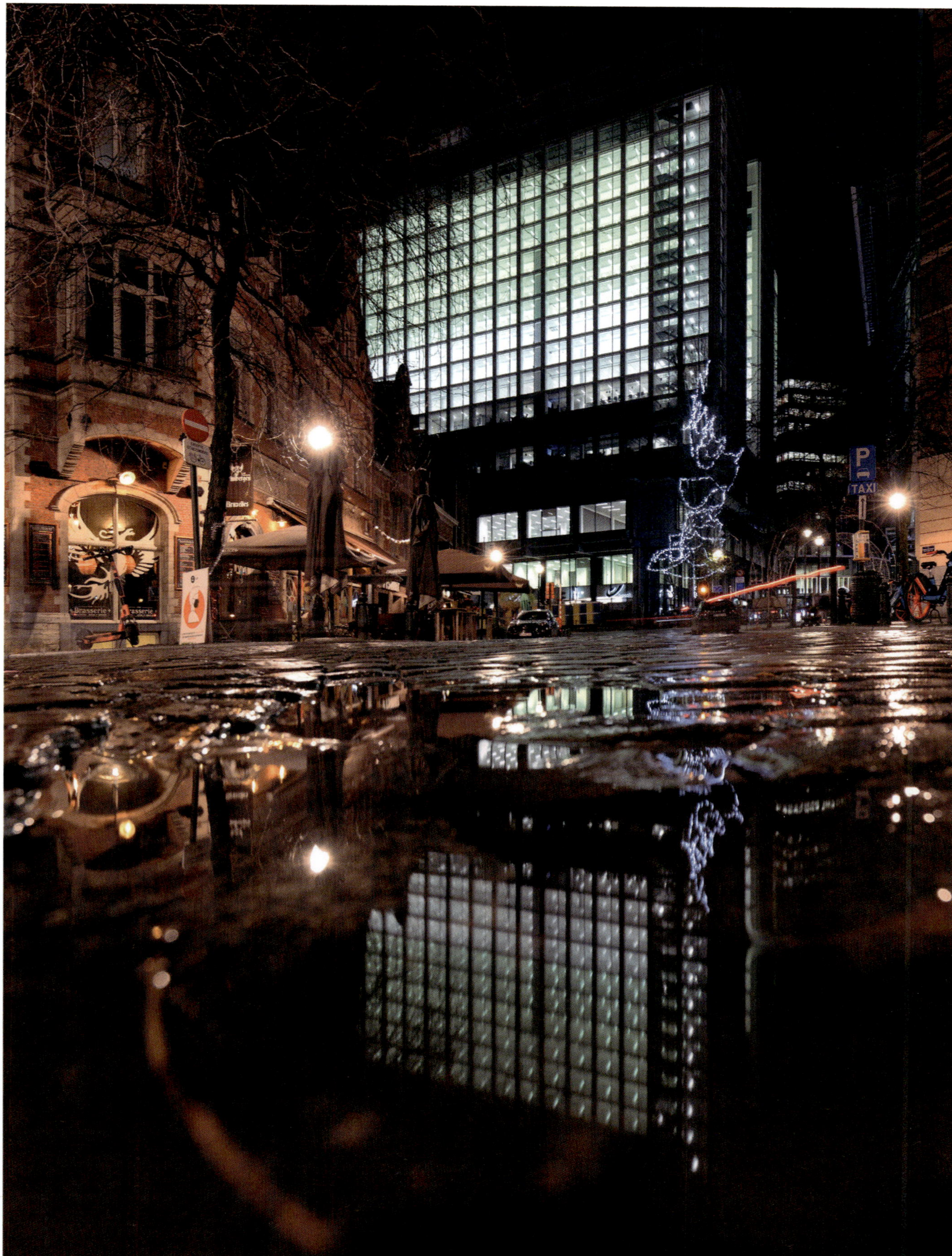
Brasserie
P
TAXI

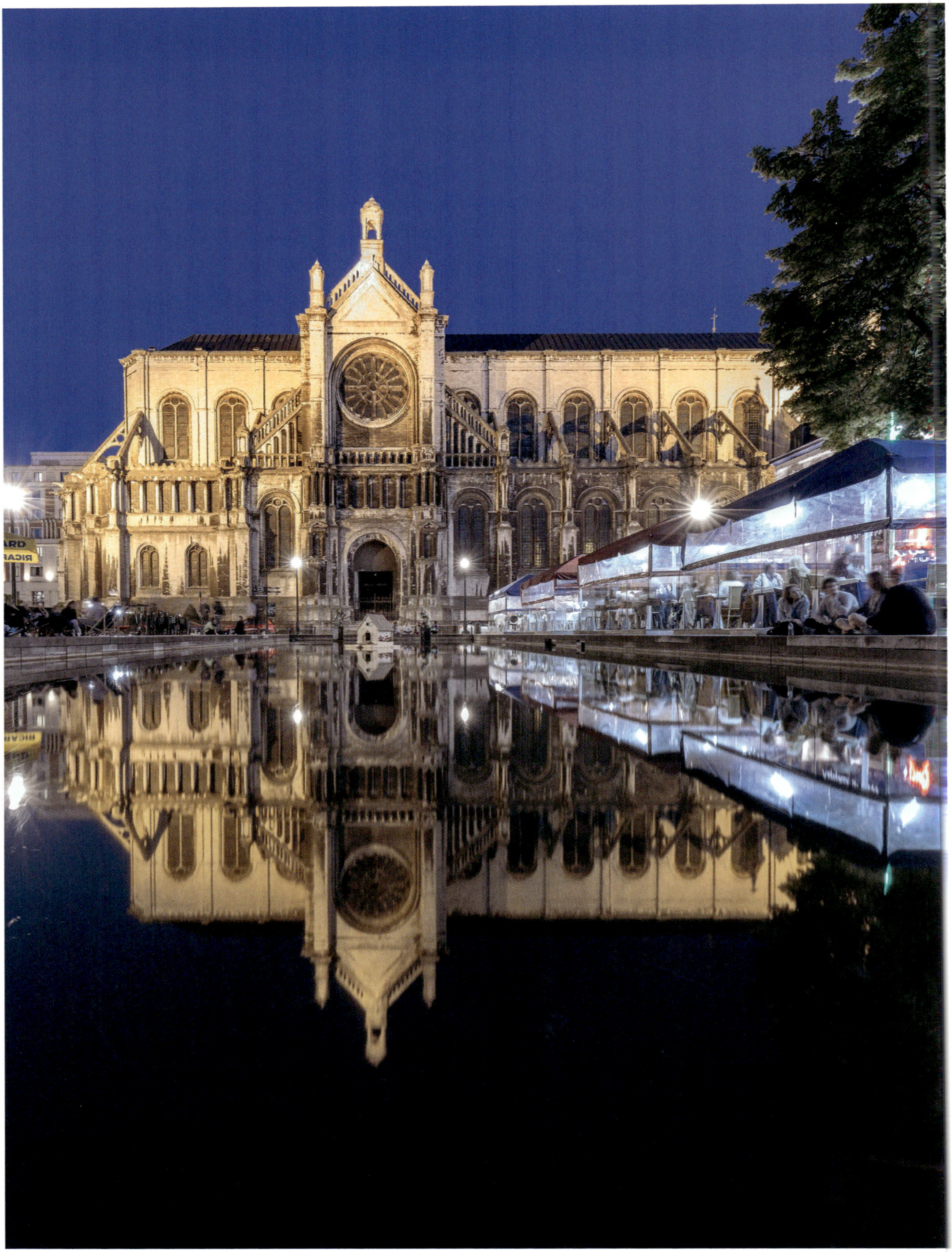

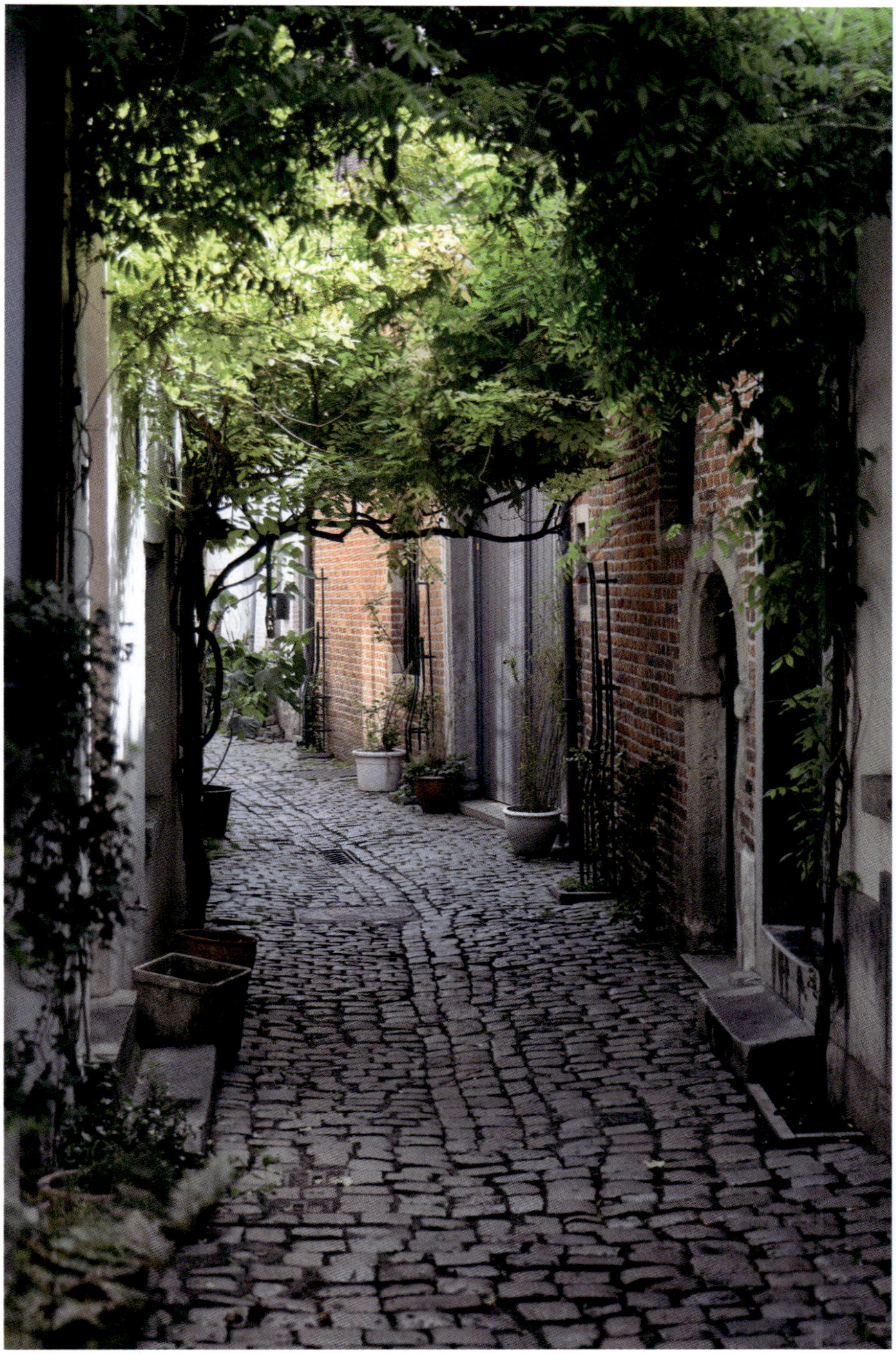

← L'église Sainte-Catherine
De Sint-Katelijnekerk
Church of Sainte-Catherine

→ La rue de la Cigogne
De Ooievaarstraat
Rue de la Cigogne

PP. 60-61 : Le quai aux Briques
De Baksteenkaai
Quai aux Briques

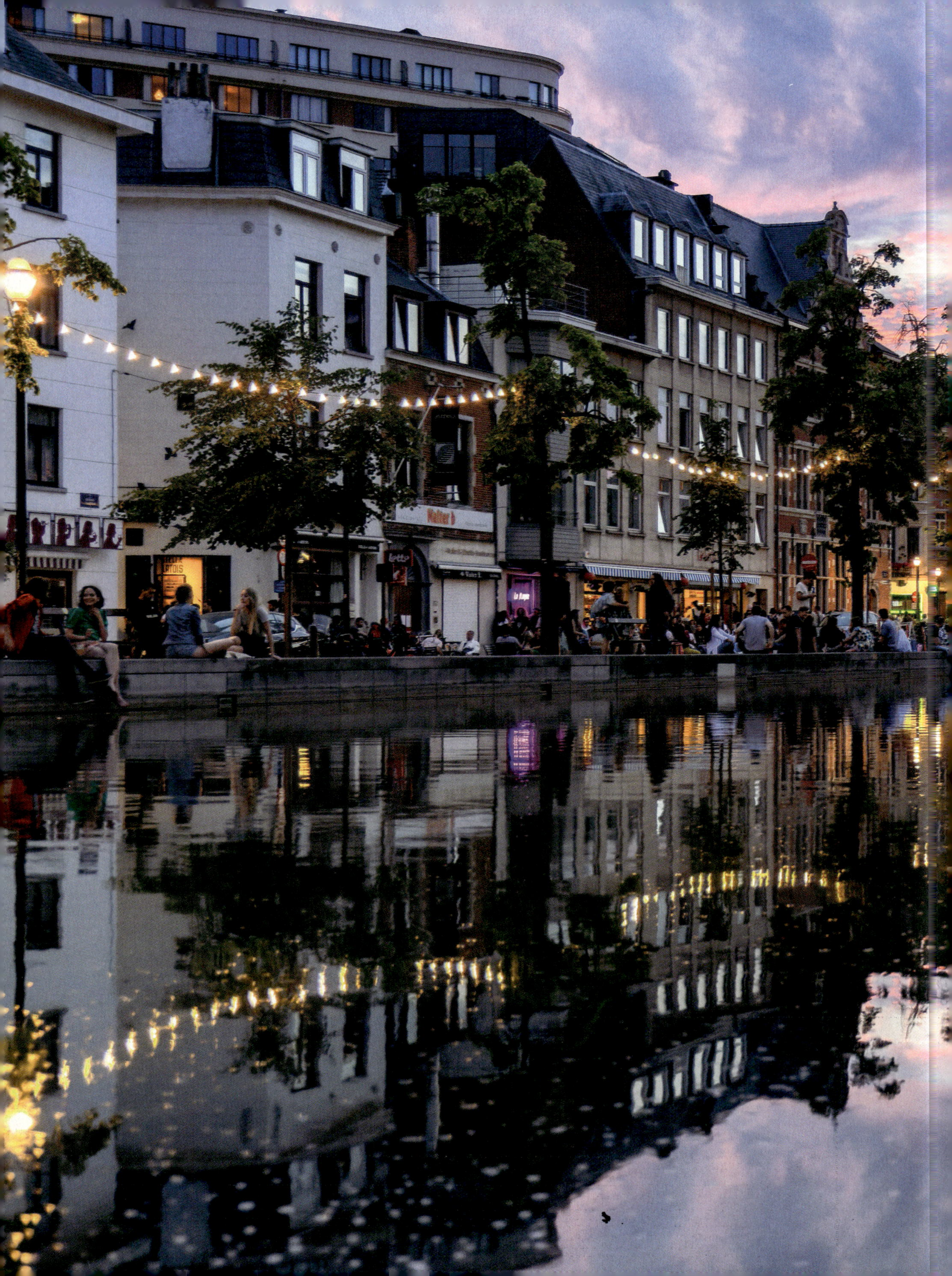

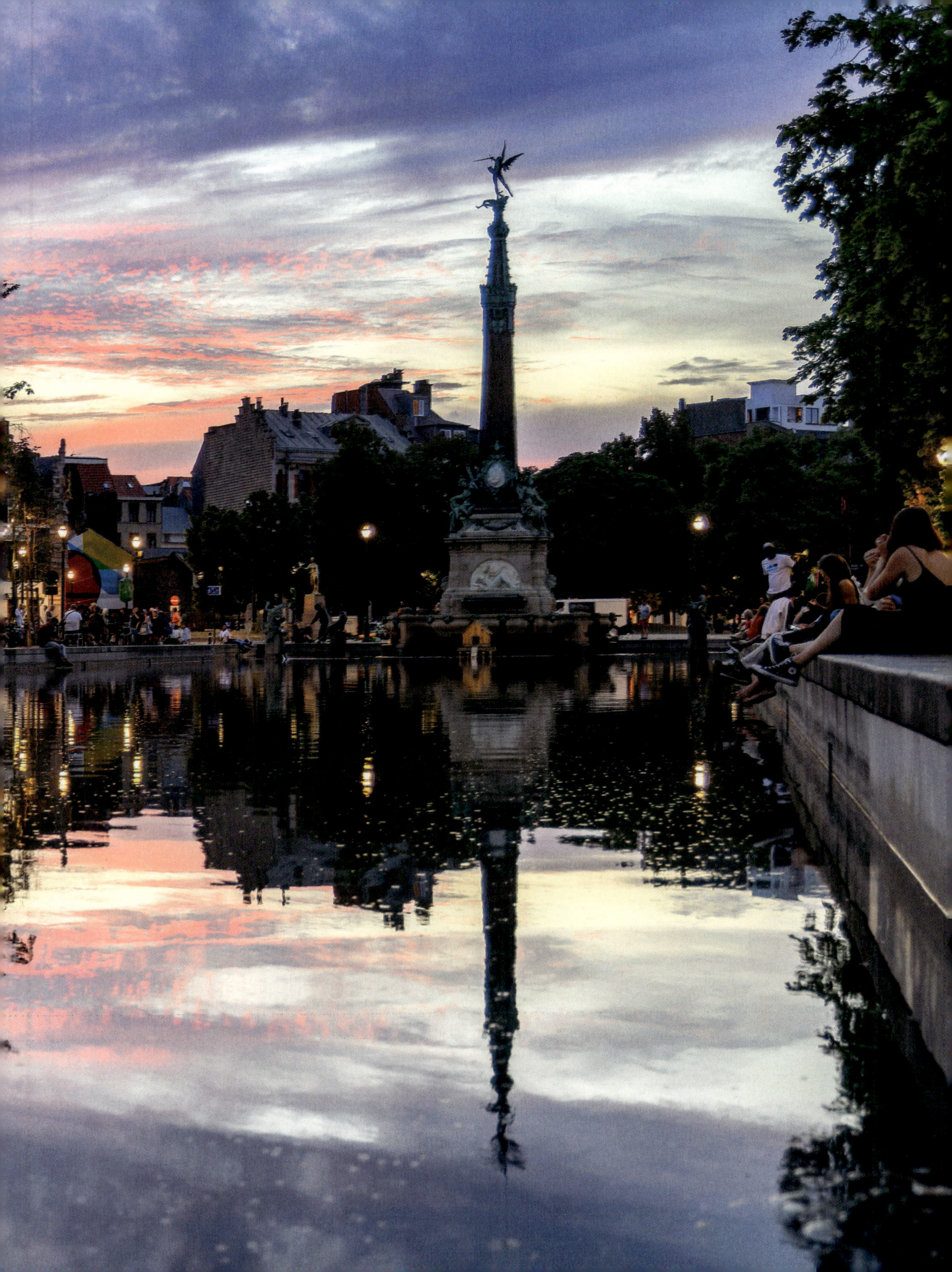

Du Palais de Justice au Palais Royal
Van het Justitiepaleis naar het Koninklijk Paleis
From the Palace of Justice to the Royal Palace

Entre deux palais, la voie royale

Een koninklijke weg van paleis naar paleis

Between Two Palaces, the Royal Route

Fr.

Depuis le Palais de Justice, la rue de la Régence rejoint le Palais Royal. Cet axe bien connu des Bruxellois concentre quelques-unes des plus belles architectures de la ville mais également quelques curiosités et endroits insolites. En quelques minutes de marche, à l'ombre des dentelles gothiques de l'église Notre-Dame de la Victoire, voici le Grand Sablon : un écrin de maisons élégantes, des boutiques de luxe, des chocolatiers et des antiquaires réputés. Sur la place, tous les week-ends, le marché des antiquités dévoile ses trésors. Les chineurs ne manqueront pas de siroter un cocktail sur les terrasses qui bordent les rues pavées de la place. En face, le square du Petit Sablon et son jardin est un chef-d'œuvre de style néo-renaissance. Ses grilles s'ornent de 48 statues représentant les corporations des métiers : savetiers, tanneurs, ceinturiers de bronze exercent leur art pour l'éternité, tandis que dix statues d'illustres personnages veillent sur celles des Comtes d'Egmond et de Hornes. Le Petit Sablon, c'est l'histoire d'un peuple dans un musée à ciel ouvert.

Place Royale, la statue de Godefroid de Bouillon rappelle qu'un Belge fut le premier roi de Jérusalem. Dissimulée derrière un portique situé à gauche de l'entrée du musée Magritte, la place du Musée est à découvrir impérativement. Les musées des Beaux-Arts vous invitent à rencontrer les plus grands artistes belges du XVe siècle à nos jours. Le Musée Fin de Siècle vaut le détour avec ses luministes, ses fauves brabançons et ses symbolistes.

Quittons Wouters, Rubens, Spilliaert, Ensor et traversons le Coudenberg vers le Palais Royal. À gauche, le Musée des Instruments de Musique, au sommet du Mont des Arts est lové dans l'un des plus beaux exemples d'Art Nouveau à Bruxelles, l'ancien magasin Old England. Voici le Palais Royal qui hérite de l'élégance sobre et équilibrée du style néo-classique comme toute la place. En son centre, le Parc de Bruxelles reprend le même style, offrant un sentiment de force tranquille et ancrée qui semble propre à la Belgique. C'est ici que de violents combats ont opposé les révolutionnaires de 1830 à l'occupant hollandais, donnant ainsi naissance à la Belgique en quelques jours.À l'autre bout du Parc, le Palais de la Nation, qui abrite la chambre des Représentants, et le siège du gouvernement belge se côtoient rue de la Loi. Le pouvoir de la nation et la monarchie constitutionnelle : les institutions qui forment notre démocratie, unies sur une même place, quel beau symbole !

Nl.

Vanaf het Justitiepaleis leidt de Regentschapsstraat naar het Koninklijk Paleis. Aan deze grote verkeersader, die goed bekend is bij de Brusselaars, staan fraaie architecturale parels, maar ook curiositeiten en bijzondere plekjes. Een korte wandeling langs het gotische kantwerk van de Onze-Lieve-Vrouw-ter-Zavelkerk leidt naar de Grote Zavel: een elegant decor van huizen, luxeboetieks, chocolatiers en bekende antiquairs. Elk weekend staan op dit plein de schatten van de antiekmarkt uitgestald. Schuim de markt af en ga dan oesters eten bij Chez Richard of van een cocktail nippen op een van de terrassen langs de geplaveide straten van het plein. Aan de overkant ligt de tuin van de Kleine Zavelsquare, een meesterwerk van de neorenaissance. Het hekwerk telt 48 standbeelden die de verschillende ambachtsgilden uitbeelden: bronzen schoenlappers, leerlooiers en gordelsnijders beoefenen hier voor eeuwig hun kunst. Ook waken tien beelden van beroemdheden over de graven van Egmont en Hoorn. Een heus openluchtmuseum dat het verhaal van een volk vertelt.

Op het Koningsplein herinnert het standbeeld van Godfried van Bouillon eraan dat de eerste koning van Jeruzalem een Belg was. Neem ook een kijkje op het binnenplein van het museum, achter een portiek links van de ingang van het Magritte Museum: het ademt elegantie, harmonie en neoklassieke symmetrie. In de Musea voor Schone Kunsten ontdek je Belgische meesters van de 15de eeuw tot nu. Ook de luministen, Brabantse fauvisten en symbolisten van het Fin de Siècle Museum zijn een bezoek waard. We laten Wouters, Rubens, Spilliaert en Ensor voor wat ze zijn en steken de Koudenberg over richting het Koninklijk Paleis. Links verrijst het Muziekinstrumentenmuseum (MIM) op de Kunstberg, in het voormalige Old England-warenhuis, een parel van art nouveau in Brussel. Dan doemt het Koninklijk Paleis op, in sobere, evenwichtige neoklassieke stijl. Midden op het plein ligt het Warandepark, dat een rustige, diepgewortelde kracht uitstraalt – typisch Belgisch. Hier vochten de revolutionairen van 1830 tegen de Nederlandse bezetter, wat in enkele dagen leidde tot het ontstaan van België. Aan de andere kant van het Park liggen het Paleis der Natie, waar de Kamer van Volksvertegenwoordigers zetelt, en de zetel van de Belgische regering naast elkaar in de Wetstraat. De macht van de natie en de monarchie: democratische instellingen zij aan zij aan hetzelfde plein. Mooie symboliek!

En.

From the Palace of Justice, Rue de la Régence leads to the Royal Palace. This well-known thoroughfare, familiar to all Bruxellois, showcases some of the city's finest architecture, curiosities, and hidden gems. A short walk beneath the Gothic lacework of the Church of Our Lady of Victory takes us to the Grand Sablon, a treasure trove of elegant homes, luxury boutiques, renowned chocolatiers, and antique dealers. Every weekend, the antiques market in the square offers its treasures. Treasure hunters can enjoy oysters at Chez Richard or sip cocktails on the terraces lining the cobbled streets around the square. Directly opposite lies the Petit Sablon and its garden: masterpieces of neo-Renaissance style. Its wrought-iron fence is adorned with 48 statues representing traditional guilds, such as cobblers, tanners, and belt-makers—eternally practising their crafts. Ten statues of illustrious figures stand guard over the statues of the Counts of Egmont and Hoorn. The Petit Sablon serves as an open-air museum that reflects the history of the people.

At Place Royale, a statue of Godfrey of Bouillon commemorates the first king of Jerusalem. Behind a colonnade to the left of the Magritte Museum entrance lies Place du Musée – all neoclassical elegance, harmony, and symmetry.

The Royal Museum of Fine Arts invites us to explore works by some of the most remarkable artists from the 15th century to the present day. Leaving Rubens and Ensor behind, we cross the Coudenberg towards the Royal Palace. To the left, dominating the Mont des Arts, the Museum of Musical Instruments, housed in the former Old England Department Store, is one of the most beautiful Art Nouveau buildings in Brussels.

The Royal Palace exemplifies the subtle, balanced elegance of neoclassicism that defines the square. At its centre, Brussels Park radiates a quiet, solid strength that feels distinctly Belgian. Here, intense fighting broke out in 1830 between revolutionaries and Dutch occupiers, leading to the founding of Belgium. At the far end of the Park, the Palace of the Nation, which houses the Chamber of Representatives, and the seat of the Belgian government stand side by side on Rue de la Loi. The people and the constitutional monarchy united in the same square: a strong symbol!

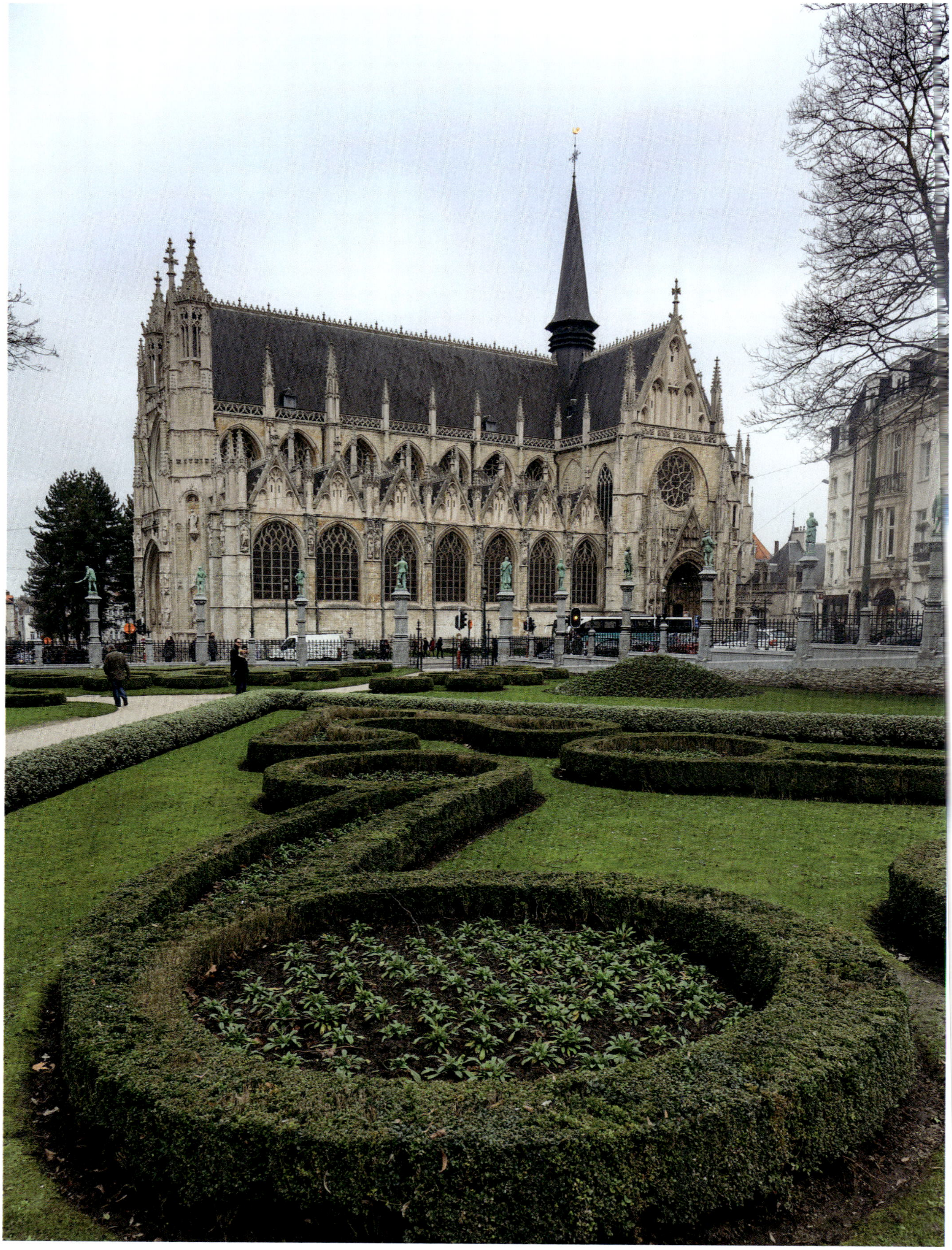

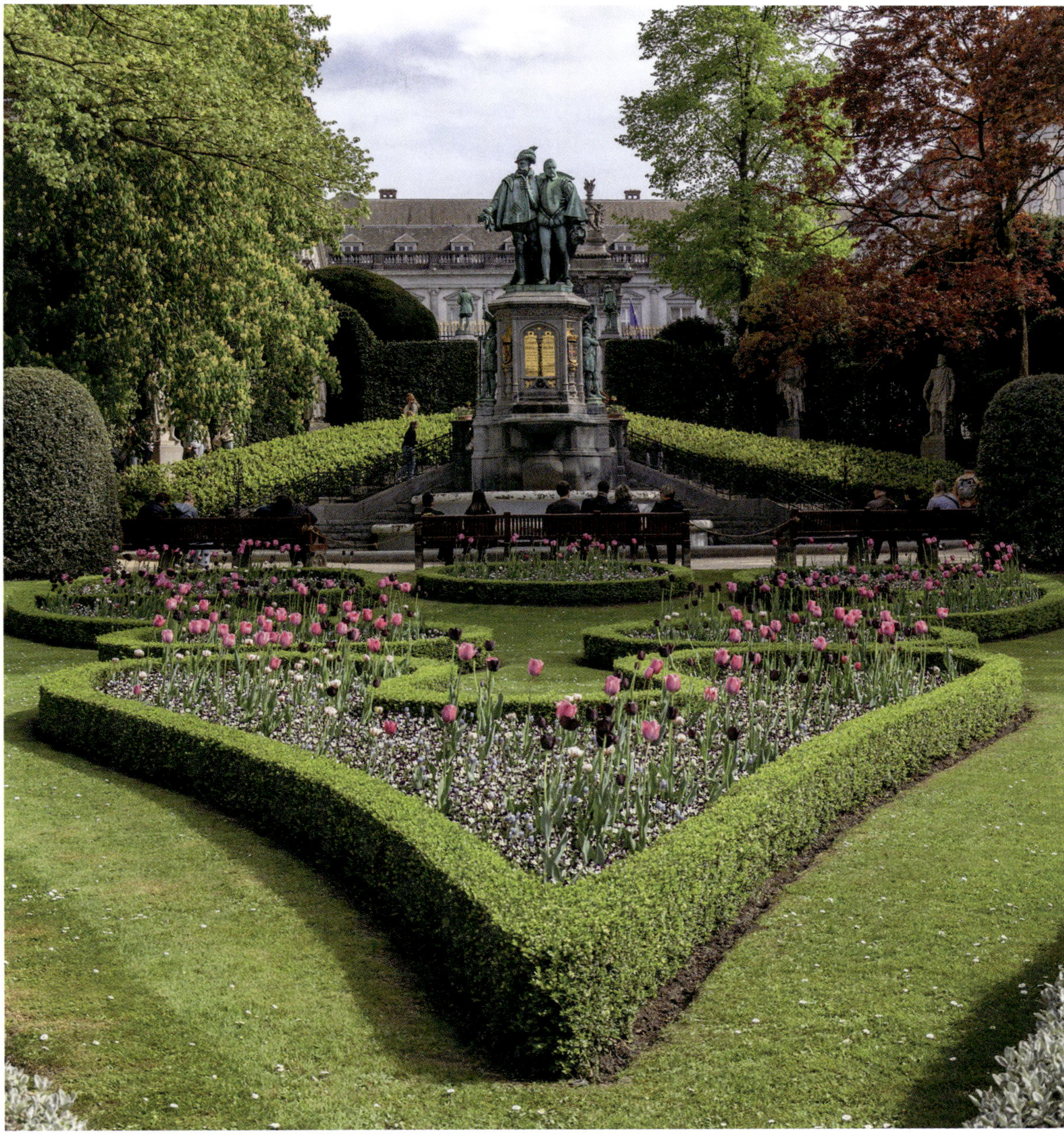

← L'église Notre-Dame des Victoires au Sablon
De Onze-Lieve-Vrouw-ter-Zavelkerk
Church of Our Lady of Victories at the Sablon

↑ Le square du Petit Sablon
De Kleine Zavelsquare
Place du Petit Sablon

PP. 66-67 : Le Musée des Instruments de musique (MIM), ancien magasin Old England, rue Montagne de la Cour
Het Muziekinstrumentenmuseum (MIM) in het voormalige Old England-warenhuis, Hofbergstraat
The Museum of Musical Instruments (Musée des Instruments de musique - MIM), formerly the premises of the Old England shop, rue Montagne de la Cour

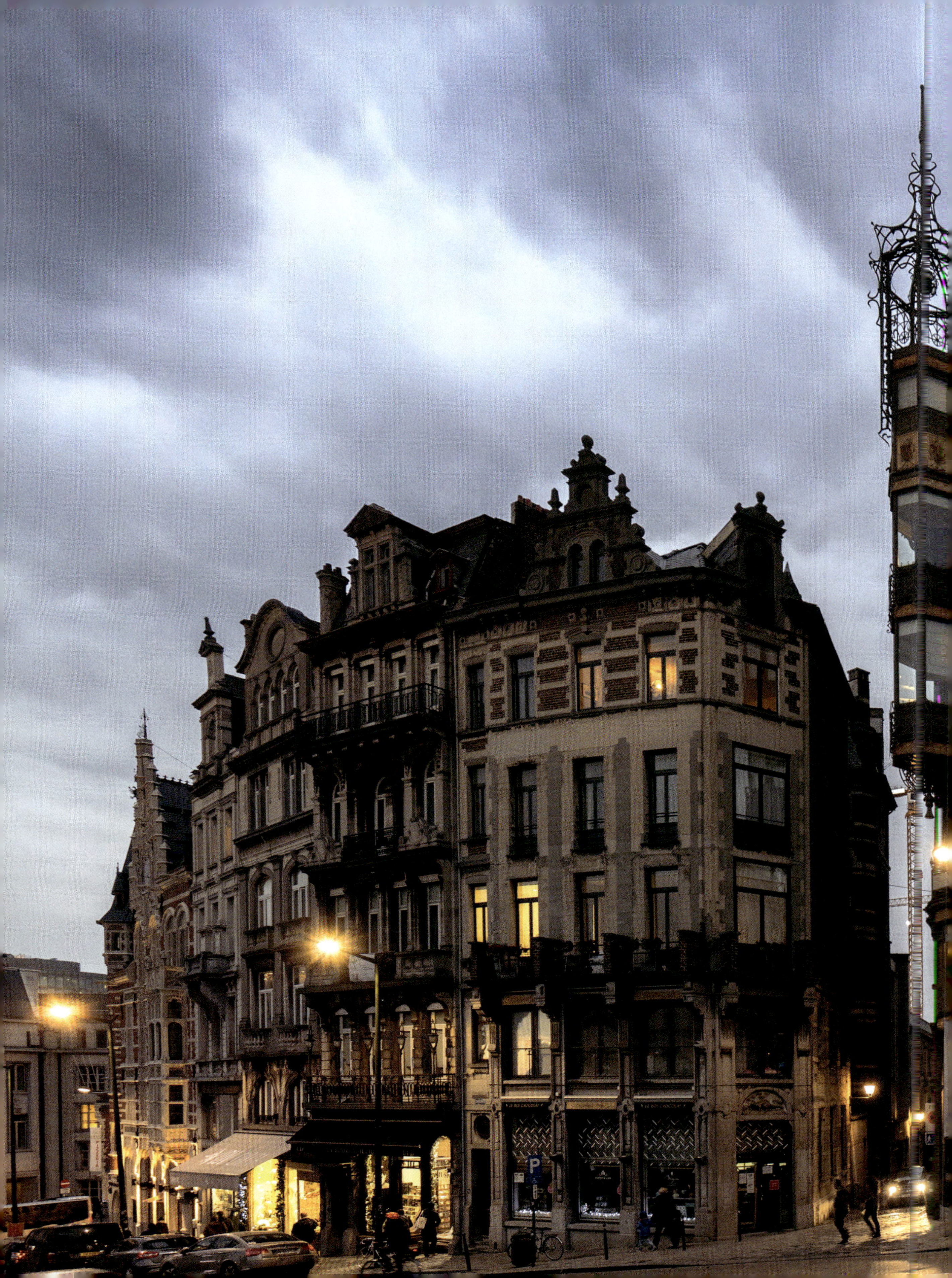

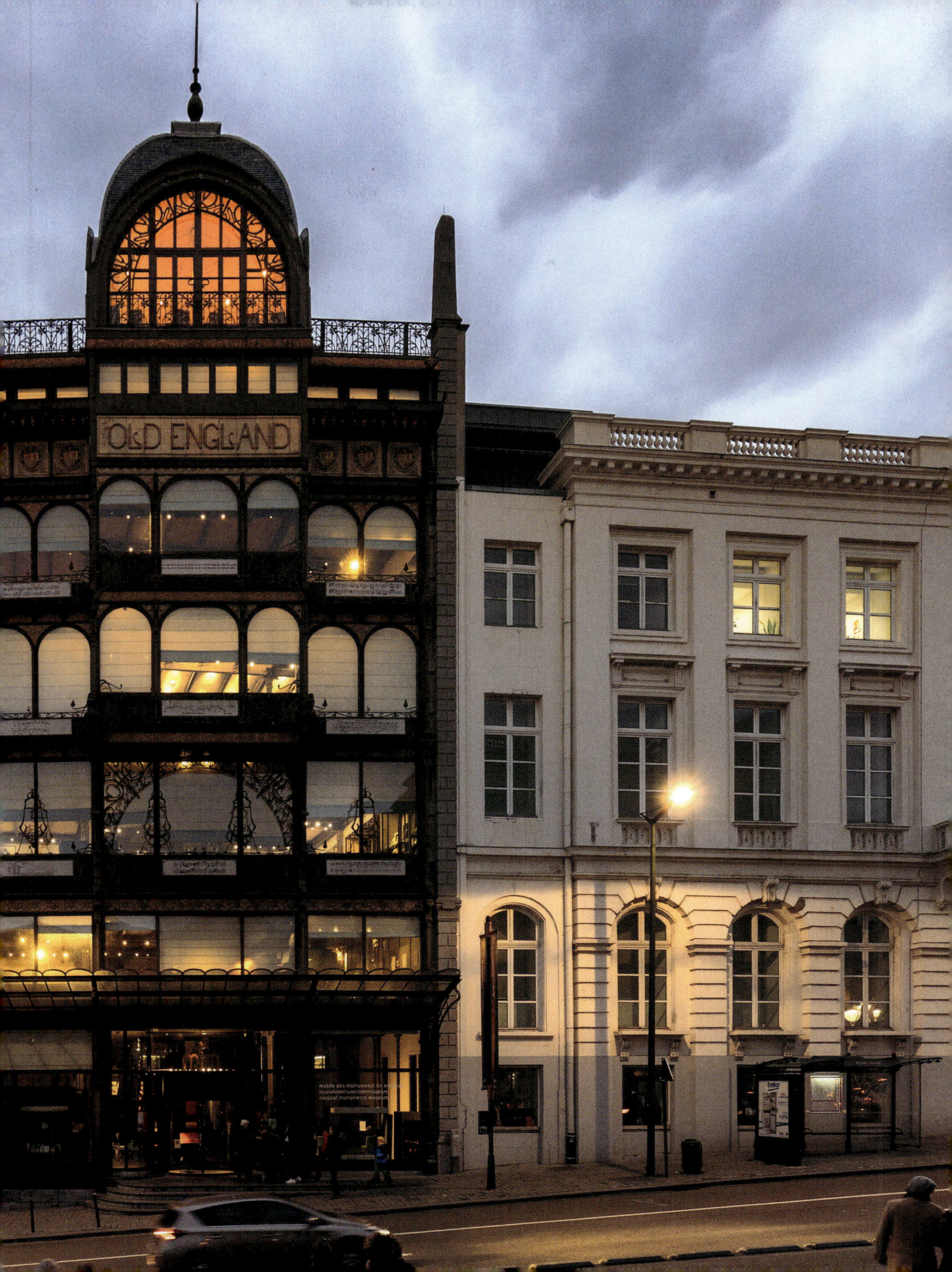
OLD ENGLAND

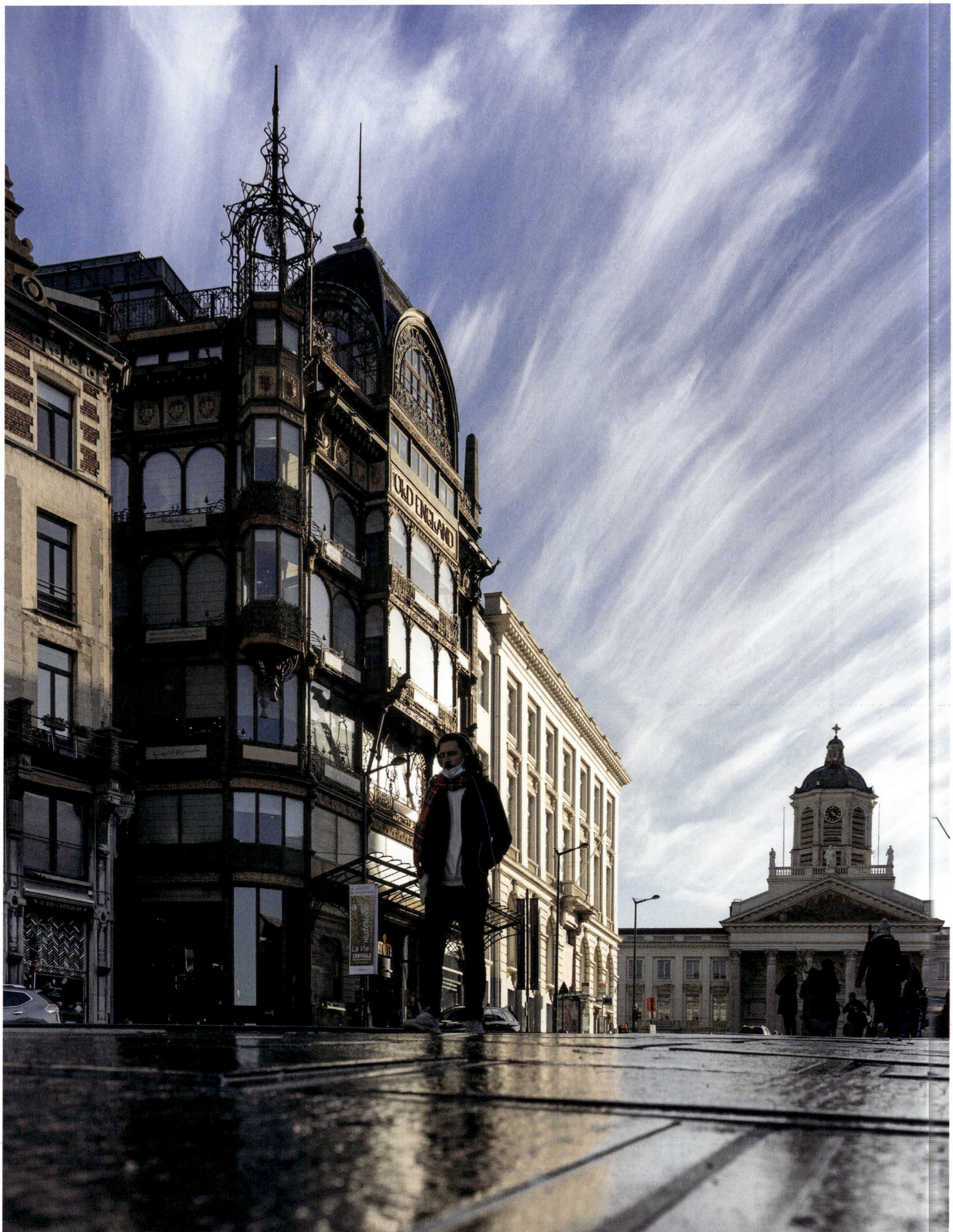
OLD ENGLAND
La Vie
CENTRALE

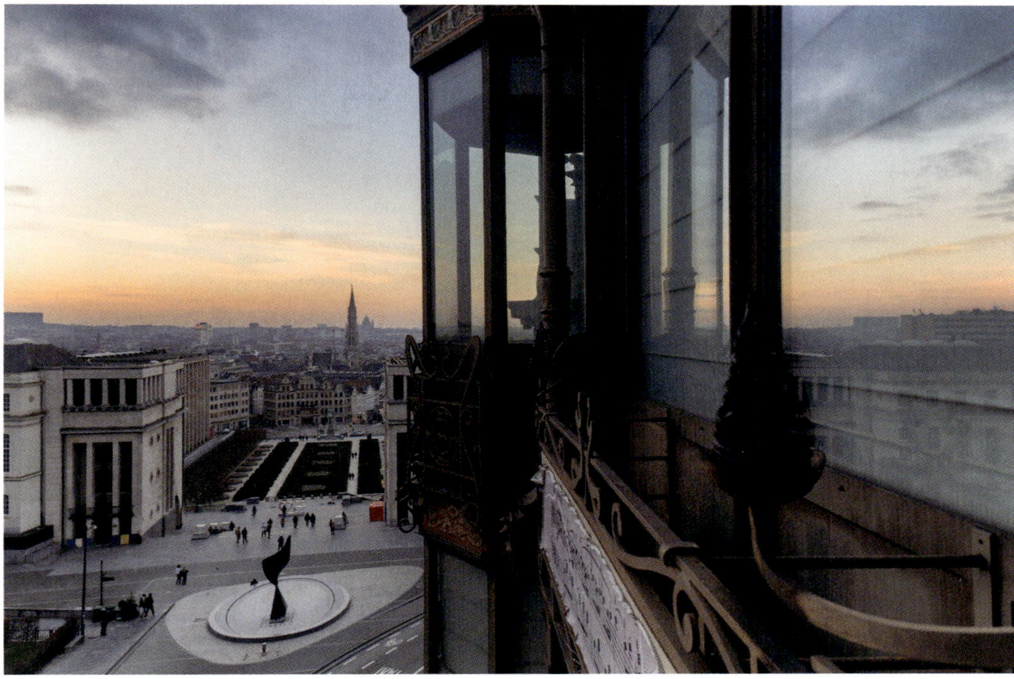

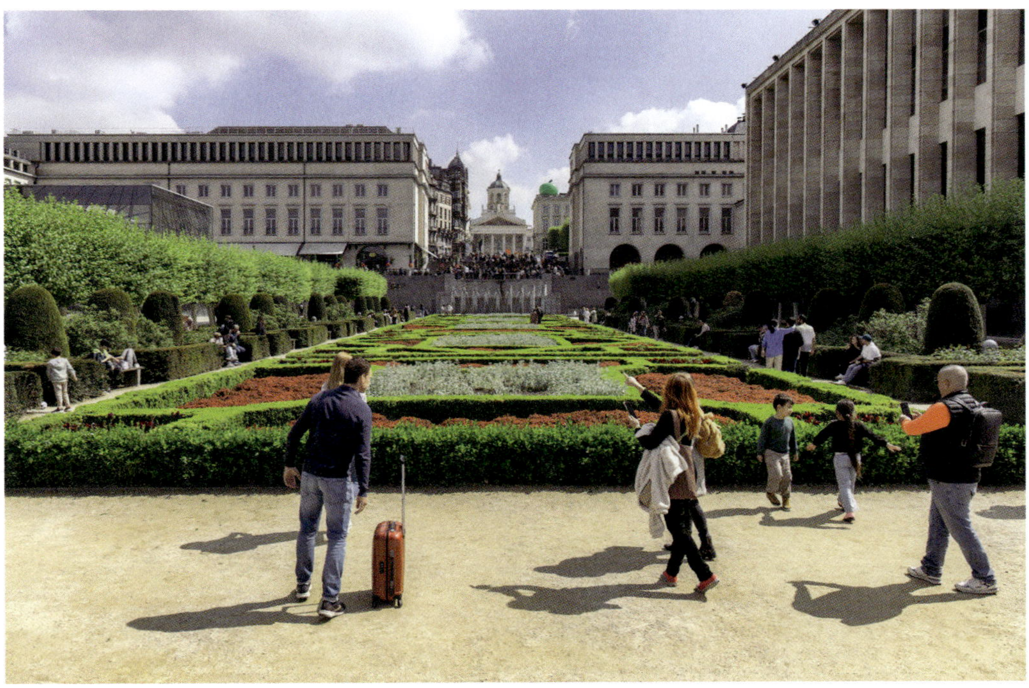

↑ L'Albertine (la Bibliothèque royale) et le Mont des Arts (vue depuis le MIM)
De Alertina (Koninklijke Bibliotheek) en de Kunstberg (gezien vanaf het MIM)
The Royal Library of Belgium and the Mont des Arts (view from the MIM)

← L'église Saint-Jacques-sur-Coudenberg, vue depuis le haut du Mont des Arts
De Sint-Jacobskerk-op-de-Koudenberg, gezien vanaf de Kunstberg
Church of St. James on Coudenberg, view from the top of the Mont des Arts

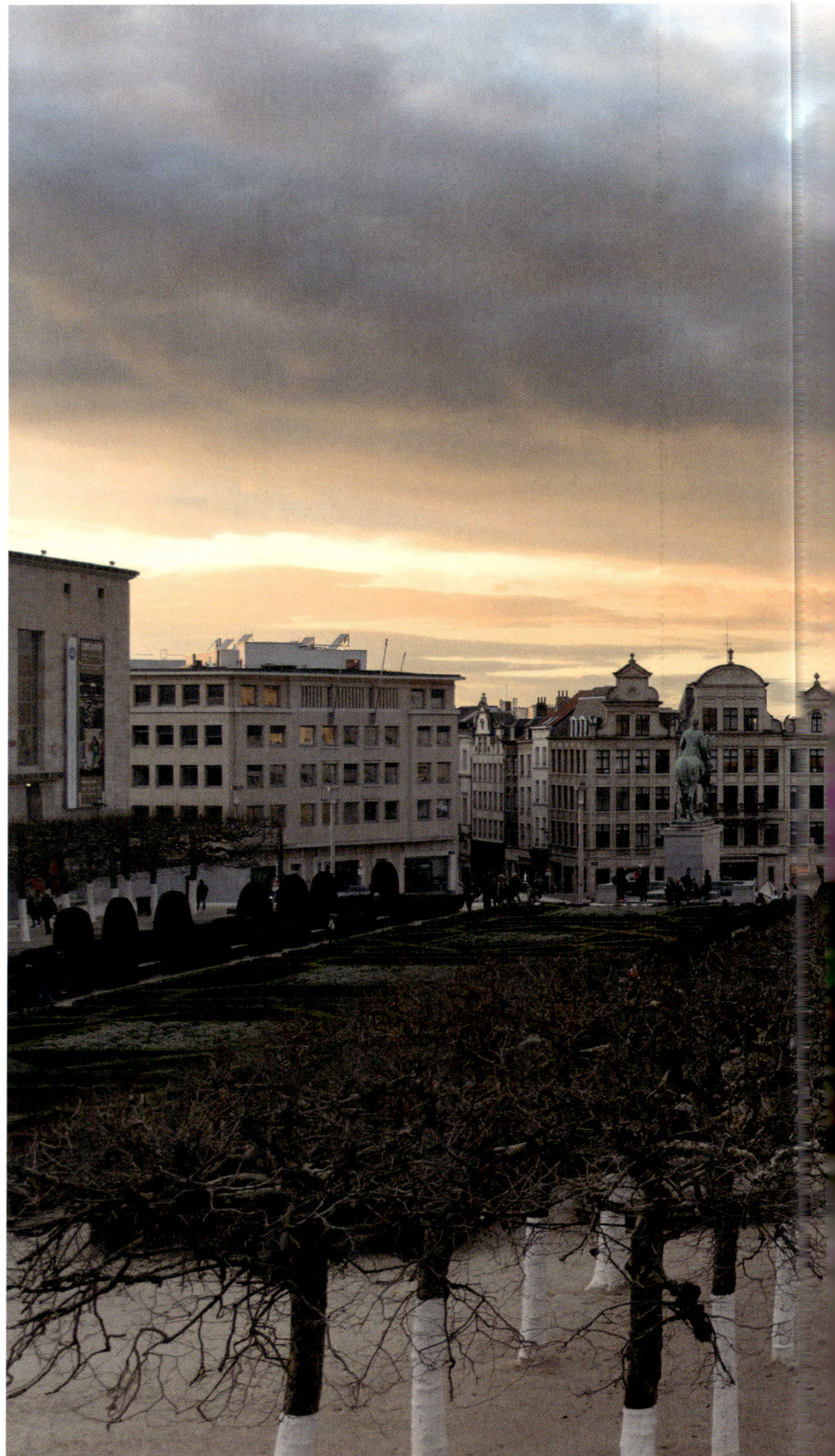

Le Mont des Arts, avec au fond la flèche de l'Hôtel de Ville (Grand-Place)
De Kunstberg, met op de achtergrond de torenspits van het Stadhuis (Grote Markt)
The Mont des Arts, with the spire of the Town Hall (Grand-Place) in the background

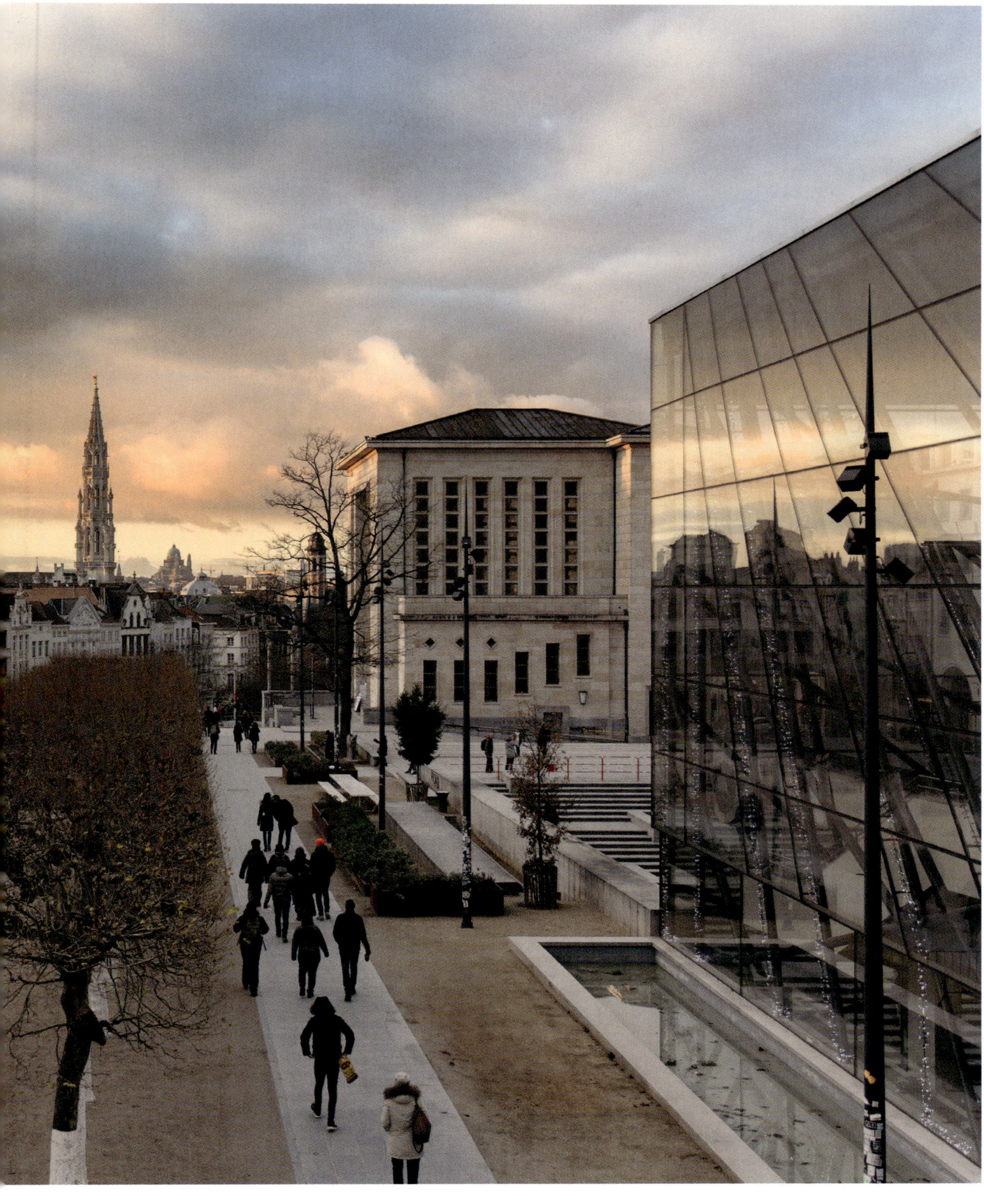

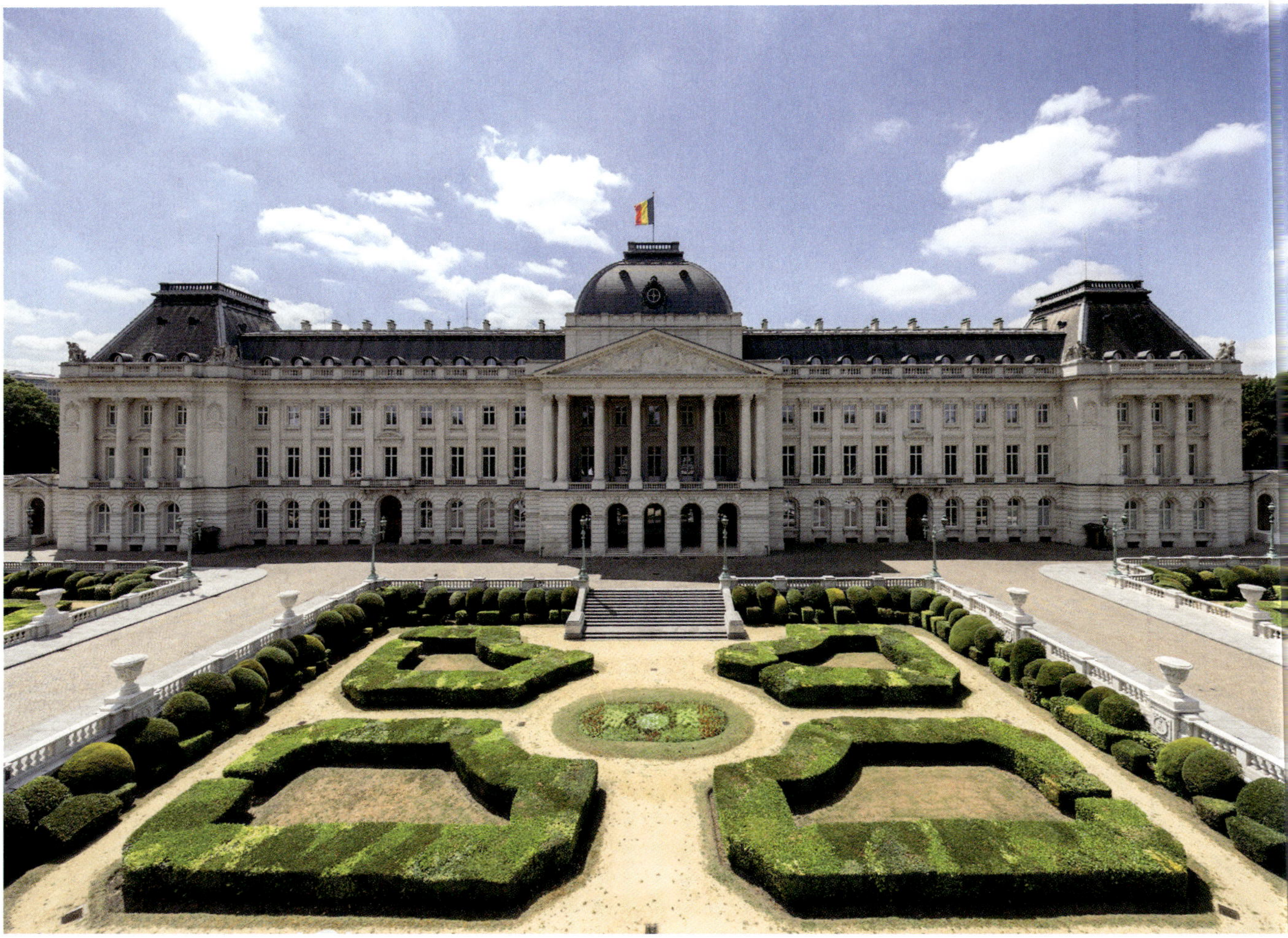

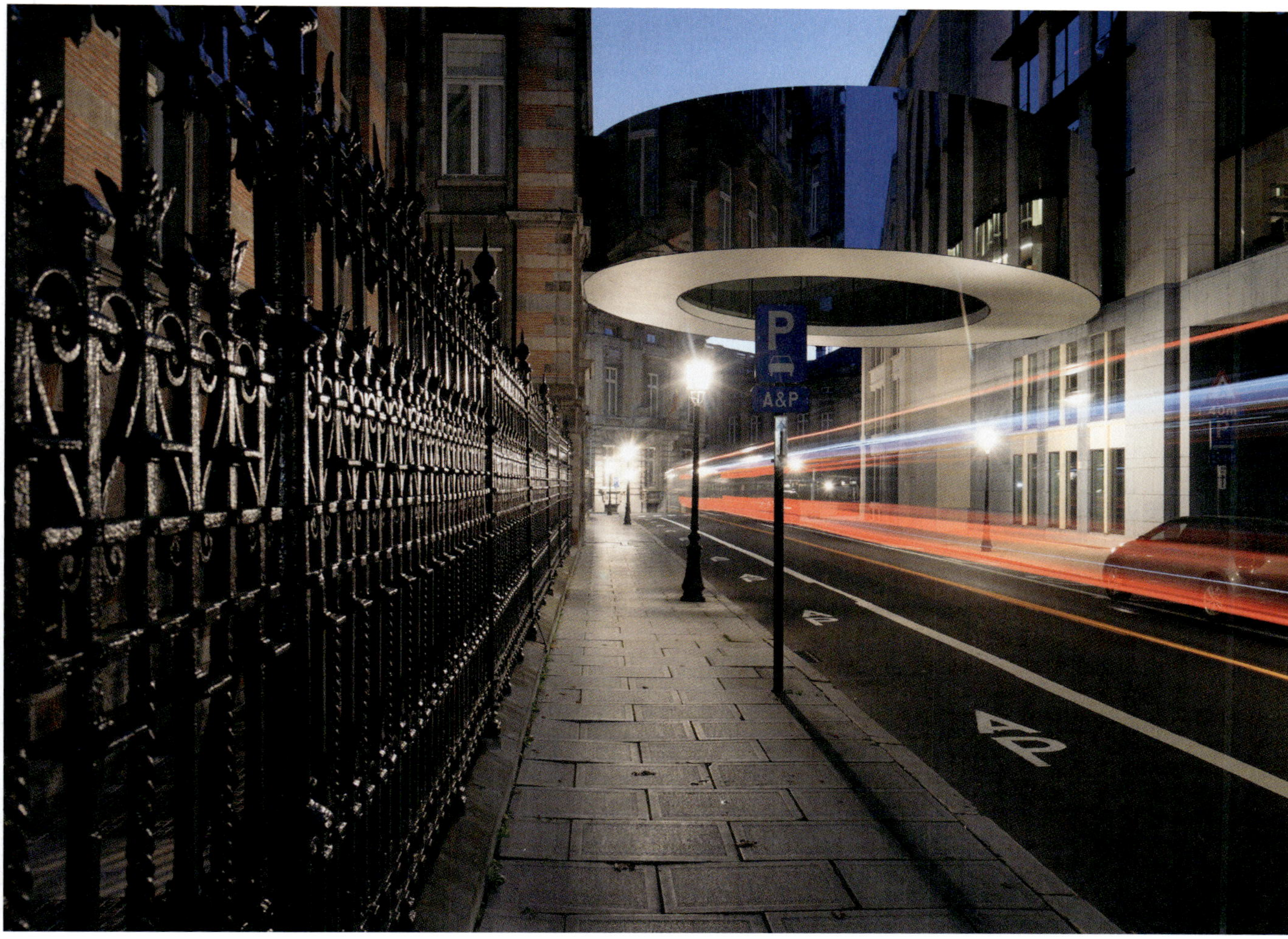

↖ Le Palais royal de Bruxelles
Het Koninklijk Paleis van Brussel
The Brussels Royal Palace

↑ La passerelle Tondo relie désormais les nouveaux bâtiments de la Chambre et le Palais de la Nation (rue de Louvain)
De loopbrug Tondo verbindt tegenwoordig de nieuwe gebouwen van de Kamer en het Paleis der Natie (Leuvenseweg)
The Tondo footbridge connects the new Forum building and the Chamber of Representatives in the Palace of the Nation (rue de Louvain)

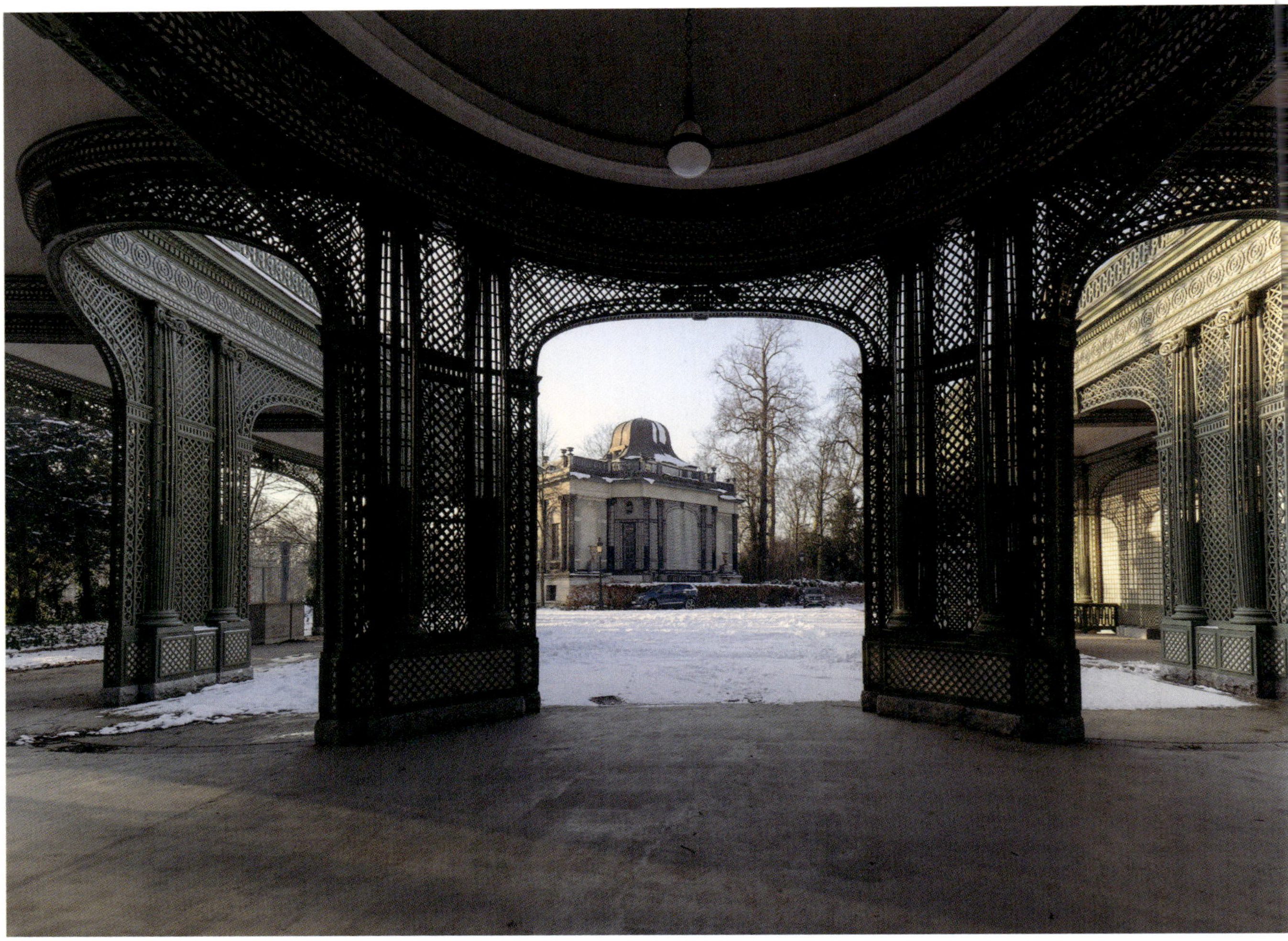

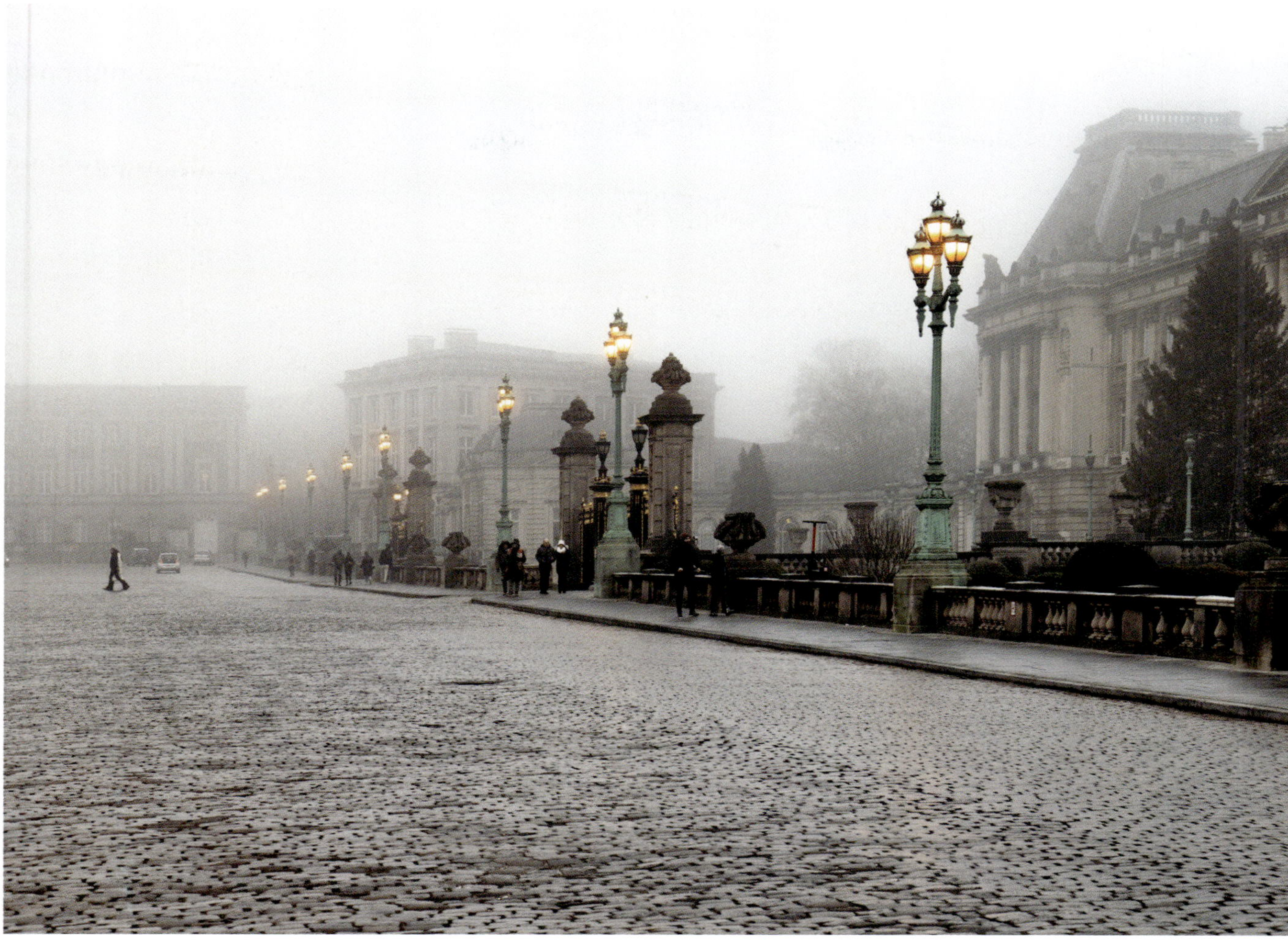

↖ Le Vauxhall, ancienne salle de spectacles bruxelloise située dans le parc de Bruxelles, à l'arrière du Théâtre Royal du Parc
De Vauxhall, een voormalige Brusselse toneelzaal in het Warandepark, achter het Koninklijk Parktheater
The Vauxhall, a typical old variety hall located in the Brussels Park, behind the Royal Park Theatre

↑ La place des Palais
Het Paleizenplein
Place des Palais

PP. 76-77 : Le Palais des Beaux-Arts, autrement appelé Bozar (rue Ravenstein)
Het Paleis voor Schone Kunsten, ook bekend als Bozar (Ravensteinstraat)
The Centre for Fine Arts (Palais des Beaux-Arts, also known as Bozar, rue Ravenstein)

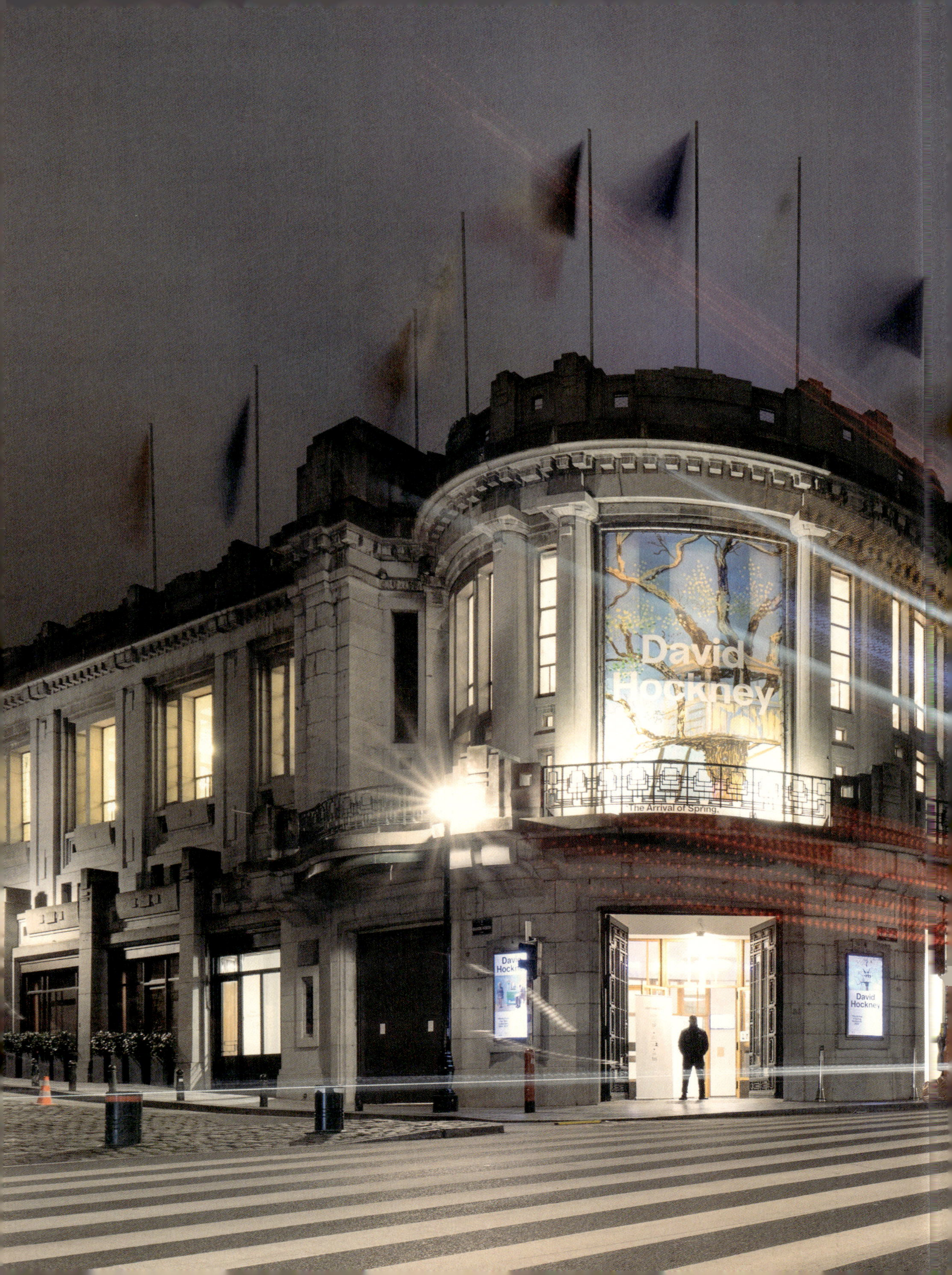
David Hockney
The Arrival of Spring.
David Hockney

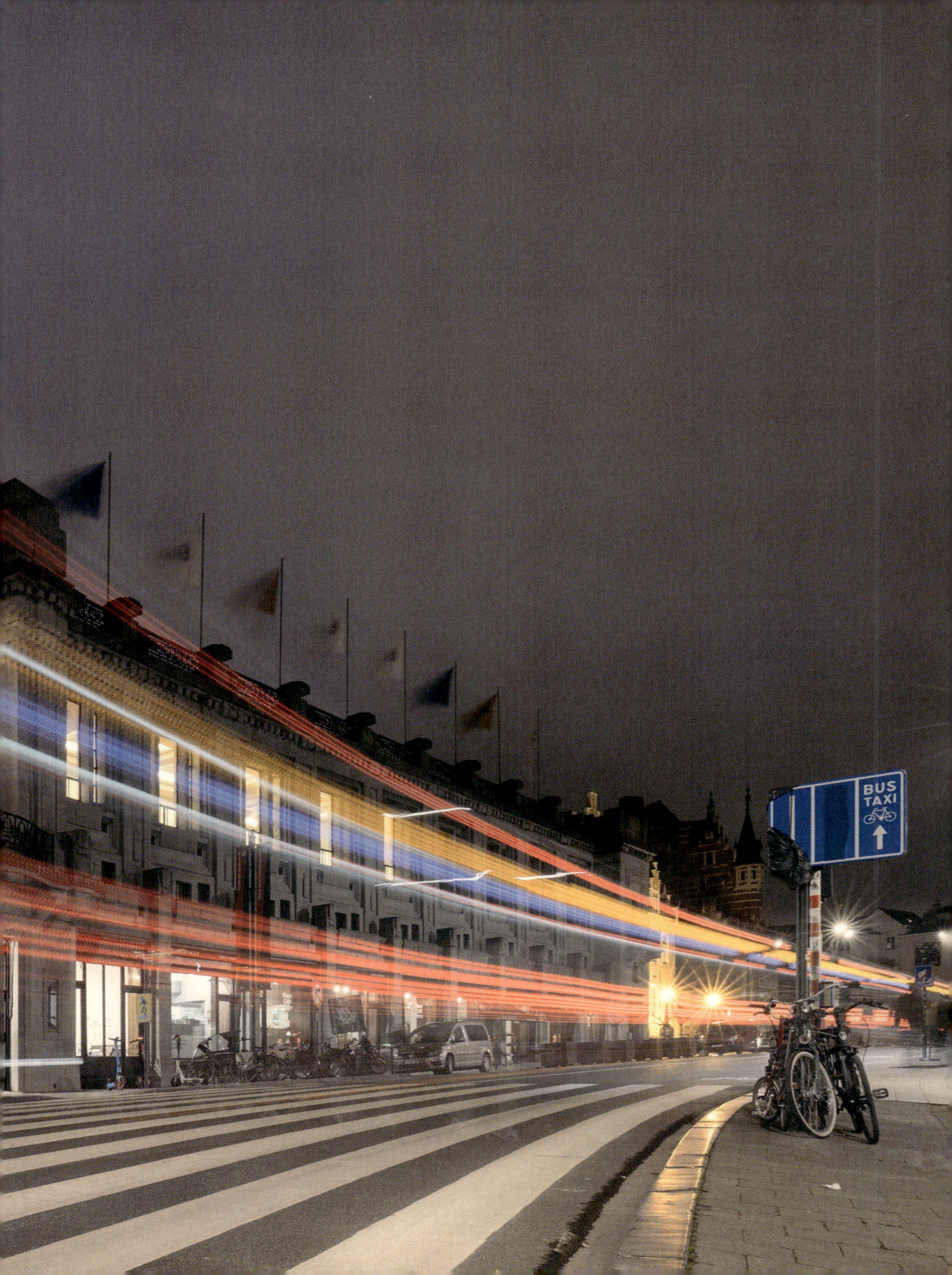
BUS
TAXI

Le siège social de BNP Paribas Fortis, (Montagne du Parc)
Het hoofdkantoor van BNP Paribas Fortis (Warandeberg)
The headquarters of BNP Paribas Fortis, (Montagne du Parc)

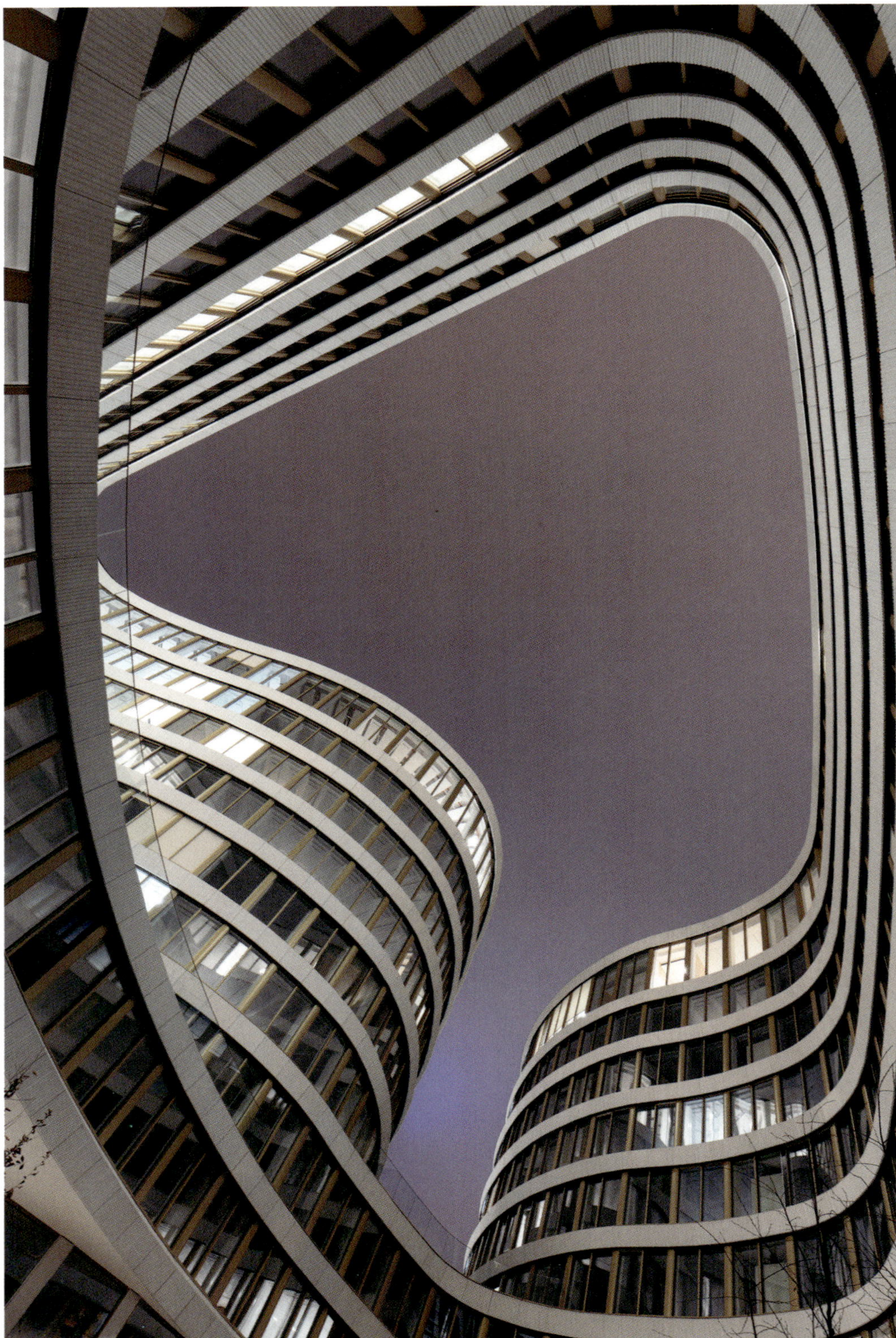

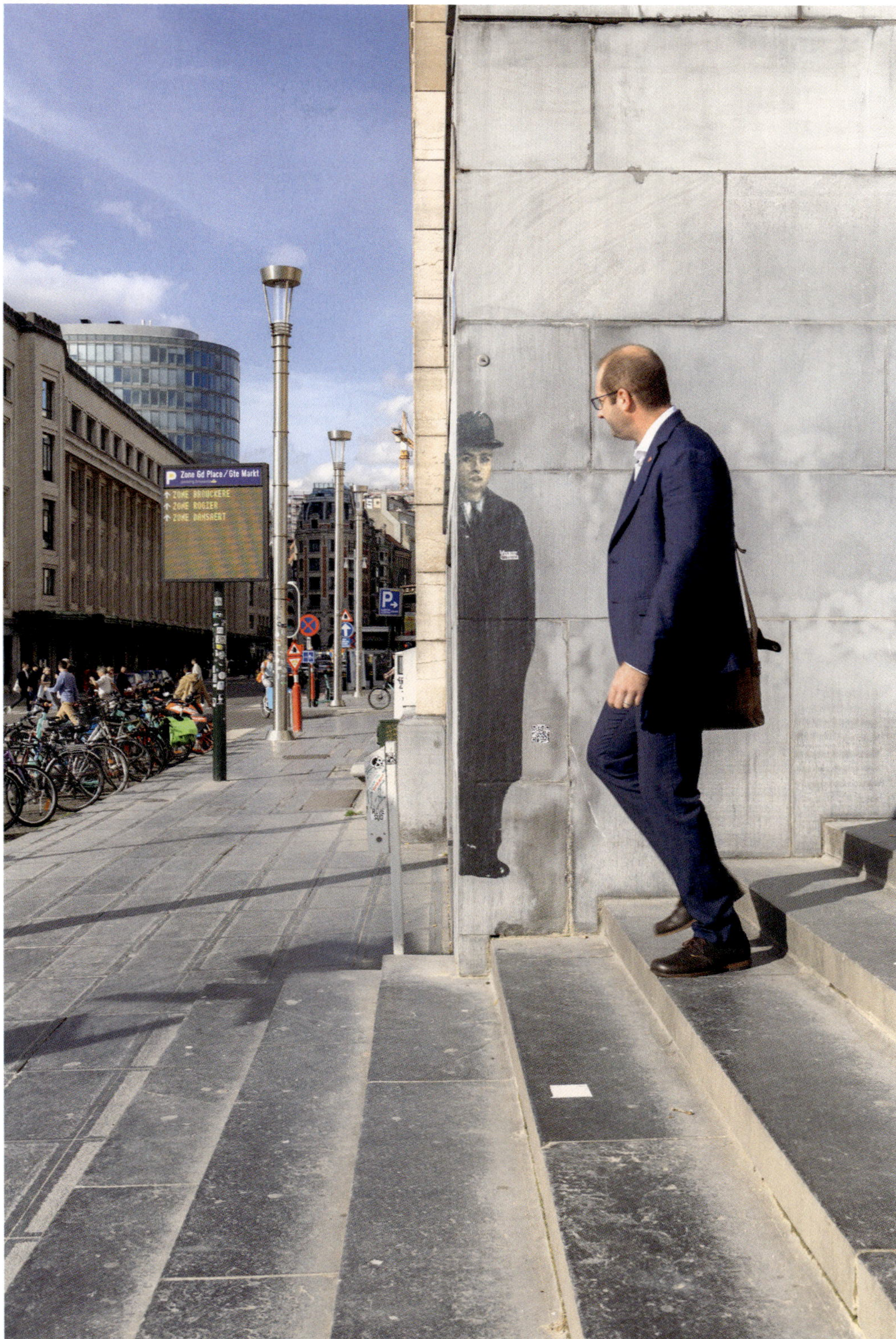

Le Mont des Arts
De Kunstberg
The Mont des Arts

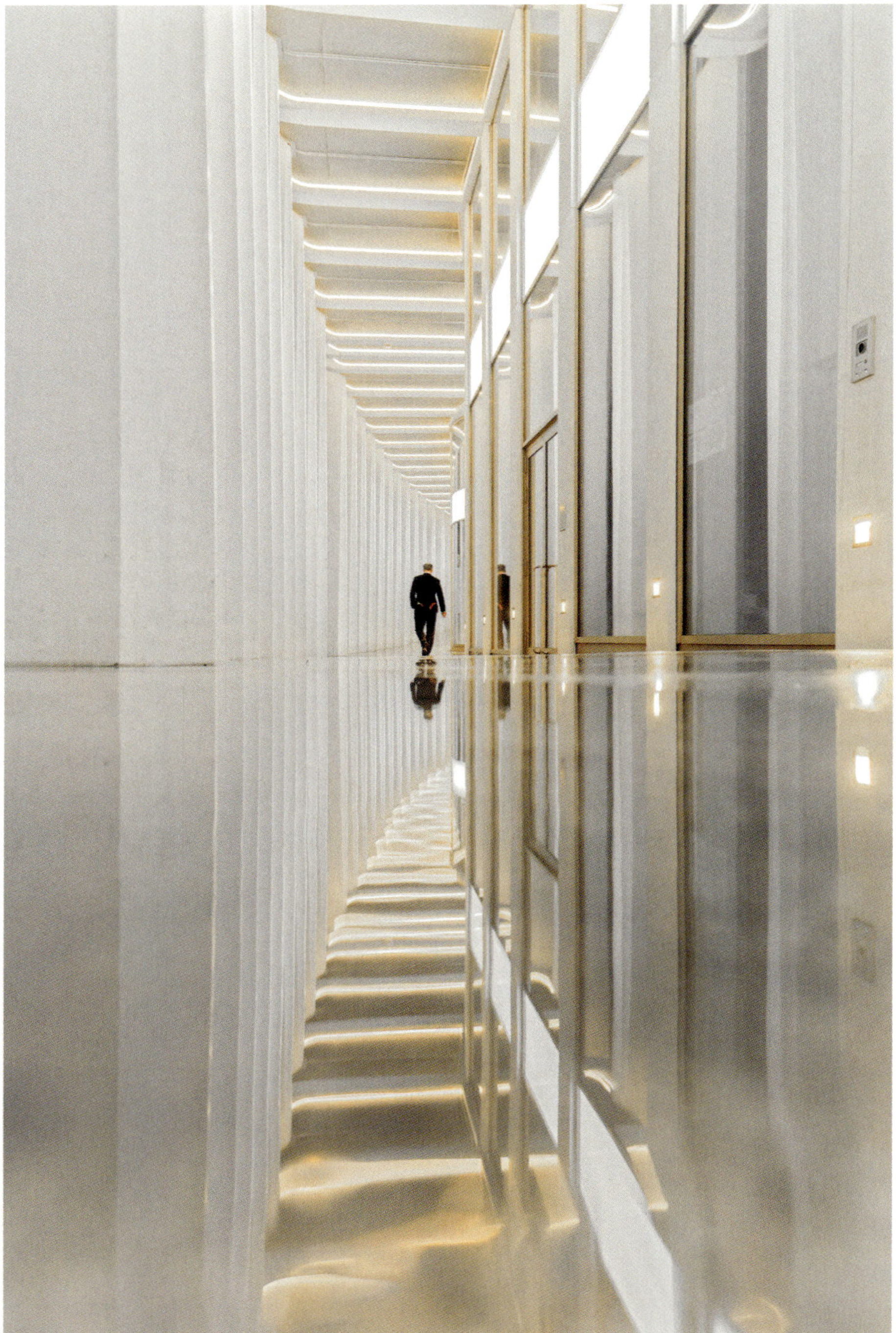

← Couloir ouvert de BNP Paribas Fortis, qui longe la rue des Douze Apôtres
Open gang van BNP Paribas Fortis, die langs de Twaalfapostelenstraat loopt
Open corridor of BNP Paribas Fortis, running alongside rue des Douze Apôtres

→ La galerie Bortier
De Bortiergalerij
Bortier Gallery

PP. 82-83 : La gare centrale
Het Centraal Station
Brussels Central Station

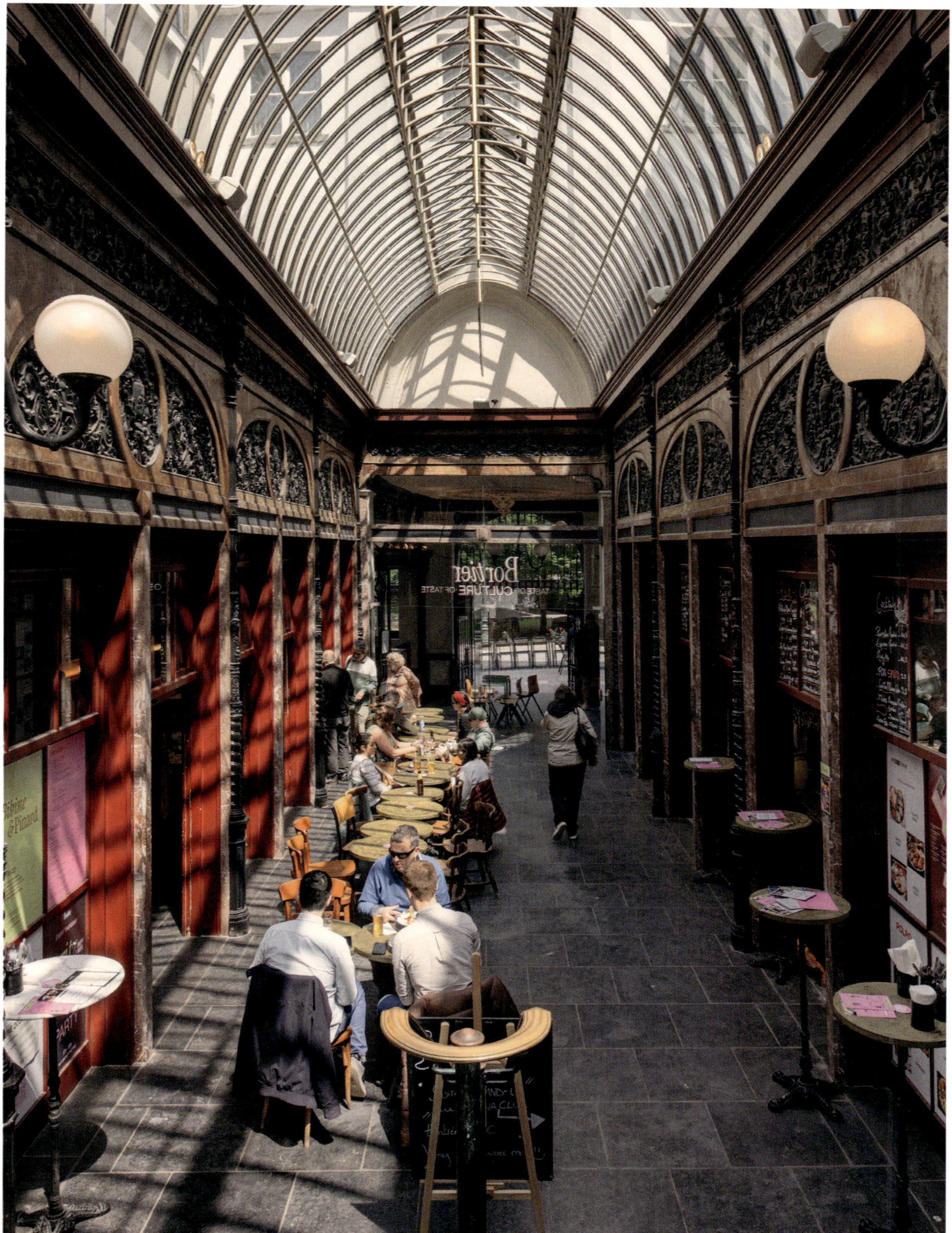

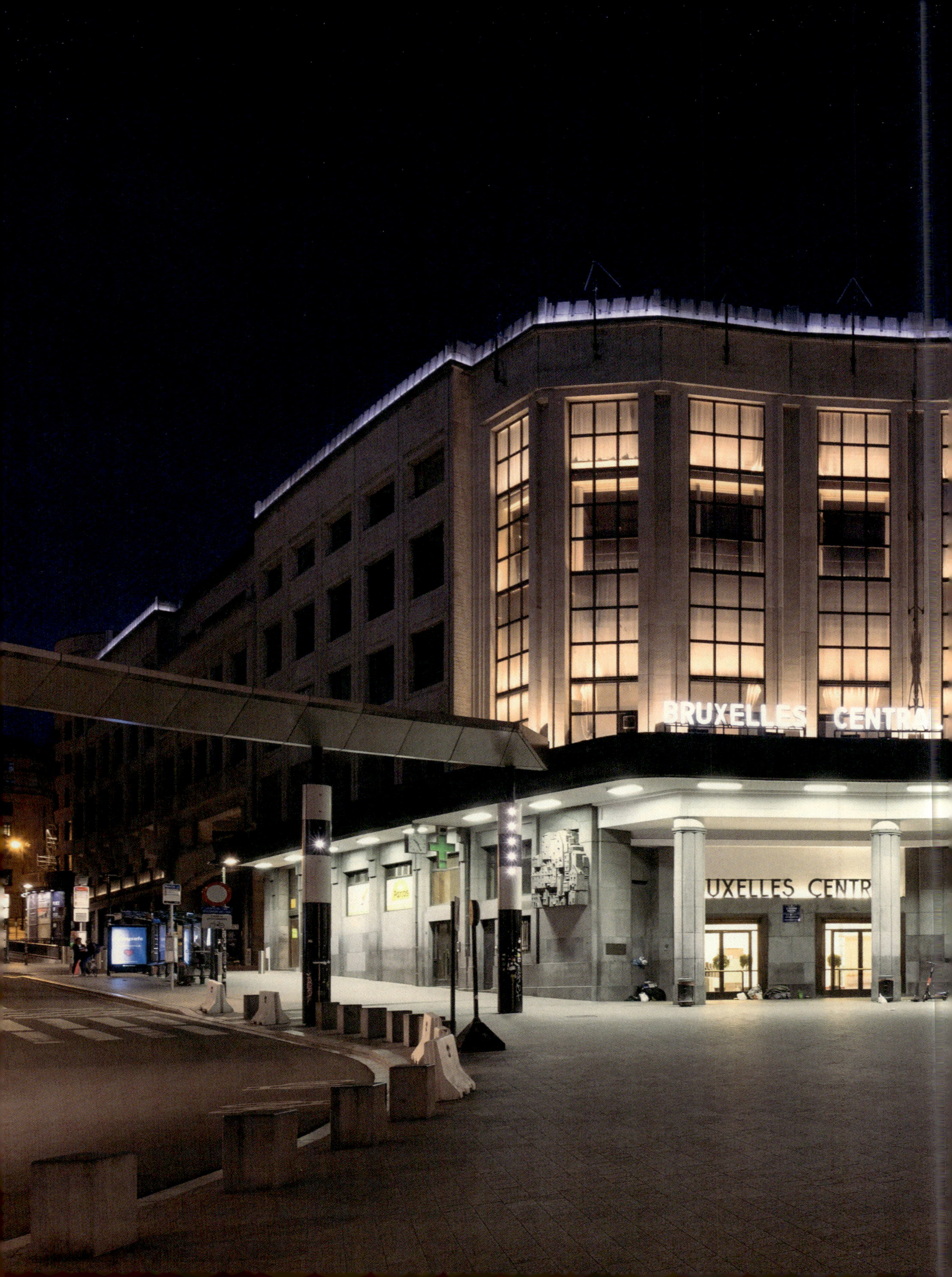
BRUXELLES CENTRAL
BRUXELLES CENTR

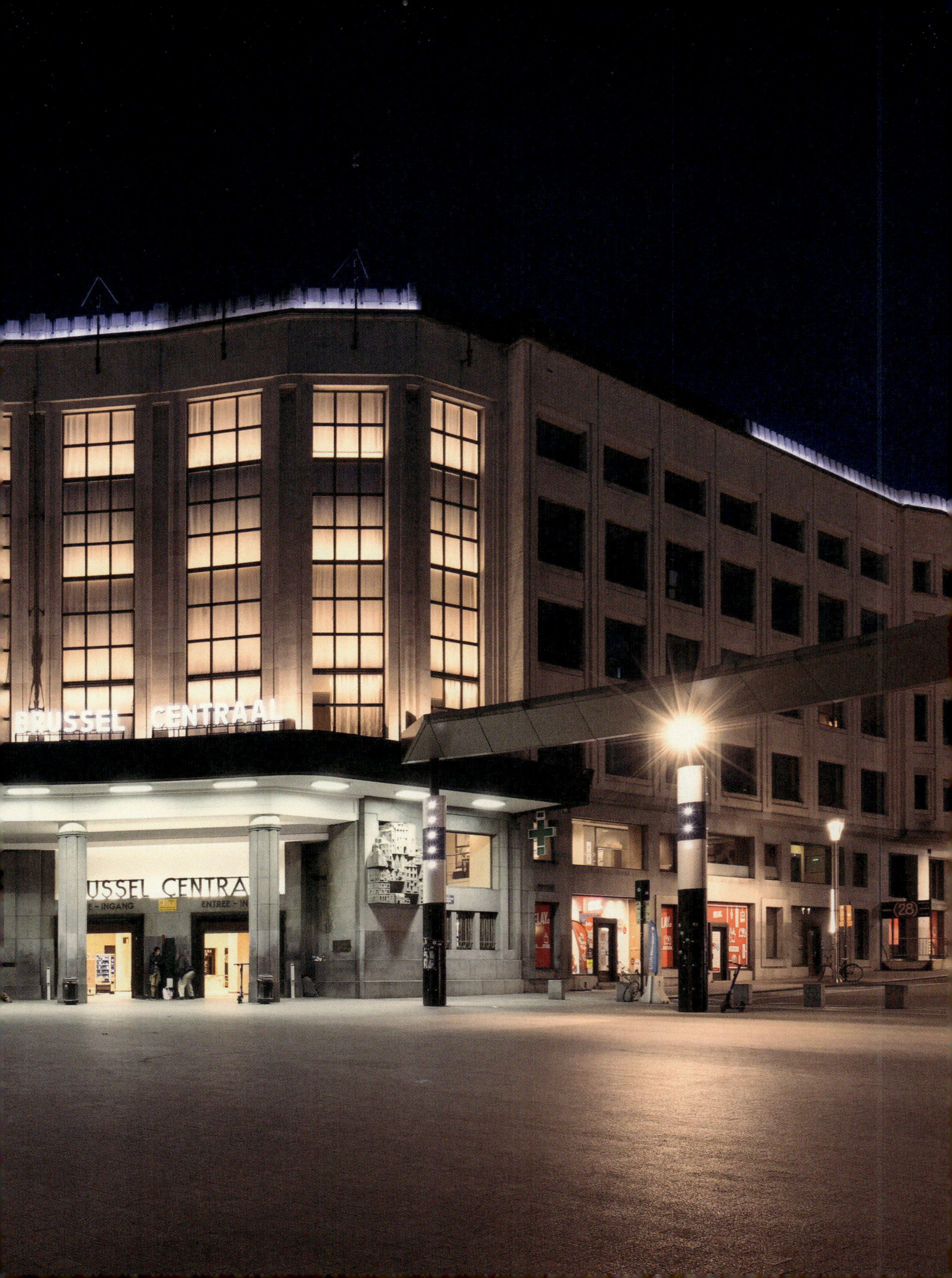
BRUSSEL CENTRAAL
BRUSSEL CENTRA
ENTREE - INGANG
28

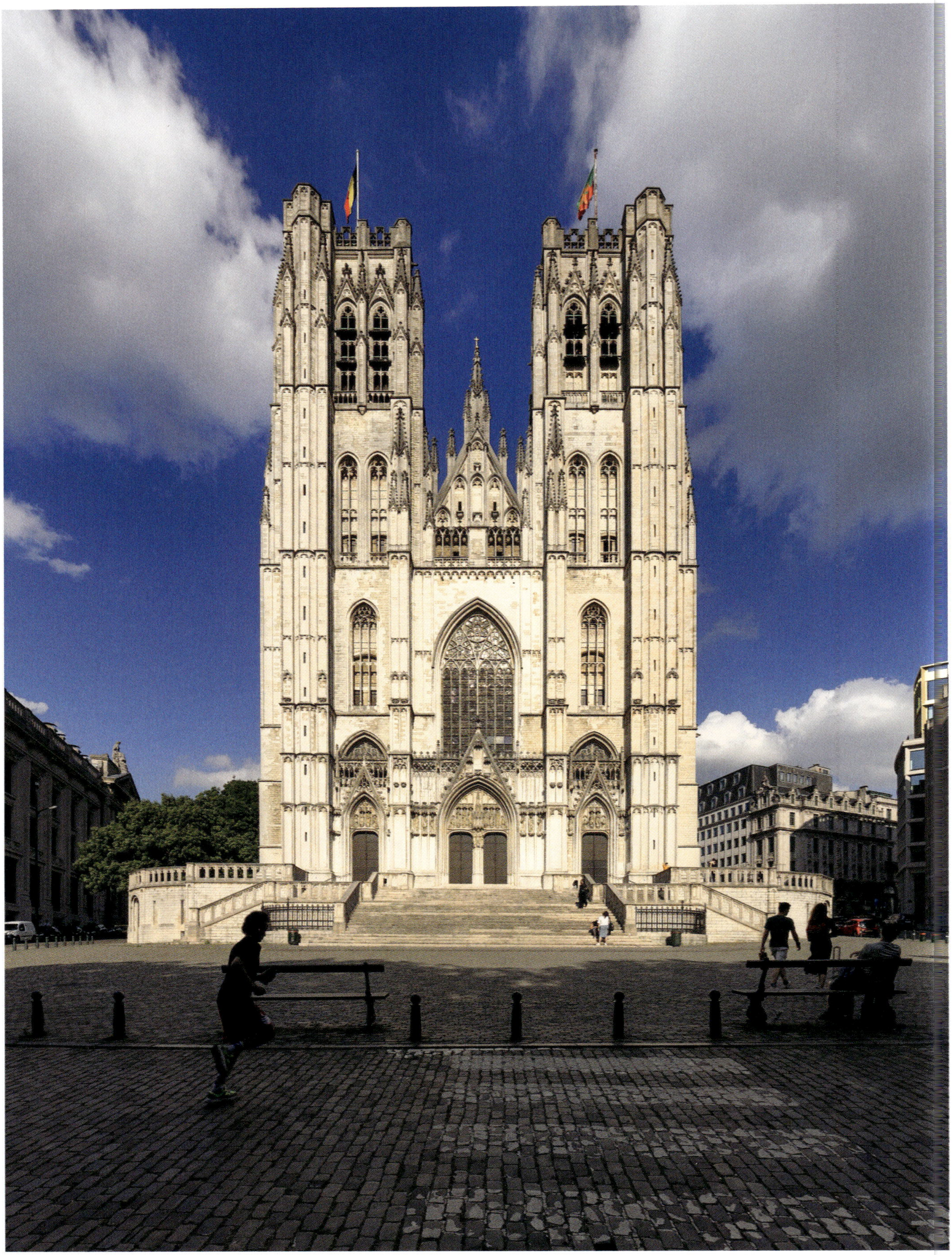

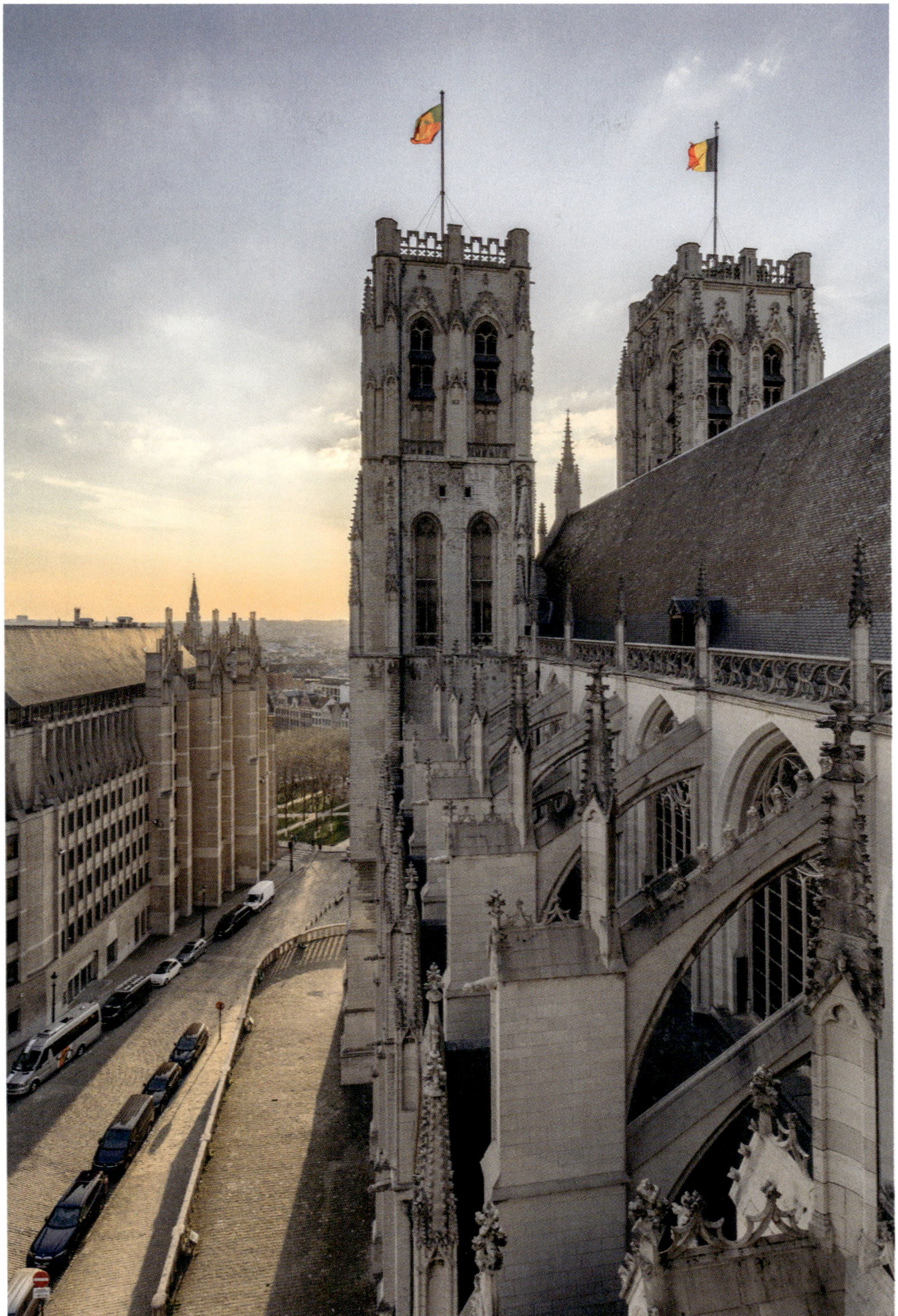

La cathédrale des Saints-Michel-et-Gudule
De Kathedraal van Sint-Michiel en Sint-Goedele
The St. Michael and St. Gudula Cathedral

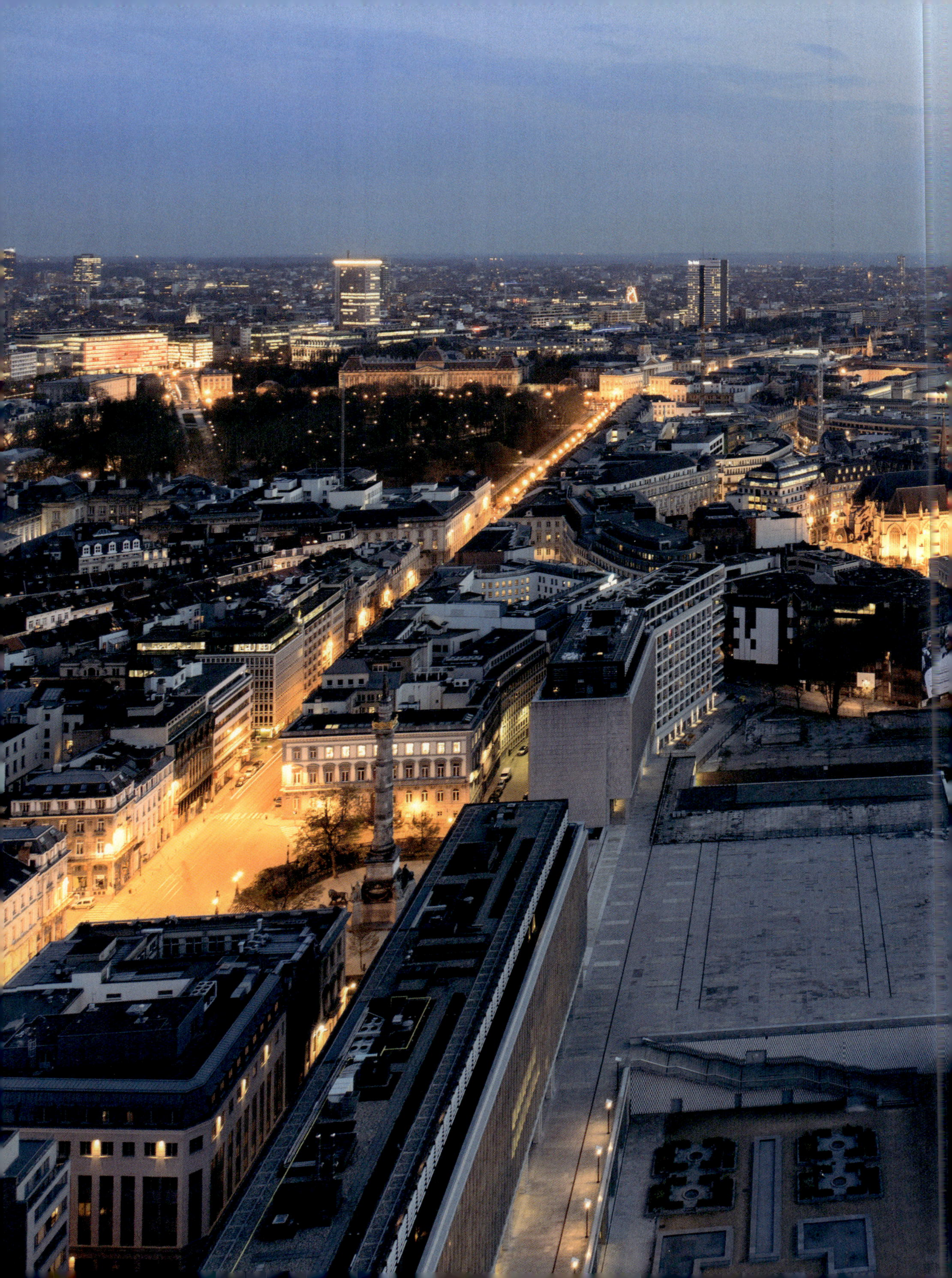

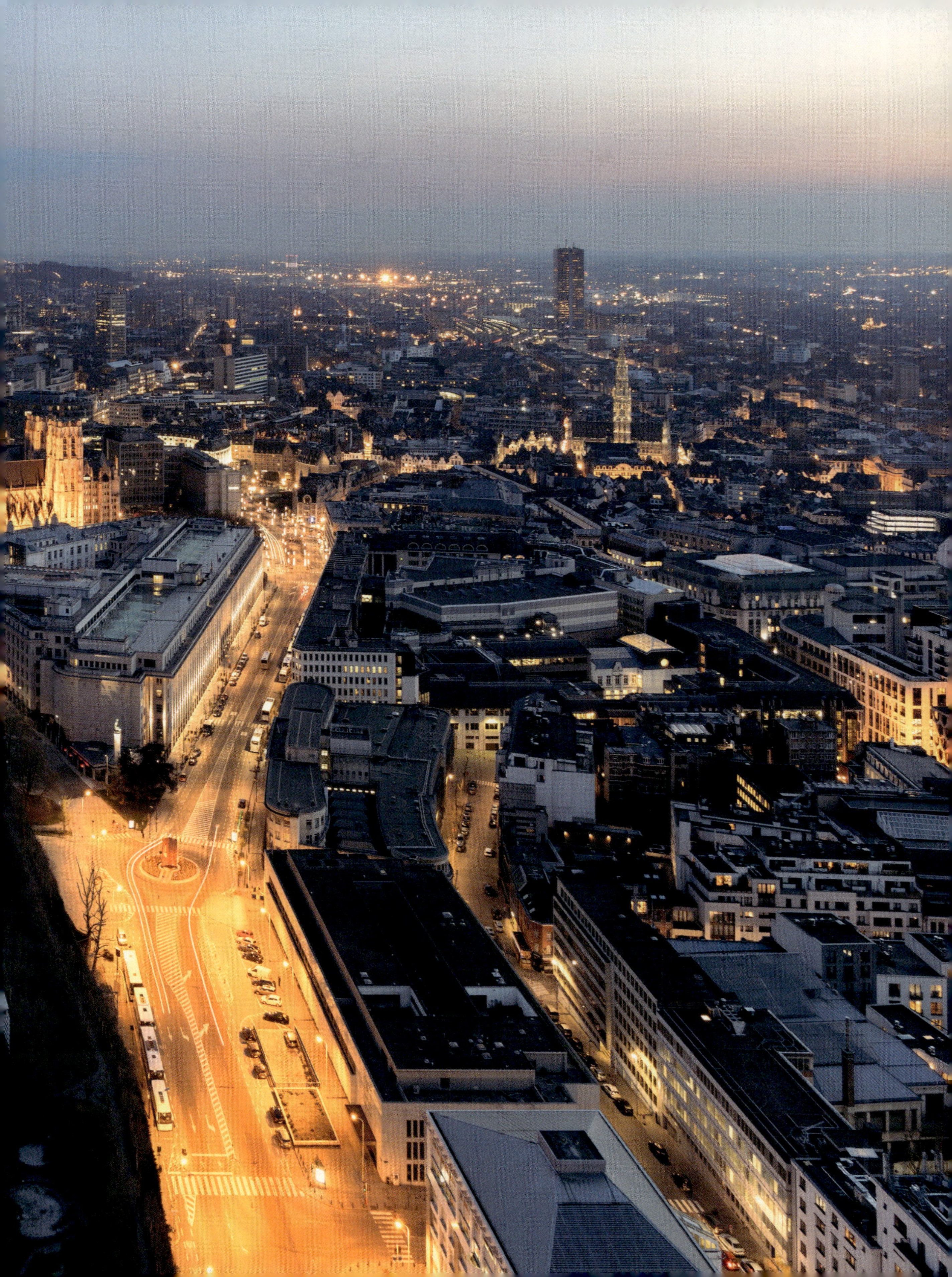

PP. 86-87 : Vue depuis la Tour des Finances (Botanique)
Uitzicht vanaf de Financietoren (Kruidtuin)
View from the Finance Tower (Botanique)

→ La place Rogier
Het Rogierplein
Place Rogier

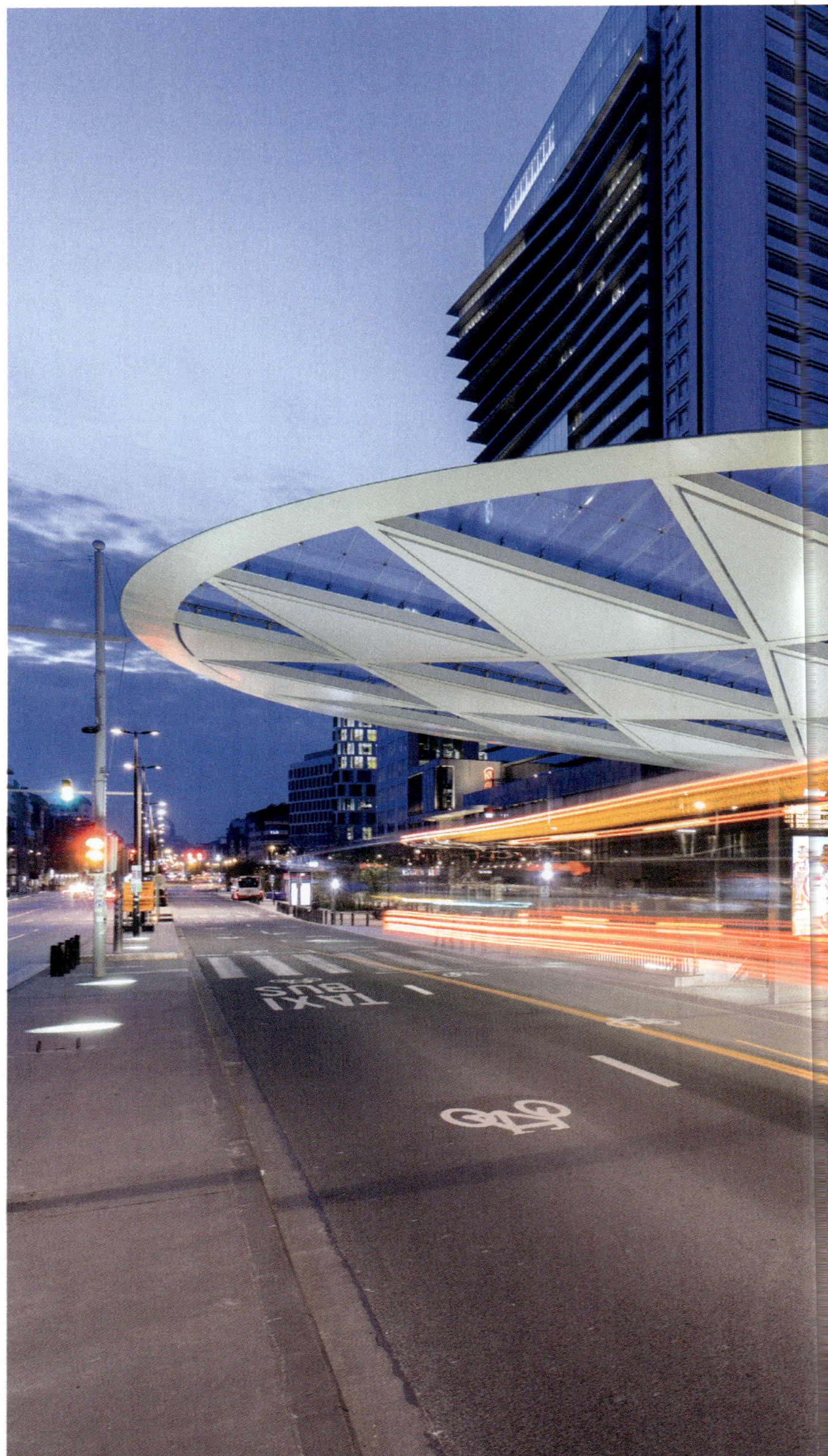

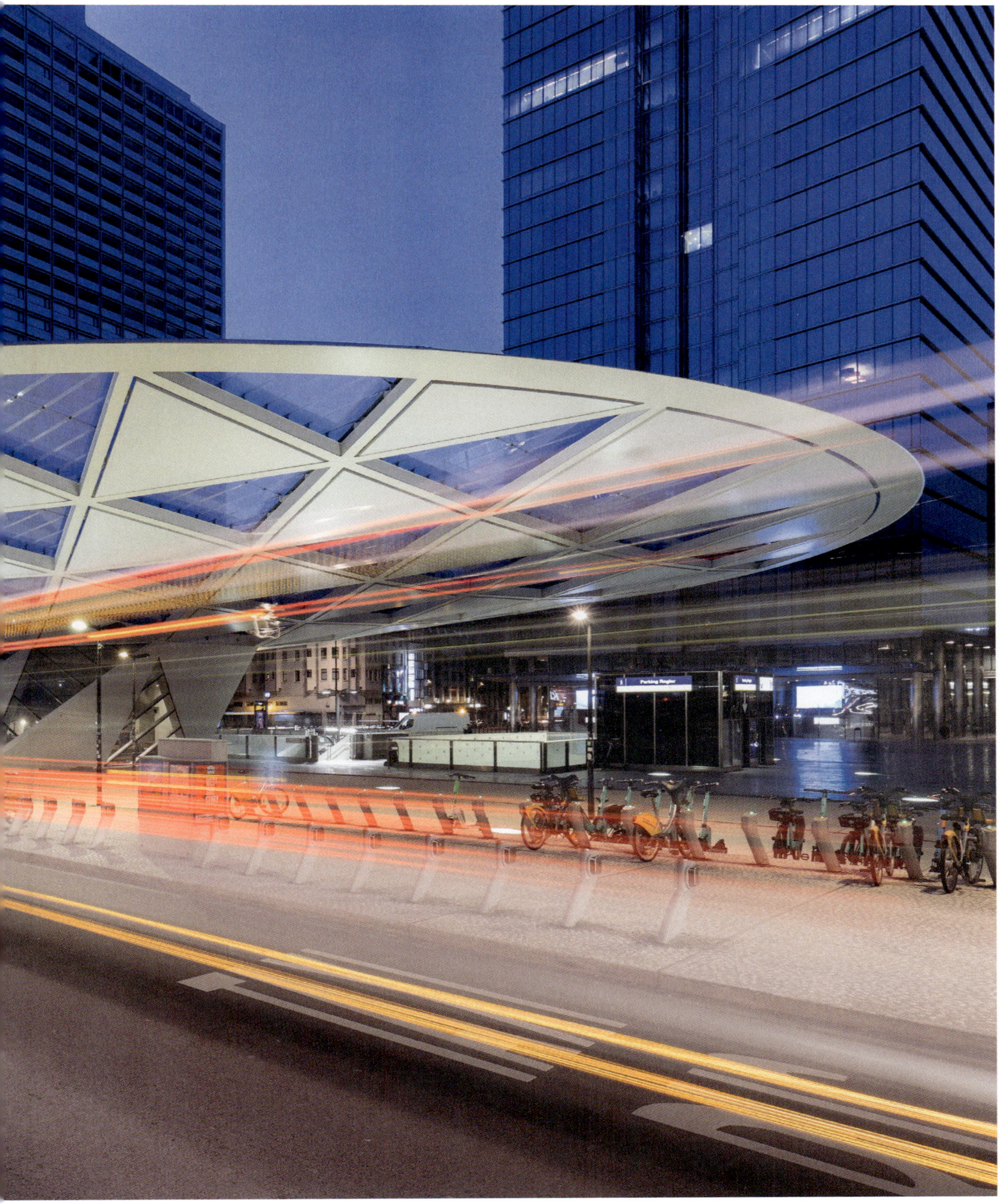

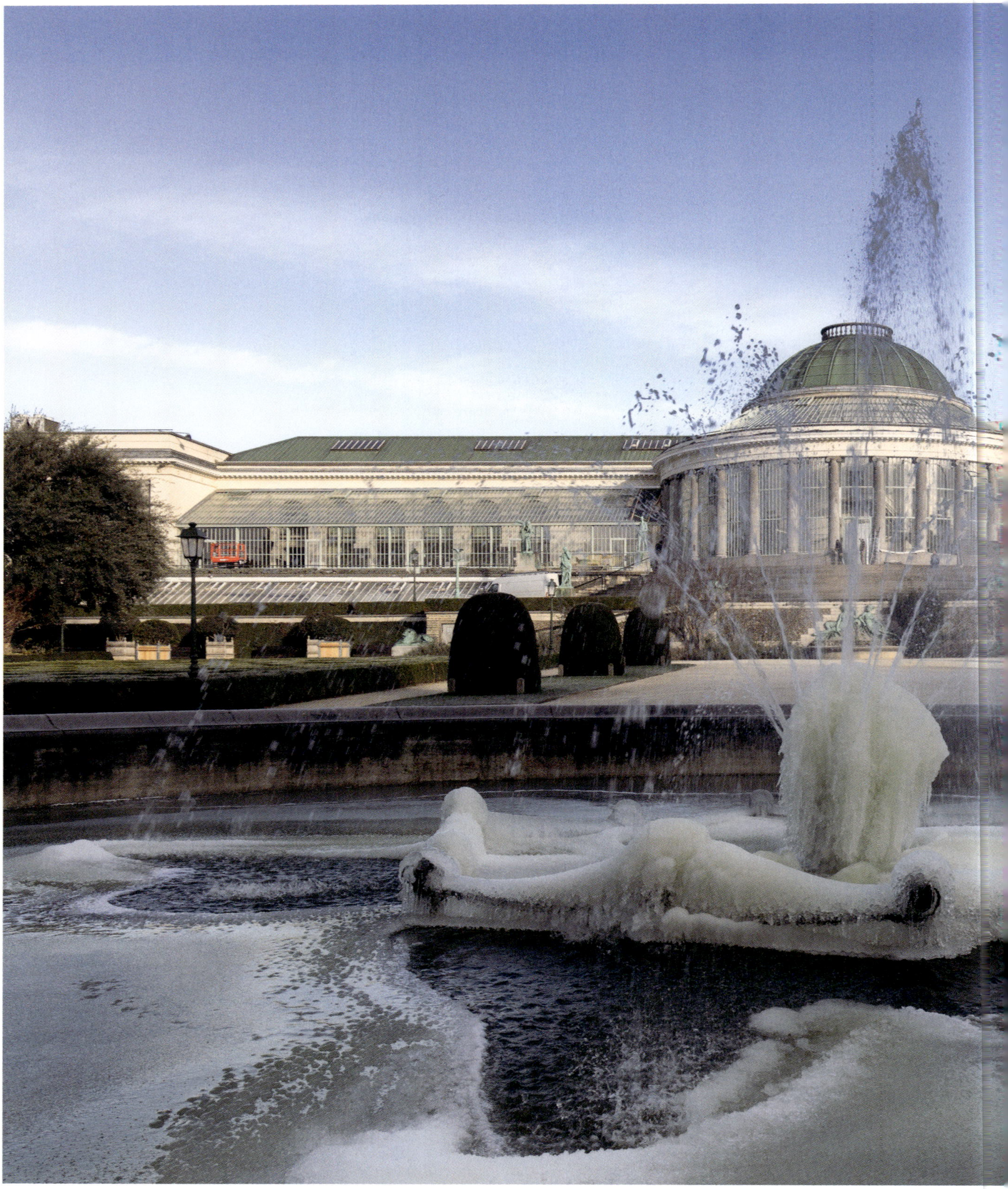

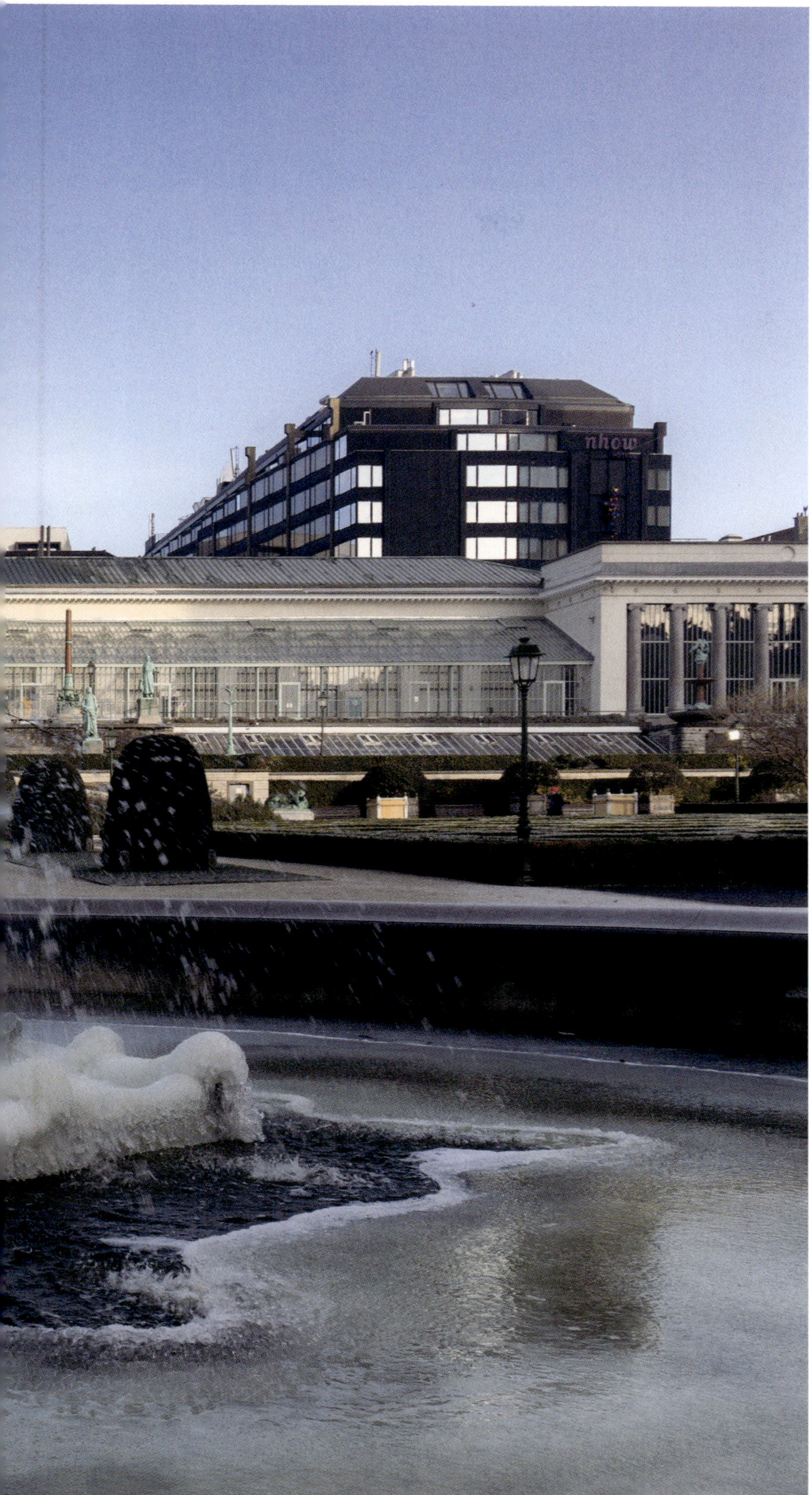

Le Botanique, Centre culturel de la Fédération Wallonie-Bruxelles
De Botanique, cultureel centrum van de federatie Wallonië-Brussel
The Botanique, cultural centre of the Fédération Wallonie-Bruxelles

Les Marolles : l'âme de Bruxelles

De Marollen: de ziel van Brussel

The Marolles: The Soul of Brussels

Fr.

Les Marolles, c'est l'étendard du bouillonnant petit peuple de Bruxelles. Pourtant, ce quartier au cœur même de la ville était situé hors des remparts au Moyen Âge : au son de la cloche, les pauvres devaient quitter l'enceinte. C'est d'ailleurs l'origine du terme « clochard ». D'autres, juste au-dessus, se « tapent la cloche » dans les restaurants chics du Sablon, quartier des antiquaires et des magasins de luxe, alors que celui des Marolles abrite les brocanteurs et magasins de seconde main.

Les Marolles, c'est un grand terrain en pente qui part du palais de Justice et du Sablon pour rejoindre la rue des Tanneurs. Étrange configuration géologique qui rappelle la fragilité des positions sociales. Il en faut peu pour glisser du haut vers le bas, un minimum même : la Petite Rue des Minimes.

Au sommet, la justice, du moins son palais, se construisit judicieusement sur le « Galgenberg », le mont des Potences, lieu féodal des exécutions. Pour cela, on expropria les Marolliens. Son entrée principale serait tournée vers le quartier, comme un avertissement. Aujourd'hui, celle-ci semble se situer à l'opposé, place Poelaert, du nom de son architecte mégalomane... comme un reproche.

Les Marolliens continuèrent à vivre, narquois et goguenards, à l'ombre de ce palais de Justice jamais achevé. Par un étrange clin d'œil de l'histoire, c'est lui, l'orgueilleux bâtiment, qui se retrouve derrière les barreaux des échafaudages depuis plusieurs décennies. À l'été 1969, à l'occasion d'une nouvelle tentative d'expropriation des habitants par le ministère public, les Marolliens unis résistèrent puis gagnèrent ce qu'on a appelé la « bataille des Marolles » : les Marolles furent sauvées.

Les rues Haute et Blaes traversent le quartier et rejoignent la place de la Chapelle. Autour d'elles, un dédale de ruelles pentues, parfois munies d'escaliers, rappellent les petits métiers du passé : rue des Tanneurs, des Charpentiers, des Chaisiers...

Sur la Place du Jeu de balle, la brocante quotidienne expose son « brol » (mélange d'objets sans valeur) depuis 1867. Dans les rues, des bars, des restaurants aux cuisines variées rappellent les origines multiples des habitants. Des brocanteurs, des boutiques vintage et des galeries d'art côtoient les puces, à l'image des habitants du quartier issus de toutes les classes sociales : Marolliens d'hier et d'aujourd'hui, tous unis dans la bonhomie d'un quartier populaire à la popularité renouvelée.

Nl.

De Marollen zijn het uithangbord van het bruisende Brusselse gewone volk. Deze wijk in het hart van de stad lag in de middeleeuwen buiten de stadsomwalling: bij het luiden van de klok *('cloche')* moesten de armelui de ommuring verlaten – vandaar de term *'clochard'*. Iets hogerop luidt voor anderen de etensbel in de chique restaurants aan de Zavel, de wijk van de antiquairs en luxeboetieks. De Marollenwijk is dan weer de thuisbasis van de brocante- en tweedehandswinkels.

De Marollen liggen op een groot afhellend stuk grond dat begint bij het Justitiepaleis en de Zavel en doorloopt tot de Huidevettersstraat. Een eigenaardige geologie, die lijkt te herinneren aan de kwetsbaarheid van sociale posities. Er is maar weinig voor nodig om af te glijden van de top, iets miniems kan al genoeg zijn: de Korte Minimenstraat. Die top was de ideale plek om aan justitie te bouwen, of toch het paleis daarvan, boven op de Galgenberg, de feodale executieplaats. De bewoners van de Marollen werden voor die bouw onteigend. Als waarschuwing zou de ingang van het justitiepaleis naar de wijk gericht zijn. Inmiddels lijkt die ingang aan de andere kant te liggen, als verwijt, aan het naar de megalomane architect vernoemde Poelaertplein. Met de nodige spot en ironie gingen de *Marolliens* voort met hun leventje, in de schaduw van het nooit voltooide Justitiepaleis. Uitgerekend dit hoogmoedige gebouw zit al decennialang verstopt achter de tralies van bouwsteigers, als een merkwaardige knipoog van de geschiedenis.

In de zomer van 1969 probeerde het openbaar ministerie de bewoners opnieuw te onteigenen, maar zij gingen in verzet en wonnen de 'Slag om de Marollen': de wijk was gered. Dwars door de wijk lopen de Hoogstraat en de Blaesstraat, die uitkomen op de Kapellemarkt. Rond die twee assen loopt een wirwar van steile straatjes, soms met trappen, met namen die verwijzen naar de beroepen van weleer: Huidevettersstraat, Timmerliedenstraat, Stoelenmakersstraat... Het Vossenplein ligt al sinds 1867 elke dag volgestouwd met 'brol' op de dagelijkse rommelmarkt. Aan de bars en restaurants met diverse keukens zie je dat de bewoners uit alle windstreken komen. Brocantewinkels, vintageshops en kunstgalerijen liggen er pal naast de vlooienmarkt, net zoals ook de bewoners alle sociale klassen vertegenwoordigen: *Marolliens* van vroeger en nu vinden elkaar in de gemoedelijke sfeer van een volkse buurt die opnieuw populair is.

En.

The Marolles, located in the city centre, is a proud symbol of Brussels' lively working class. However, in the Middle Ages, this neighbourhood was outside the city walls: when the bell tolled, vagrants had to leave the fortified area (hence 'clochard', after 'cloche', French for 'bell'). Today, up the hill, wealthy citizens enjoy dining in the restaurants of the Sablon, a district known for its antique dealers and luxury shops, while the Marolles is home to second-hand shops and flea market traders.

The Marolles extend across a sloping cityscape that descends from the Palace of Justice and the Sablon to Rue des Tanneurs. This intriguing geological formation seems to mirror the precariousness of social status—a small slip, the tiniest distance: the narrow Petite Rue des Minimes is all it takes to slide from top to bottom.

At the summit stands Justice—at least, its palace—strategically built on the Galgenberg, 'Gallows Hill', a feudal site of execution. Many residents were evicted to make way for its construction. Its main entrance, initially meant to face the neighbourhood —perhaps as a warning—faces Place Poelaert, named after its megalomaniacal architect.

The courthouse has never been completed, even to this day. Many witty, irreverent Marolliens have continued to live in the shadow of the grand building. In an ironic twist of fate, the courthouse has remained encased in scaffolding for decades.

When, during the summer of 1969, the authorities once again attempted to evict the locals, the Marolliens united and ultimately won the 'Battle of the Marolliens'. The neighbourhood was saved.

Rue Haute and Rue Blaes cut through the district, leading to Place de la Chapelle. A labyrinth of steep alleyways—some are staircases—surrounds them. Their names evoke the trades of old: Rue des Tanneurs (Tanners), Rue des Charpentiers (Carpenters), Rue des Chaisiers (Chair-Makers)... At the Place du Jeu de Balle, the daily flea market has displayed its *brol* (a mix of odds and ends) since 1867. The surrounding streets are lined with pubs and eateries offering a range of various cuisines, reflecting the diverse backgrounds of the residents. Antique dealers, vintage shops, and art galleries mingle with street marketeers in the most genuine Marollien spirit.

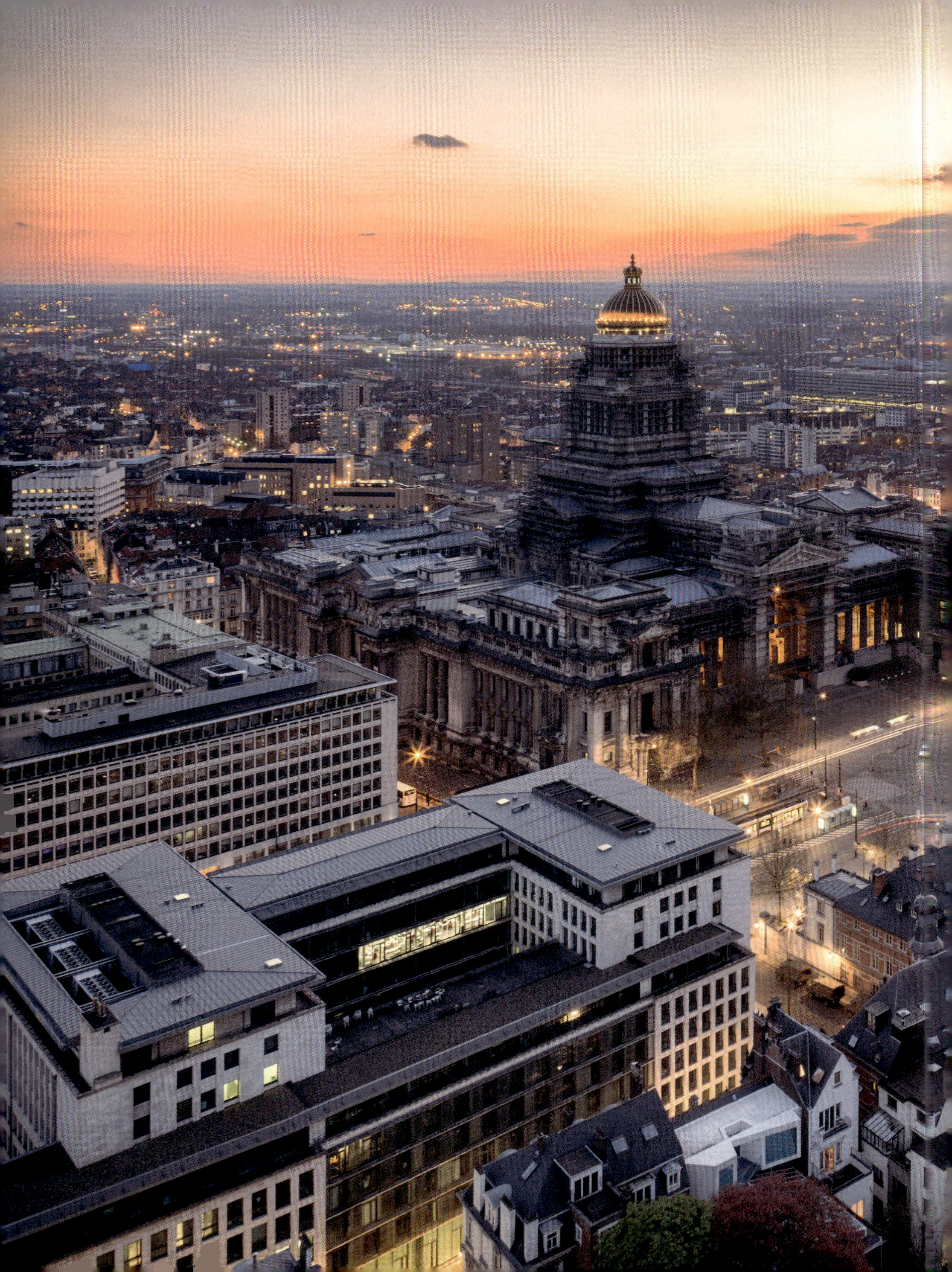

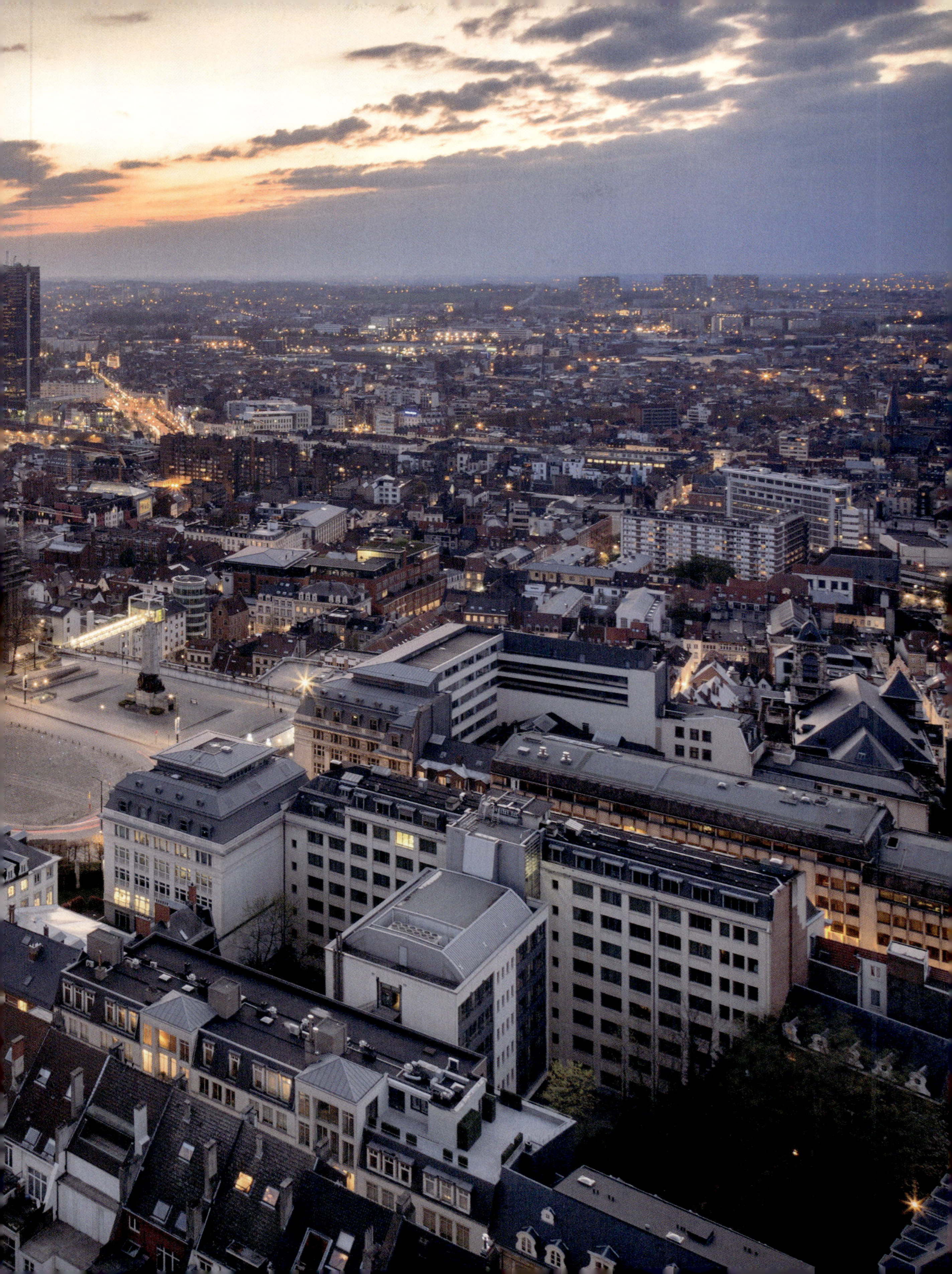

PP. 94-95 : Le Palais de Justice (place Poelaert)
Het Justitiepaleis (Poelaertplein)
The Palace of Justice (Place Poelaert)

→ Le tram de Noël (place Poelaert)
De kersttram (Poelaertplein)
The Christmas tram (Place Poelaert)

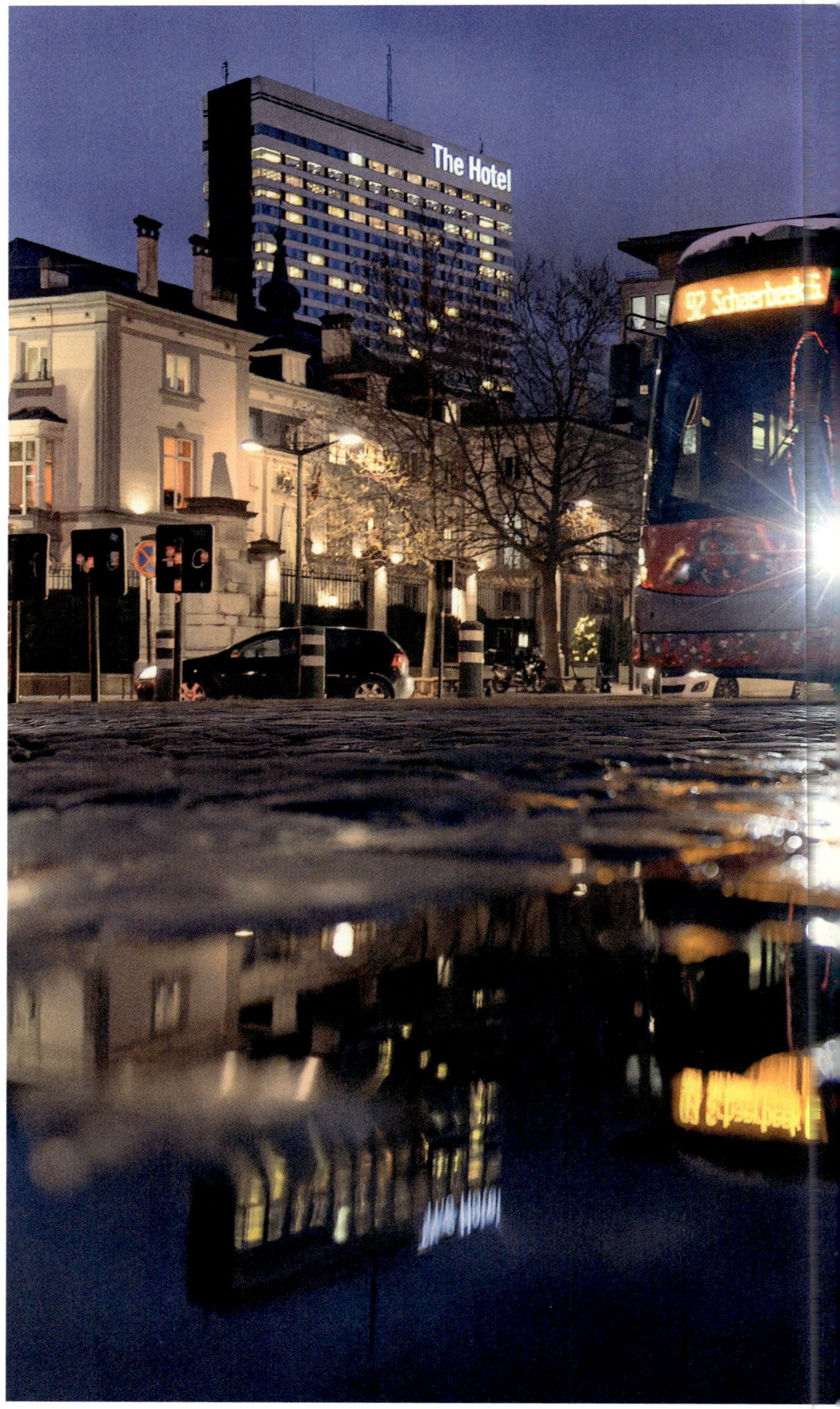

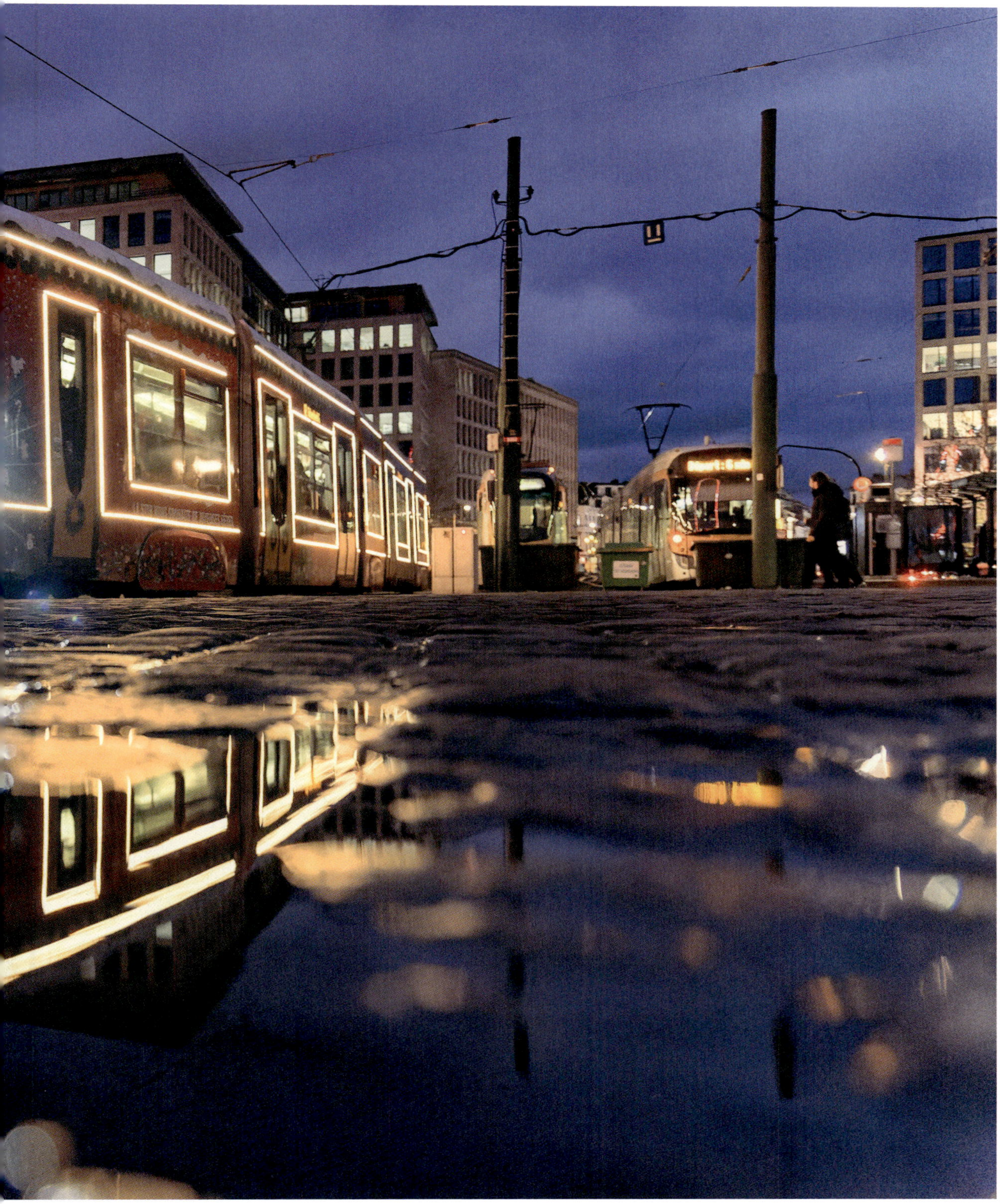

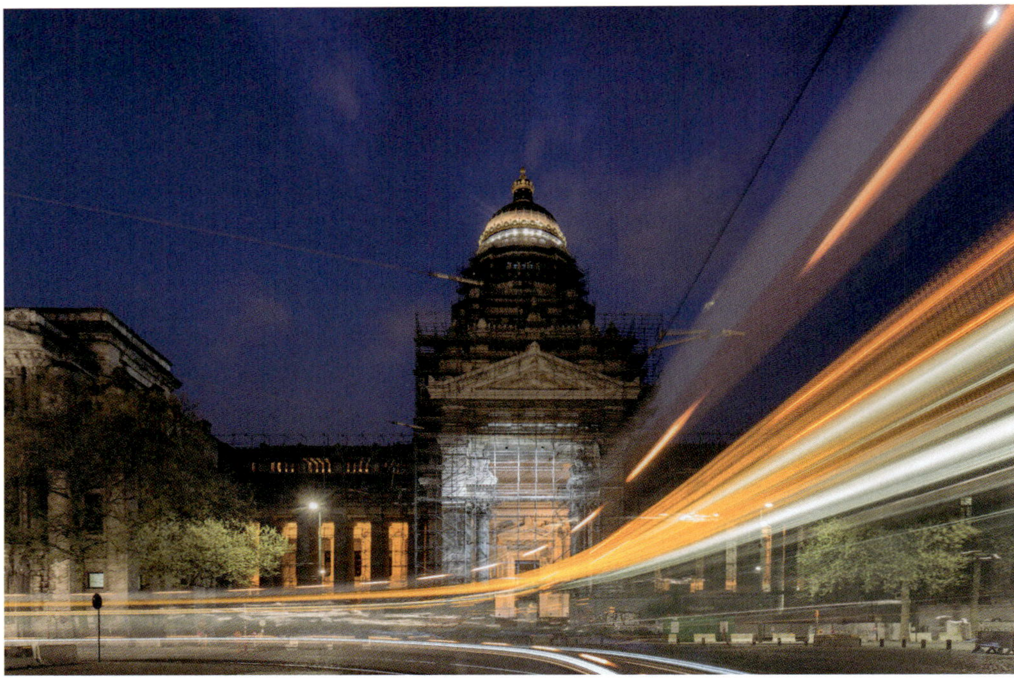

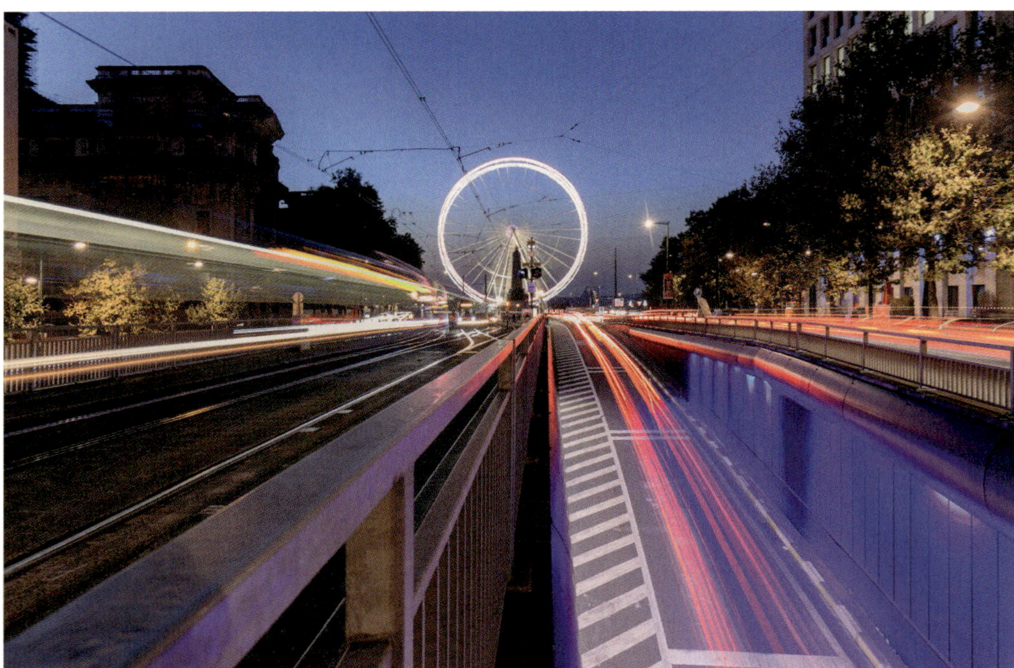

Le Palais de Justice et la Grande Roue (place Poelaert)
Het Justitiepaleis en het reuzenrad (Poelaertplein)
The Palace of Justice and the Giant Wheel (Place Poelaert)

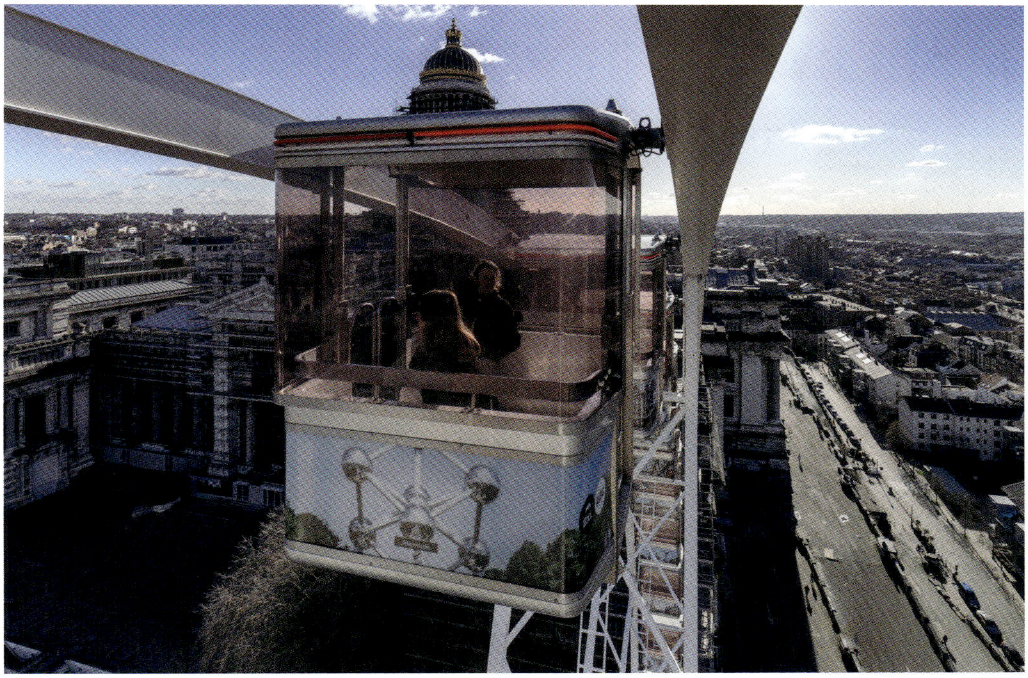

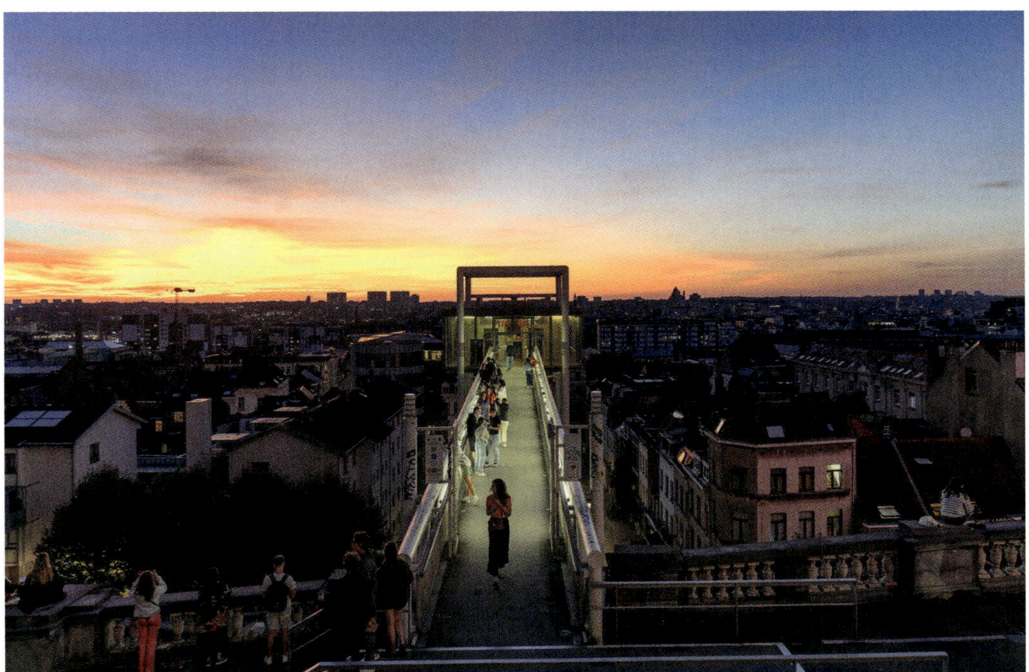

L'ascenseur des Marolles (place Poelaert)
De lift van de Marollen (Poelaertplein)
The elevator of the Marolles (Place Poelaert)

Un antiquaire de la rue Blaes
Een antiekhandelaar in de Blaesstraat
An antiques shop on rue Blaes

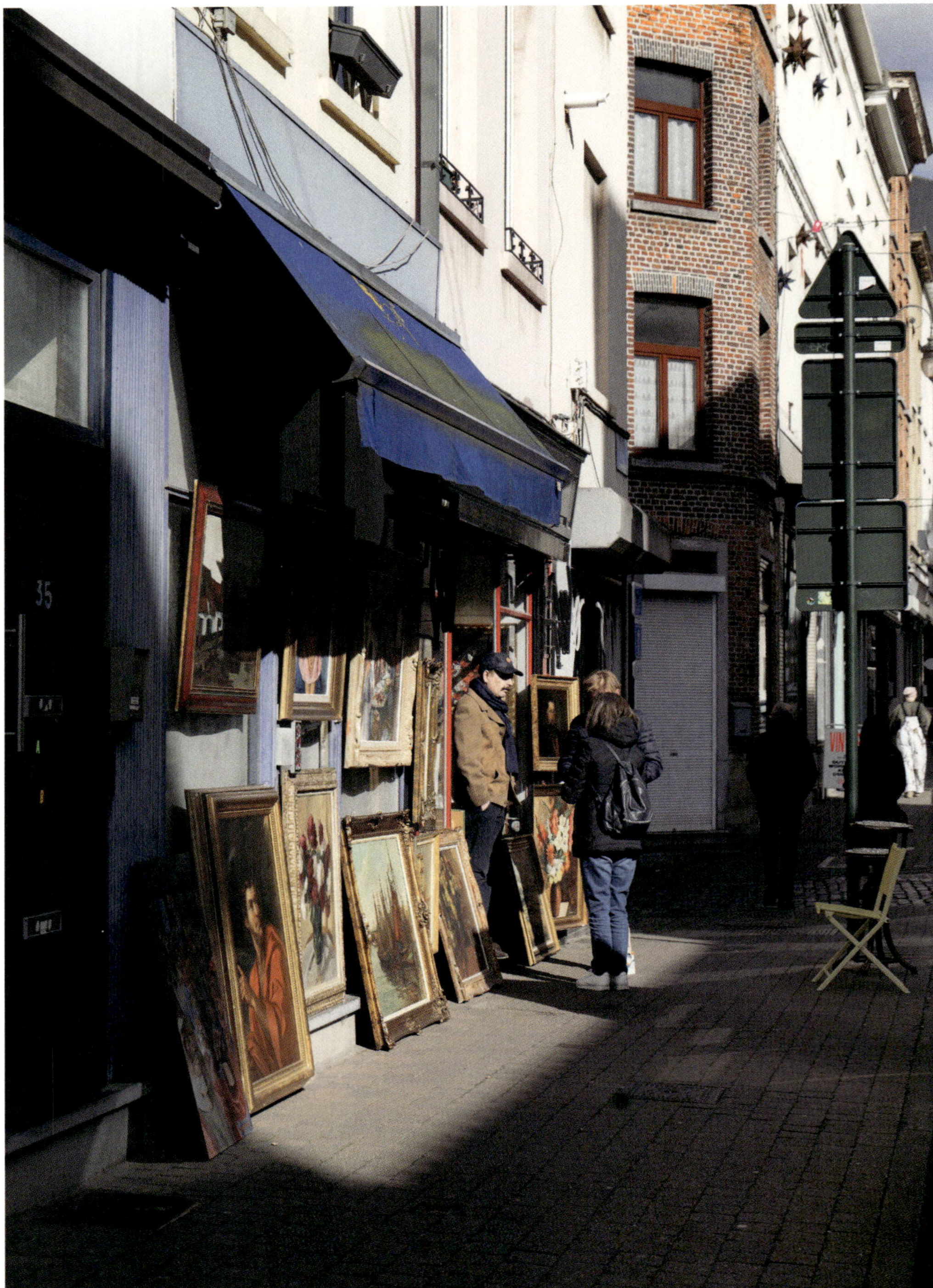

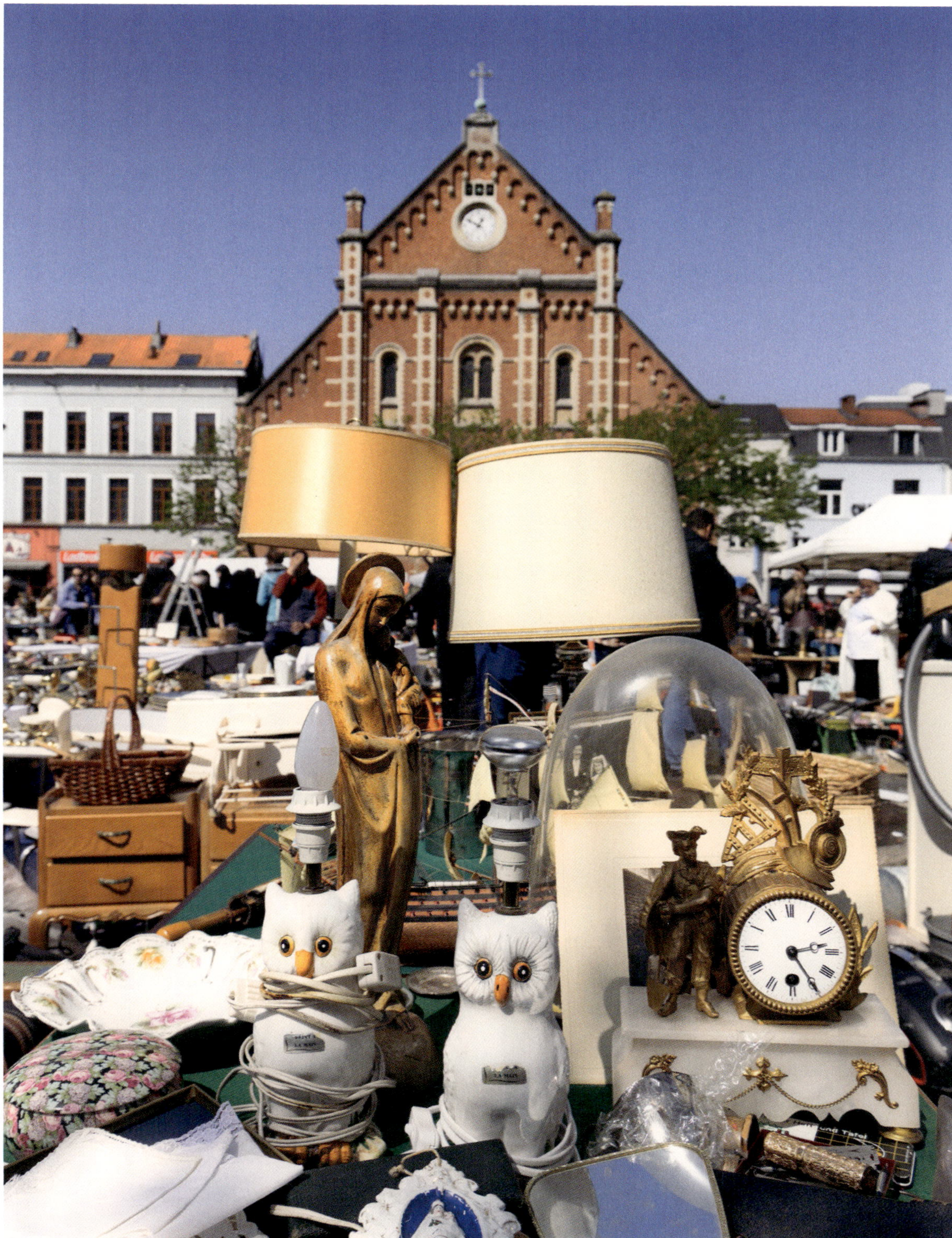

Le Vieux Marché (Vossenmarkt), marché aux puces (place du Jeu de Balle)
De 'oude markt' (Vossenmarkt), vlooienmarkt (Vossenplein)
Le Vieux Marché (Vossenmarkt), flea market (place du Jeu de Balle)

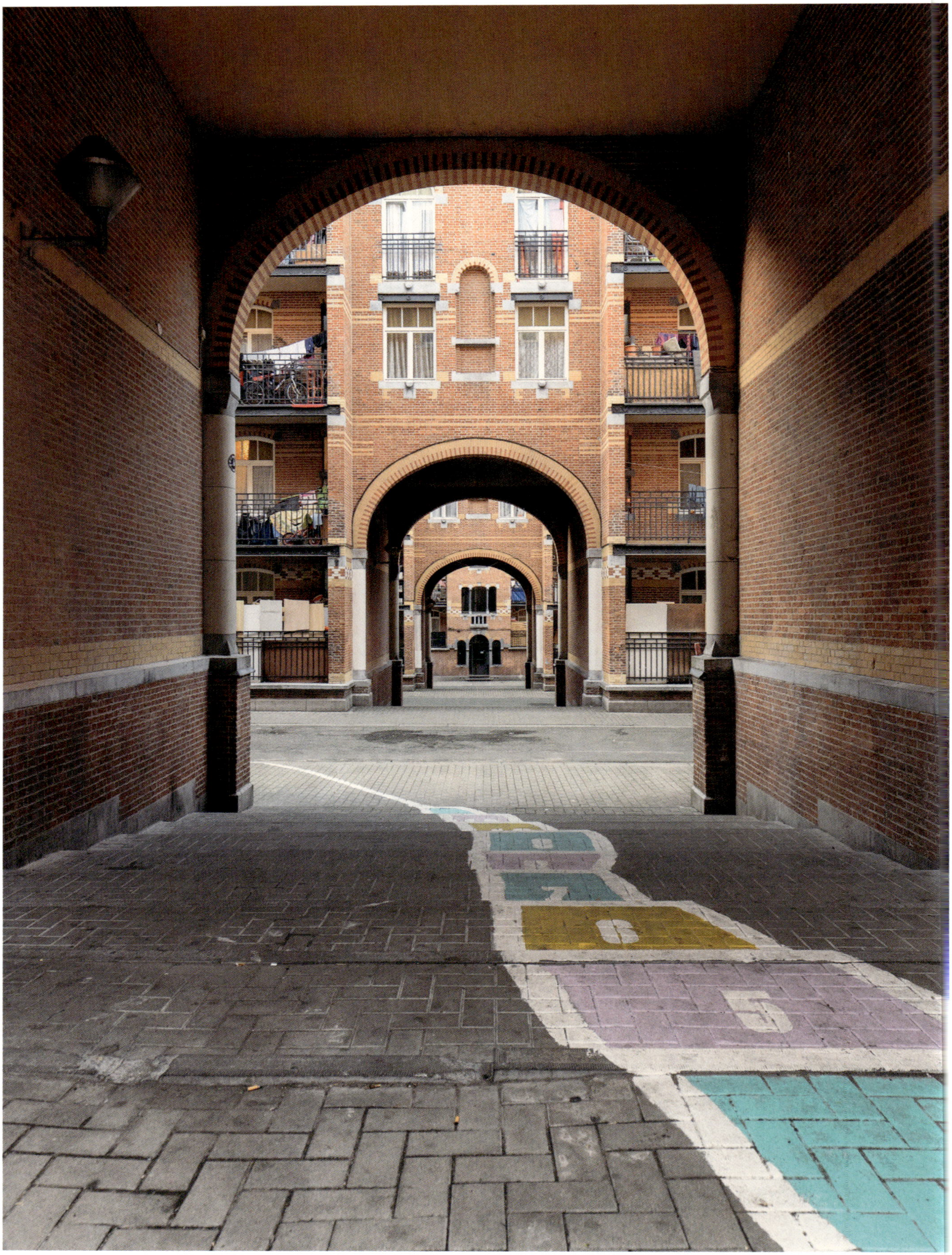

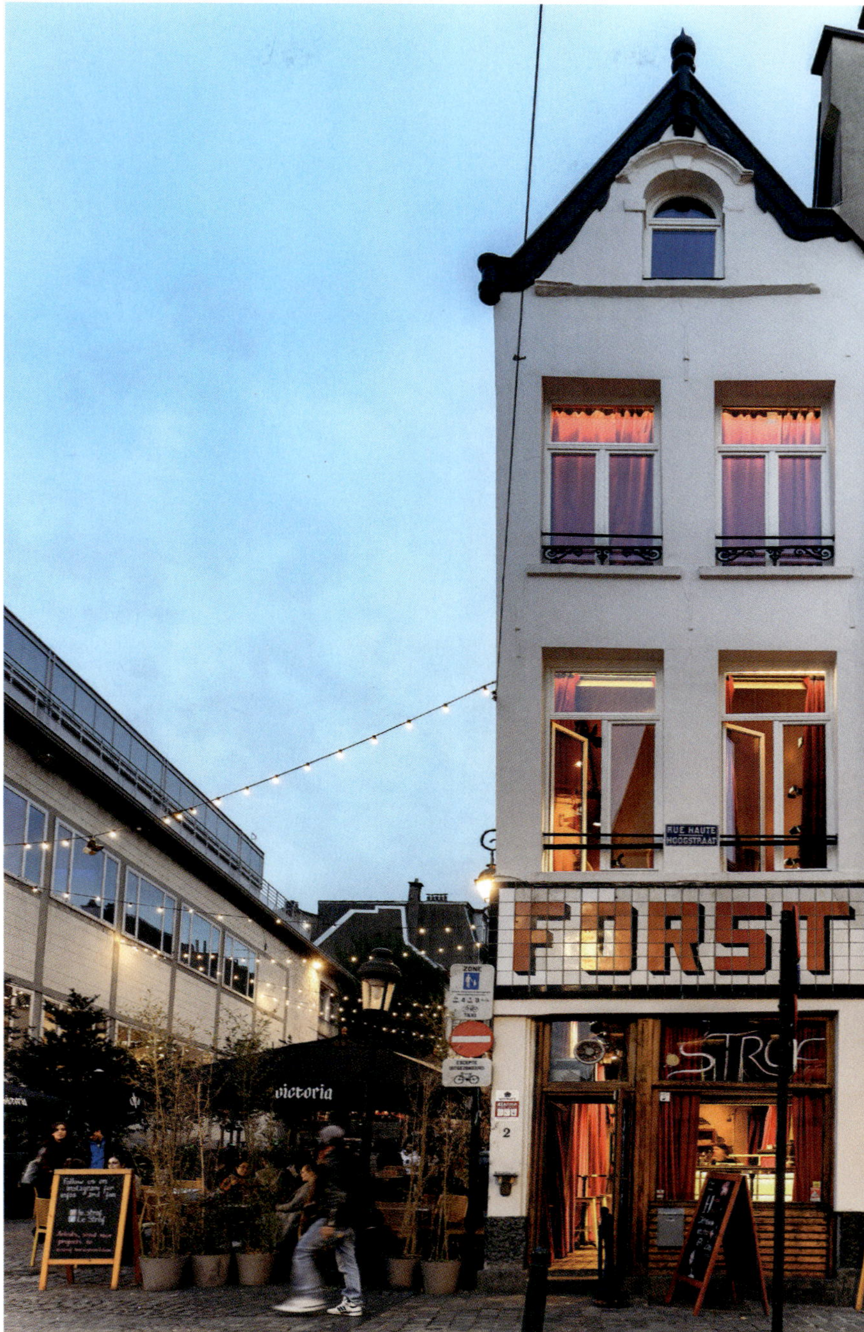

↑ La rue de Rollebeek
De Rollebeekstraat
Rollebeek Street

← La cité Hellemans
De Hellemanswijk
Cité Hellemans

Saint-Gilles et Forest : communes d'art et terres d'accueil

Sint-Gillis en Vorst: kunst en gastvrijheid

Saint-Gilles and Forest: Warm and Inviting Communes of Art

Fr.

Au début du XXe siècle, Saint-Gilles accueillit l'immigration ouvrière italienne, espagnole, portugaise et grecque dont la Belgique avait tant besoin pour faire fonctionner son économie. D'autres nationalités ont suivi le même mouvement au cours des décennies suivantes : Marocains, Polonais, Chiliens, Brésiliens... Tant d'azimuts en un seul creuset !

Depuis trente ans, de nombreux cadres européens ont choisi la commune pour y poser leurs valises et les maisons anciennes ont été joliment rénovées à la mesure de leurs moyens. Saint-Gilles vous surprendra par ses nombreuses maisons Art déco et Art nouveau, dont la sublime maison Hannon. Rue Vandenschrick, elles s'alignent les unes à côté des autres. À l'angle de la rue, la brasserie « La Porteuse d'eau » vous invite à vous rafraîchir sous ses volutes, dans la lumière diaphane de ses vitraux colorés.

À deux pas de là se trouve le parvis de Saint-Gilles entouré de ses cafés réputés : la Maison du peuple, le Verschueren, la Brasserie de l'Union, sans oublier son marché quotidien et ses terrasses ensoleillées à la belle saison.

Plus bas, la porte de Hal, vestige de la seconde enceinte de Bruxelles, abrite un musée de Bruxelles au Moyen Âge célèbre pour sa salle de torture.

Multiculturelle, populaire et trendy, Saint-Gilles est restée résolument bruxelloise. Ses vieux cafés typiques accueillent une nouvelle clientèle élégante là même où se regroupaient les ouvriers des usines d'antan. Elle a réussi à fondre au sein de sa brusselitude une population d'origine modeste en quête d'un avenir meilleur et une autre, plus aisée, que l'on dit souvent « bobo ».

Si l'on parle de gentrification, à Saint-Gilles, plutôt que de se pousser, on préfère se serrer, comme au parc Duden, sur les gradins du stade de la folklorique équipe de foot, la Royale Union Saint-Gilloise, créée par une bande de gamins de rue.

Très vallonnés, les parcs Duden et de Forest relient le haut et le bas de la commune. Au sommet, l'Altitude 100 avec sa monumentale église Art Déco, point culminant de la ville, offre une vue imprenable sur Bruxelles. Au bas du parc, on rejoint la place Saint-Denis et l'Abbaye de Forest comme figée dans le 18e siècle avec son parc arboré entouré d'un quartier populaire et bigarré où la dernière usine de construction de voitures située en plein Bruxelles n'a cessé son activité qu'en 2024.

Nl.

In het begin van de twintigste eeuw ving Sint-Gillis de Italiaanse, Spaanse, Portugese en Griekse arbeidsimmigranten op die België hard nodig had om de economie draaiende te houden. In de decennia erna volgden nog meer nationaliteiten uit alle windrichtingen, zoals Marokkanen, Polen, Chilenen, Brazilianen... Een heuse smeltkroes!

In de voorbije dertig jaar kozen veel Europese carrièremakers Sint-Gillis als nieuwe stek. Met hun euro's renoveerden ze tal van oude panden. Sint-Gillis verrast met zijn art-deco- en art-nouveauhuizen, zoals het prachtige Maison Hannon. In de Vanderschrickstraat prijkt zelfs een hele rij naast elkaar. Op de hoek verwelkomt brasserie La Porteuse d'Eau je met krullerige versieringen voor een hapje of drankje in het doorzichtige licht van kleurrijke glas-in-loodramen. Op een steenworp afstand ligt het Sint-Gillisvoorplein met een rits vermaarde cafés: Café Maison du Peuple, Brasserie Verschueren, Brasserie de l'Union... Er is elke dag markt en bij mooi weer staan de zonovergoten terrassen te wachten. Iets verderop staat de Hallepoort, een restant van de tweede stadsomwalling, met binnen een museum over het middeleeuwse Brussel, inclusief folterkamer.

Het multiculturele, volkse én hippe Sint-Gillis bleef uitgesproken Brussels. De oude typische cafés krijgen nu een trendy klantenkring over dezelfde vloer waar ooit de fabrieksarbeiders verzamelden. De gemeente slaagt erin om in al zijn *'brusselitude'* een bevolking van bescheiden afkomst, op zoek naar een betere toekomst, te mengen met een meer welvarende klasse, de zogeheten hipsters of *bobo's*.

Ondanks die gentrificatie kruipen ze in Sint-Gillis nog altijd graag dicht tegen elkaar aan, zoals op de tribunes van het stadion in het Dudenpark om te supporteren voor hun wonderbaarlijke voetbalteam, Royal Union Saint-Gilloise, opgericht door een groepje straatkinderen. Het Dudenpark en het Park van Vorst, beide sterk heuvelachtig, verbinden het bovengedeelte met het lager gelegen deel van Sint-Gillis. Helemaal boven ligt Hoogte Honderd, het hoogste punt van Brussel, met een monumentale art-decokerk en een weids uitzicht over de stad. Beneden liggen het Sint-Denijsplein en de Abdij van Vorst, haast onveranderd sinds de 18de eeuw, met een bosrijk park in een volkse, heterogene wijk. De laatste autofabriek in hartje Brussel zette hier maar pas in 2024 zijn activiteiten stop.

En.

At the start of the 20th century, Saint-Gilles welcomed waves of immigrants from Italy, Spain, Portugal, and Greece—working-class people vital to Belgium's economy. In the following decades, more nationalities arrived, including Moroccans, Poles, Chileans, and Brazilians, transforming the neighbourhood into a multicultural melting pot.

Over the past thirty years, European professionals have settled in the commune, refurbishing its historic houses. Saint-Gilles boasts a wealth of Art Deco and Art Nouveau homes, such as along Rue Vandenschrick. On the corner, brasserie La Porteuse d'eau awaits, its Art Nouveau swirls illuminated by the soft light filtering through its colourful stained-glass windows.

Nearby lies Place Saint-Gilles, surrounded by popular cafés such as La Maison du Peuple, the Verschueren, and the Brasserie de l'Union, which hosts a daily market and offers sunlit terraces in the warmer months.

Further on, the Halle Gate, a remnant of Brussels' second city wall, houses a museum dedicated to medieval Brussels, renowned for its chilling torture chamber.

Multicultural, popular, and trendy, Saint-Gilles has still managed to retain its authenticity. Its traditional cafés attract a stylish new crowd to the very places where factory workers once gathered. The community successfully combines its Brussels identity with a modest population striving for a better future, alongside a wealthier one often described as 'boho-chic'.

While gentrification is a topic in Saint-Gilles, prospective residents do not displace others; instead, they make room, much like the spectators in Duden Park stadium, which hosts the Royale Union Saint-Gilloise, the iconic local football team founded by a group of street children.

The steeply inclined Duden and Forest parks connect the upper and lower parts of the commune. At the summit is Altitude 100, topped by a striking Art Deco church—the highest point in Brussels—offering spectacular views of the city. Below are Place Saint-Denis and Forest Abbey, the latter appearing frozen in the 18th century, with a tree-lined park nestled within a lively working-class neighbourhood. The last car factory operating within Brussels city limits closed here as recently as 2024.

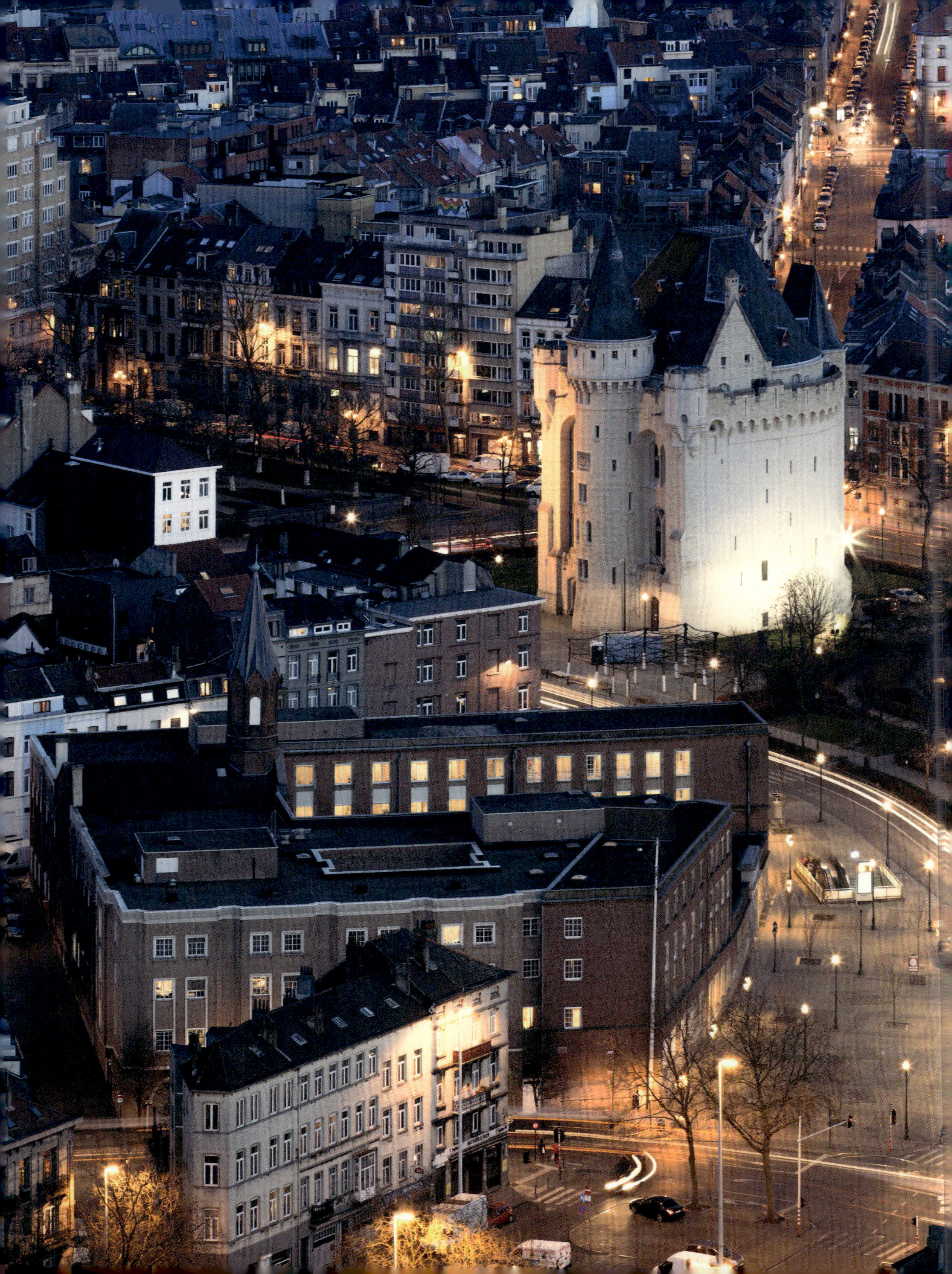

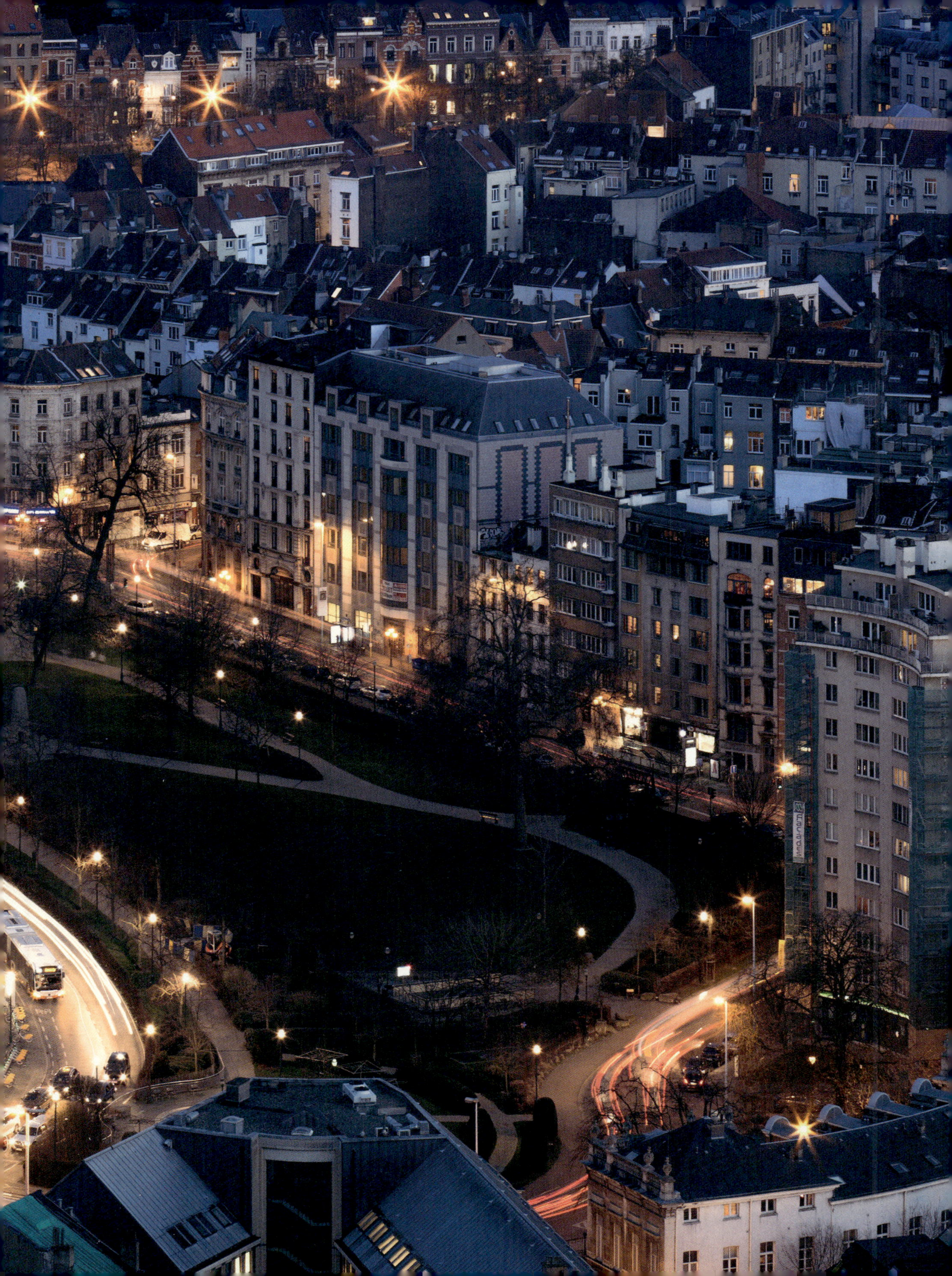

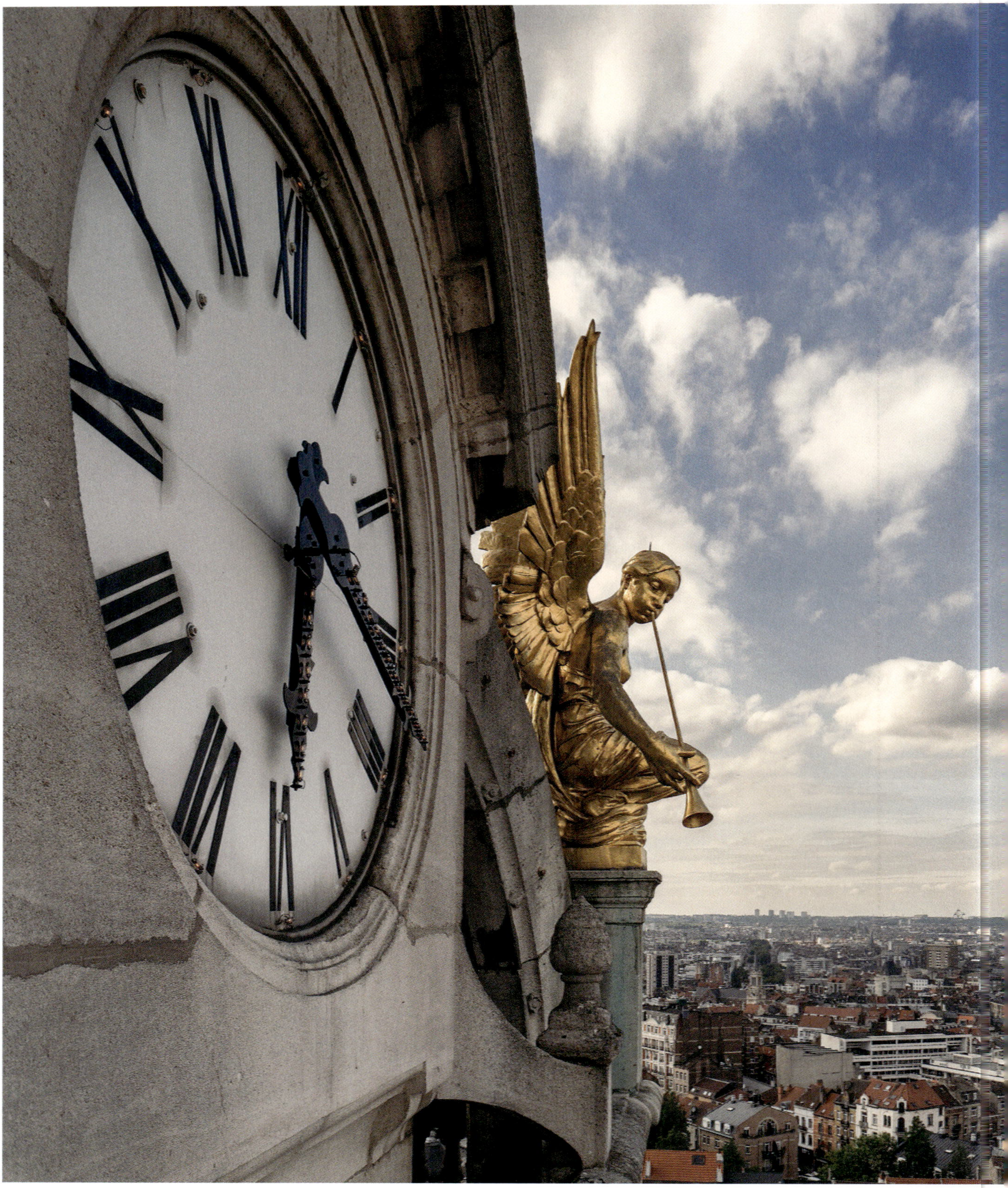

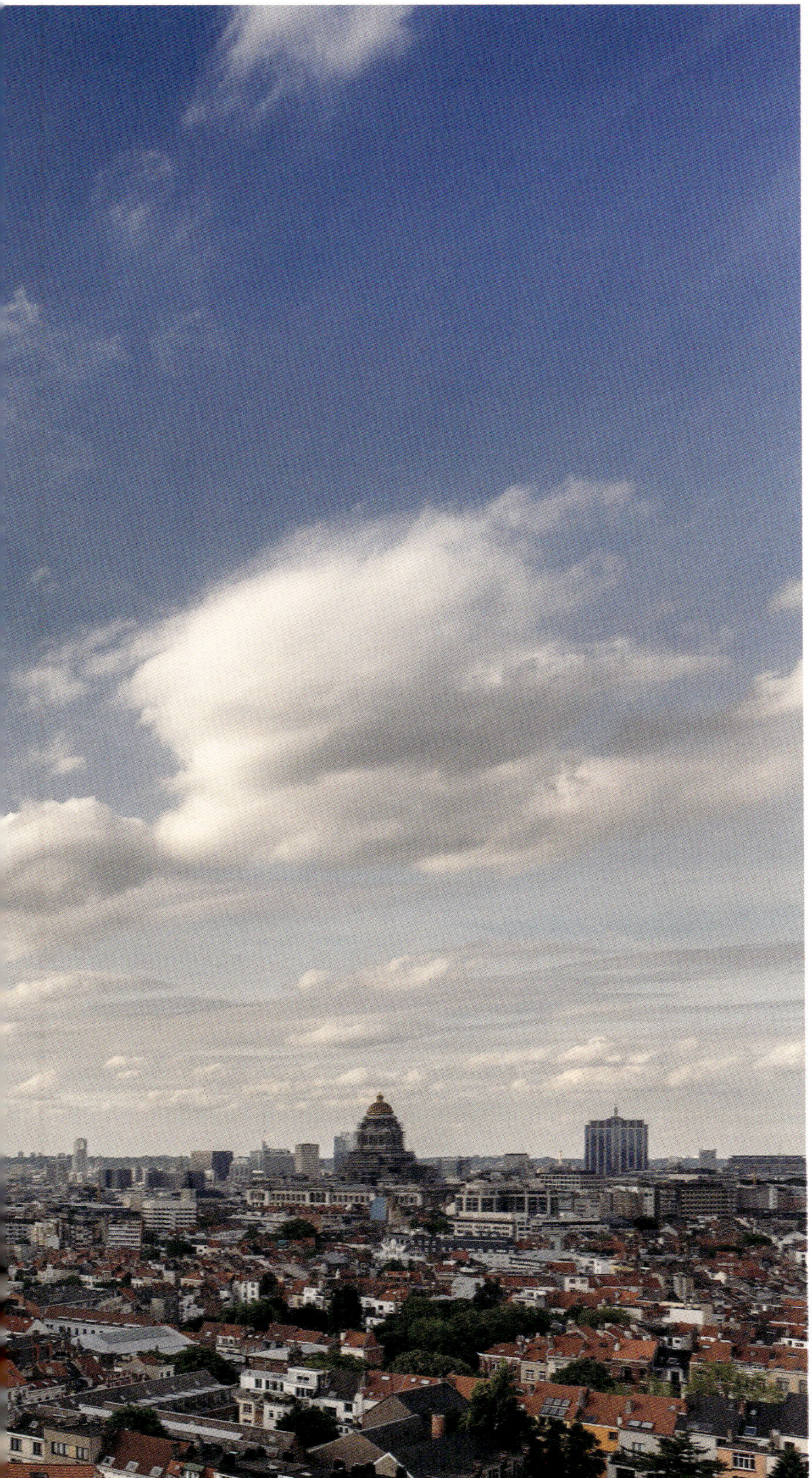

PP. 106-107 : La porte de Hal, vestige de la seconde enceinte de Bruxelles
De Hallepoort, overblijfsel van de tweede omwalling van Brussel
The Halle Gate, the last remnant of Brussels' second walls

← L'Hôtel de Ville de Saint-Gilles (détail)
Het Stadhuis van Sint-Gillis (detail)
The Saint-Gilles Town Hall (detail)

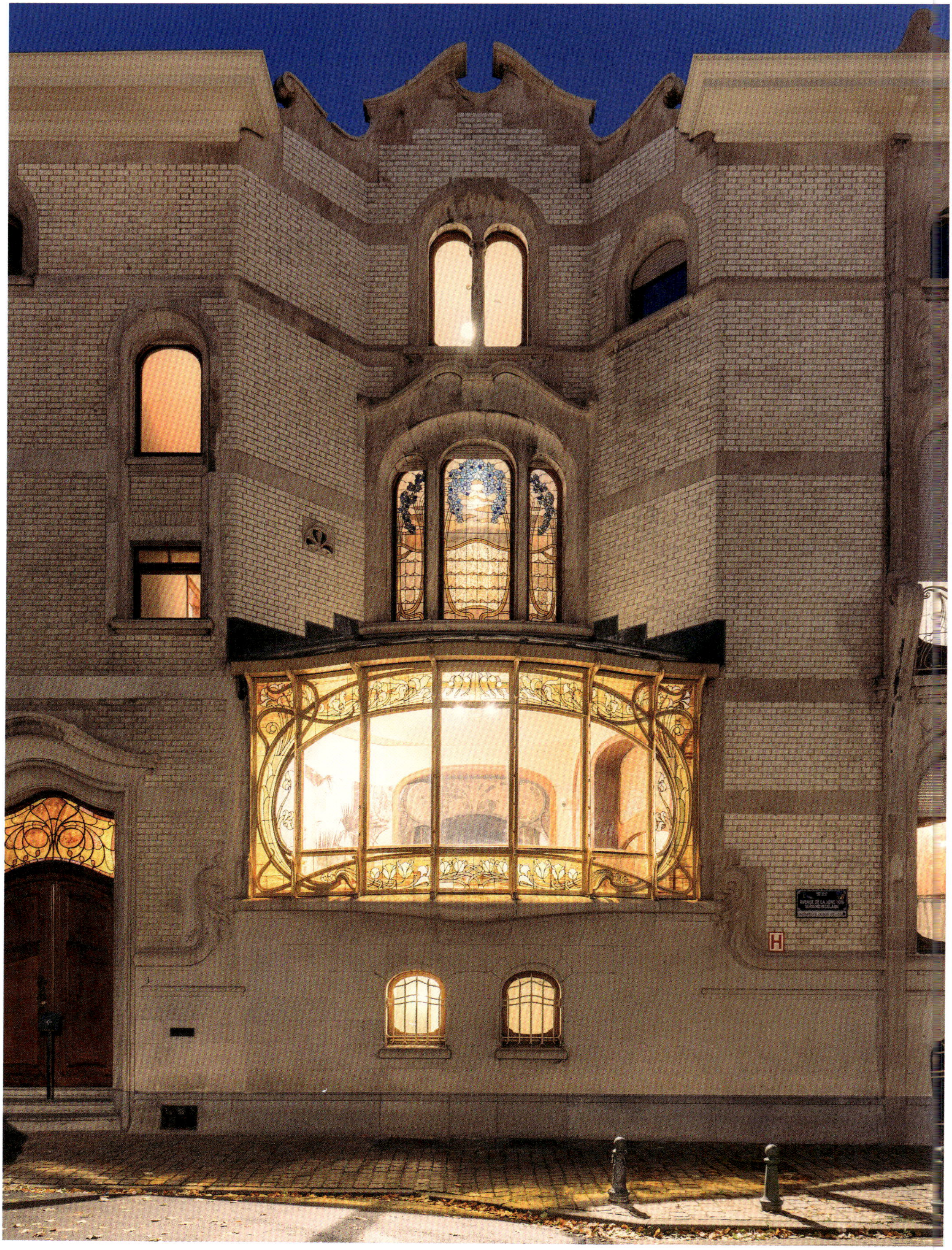

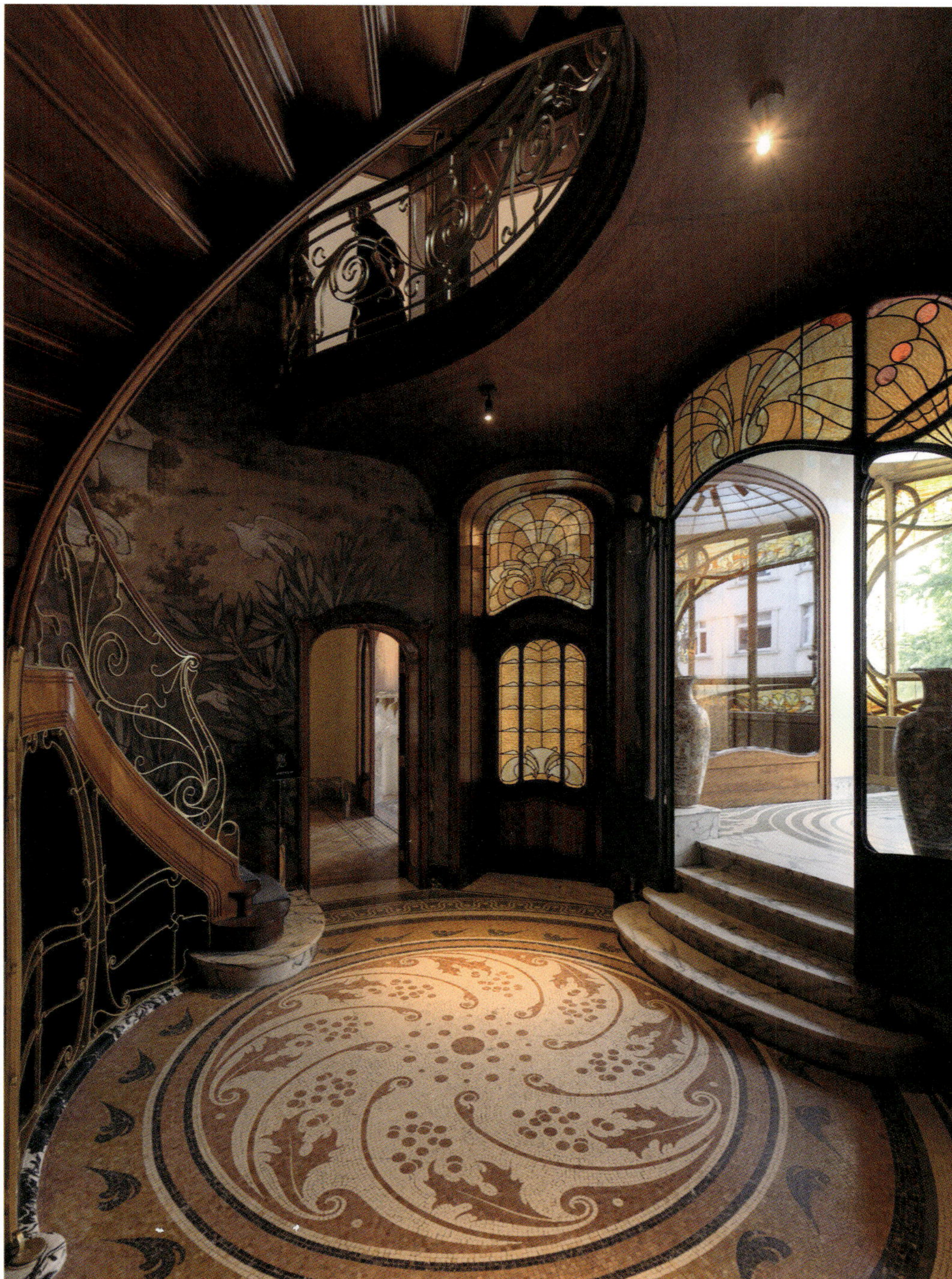

La Maison Hannon, chef-d'œuvre de l'Art nouveau (arch. Jules Brunfaut)
Het Maison Hannon, een meesterwerk van de art nouveau (arch. Jules Brunfaut)
Maison Hannon, an Art Nouveau masterpiece (architect Jules Brunfaut)

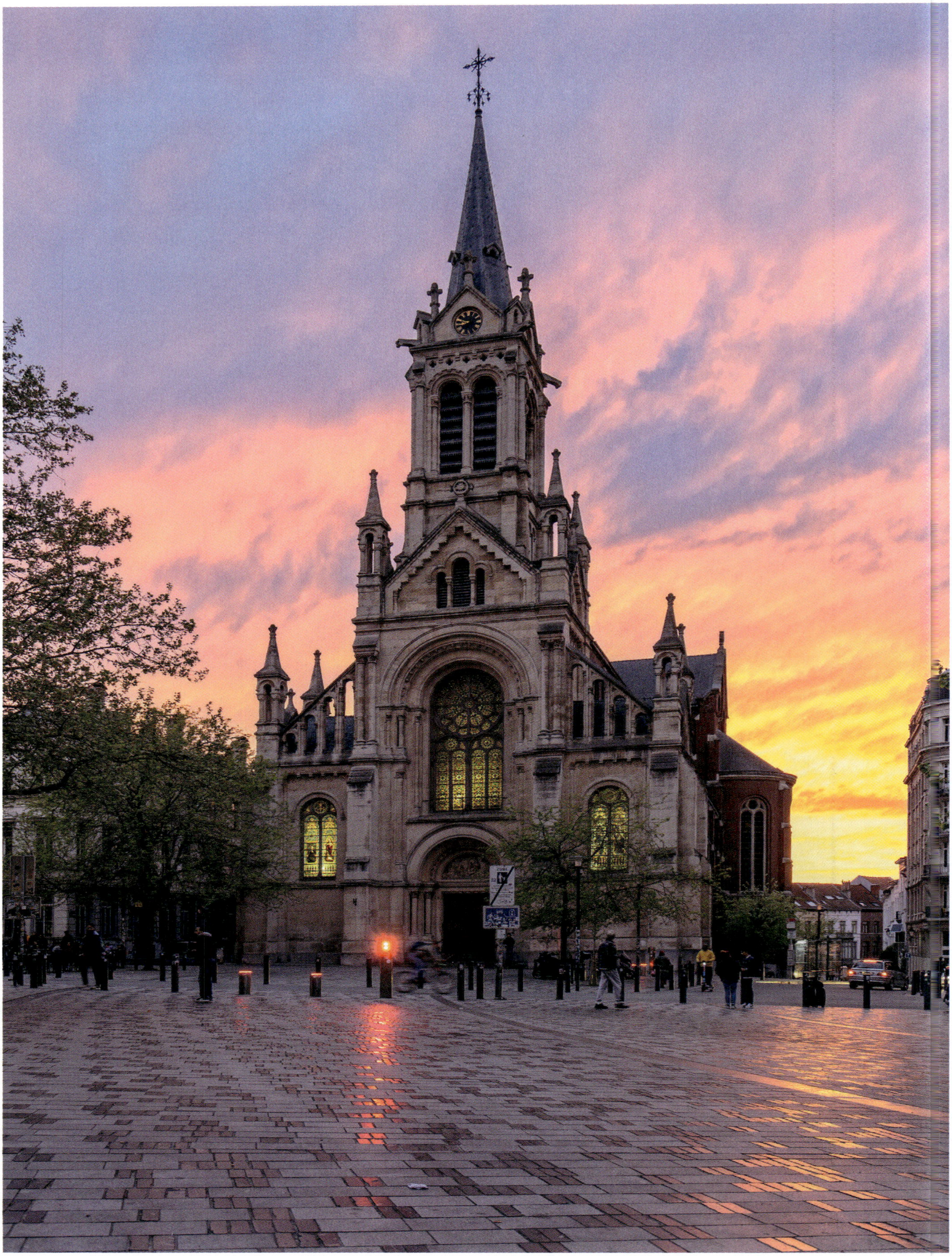

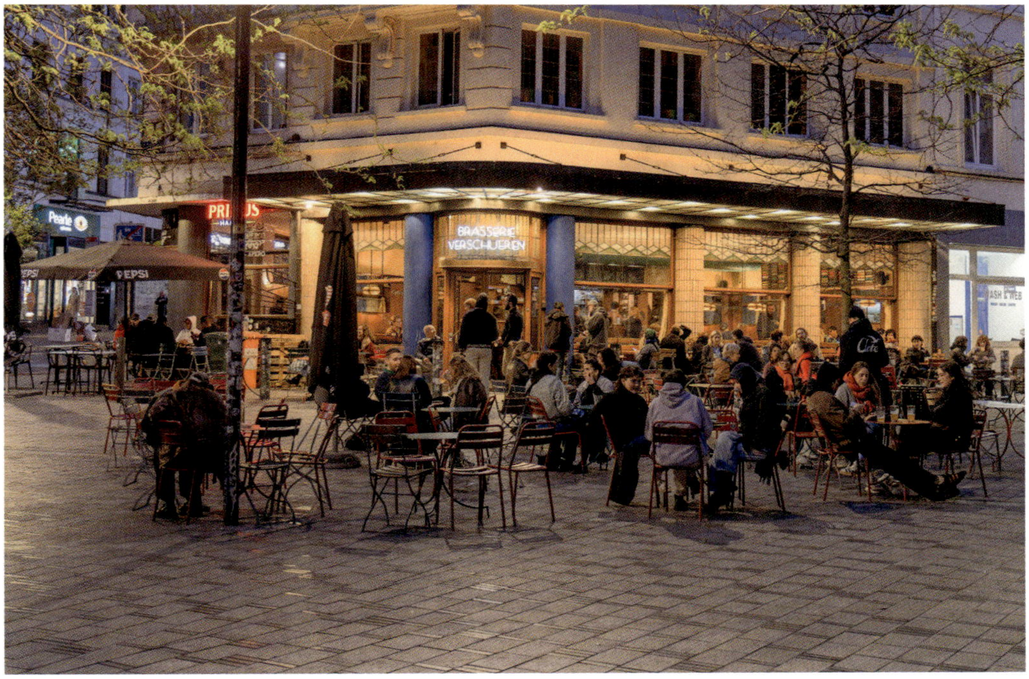

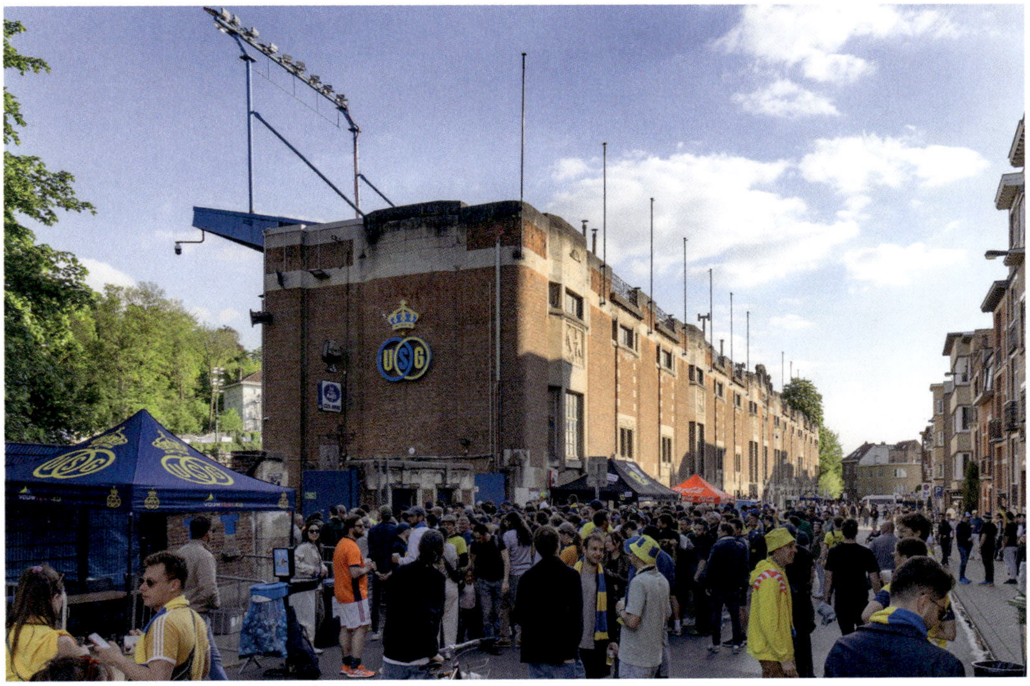

↑ La brasserie Verschueren, parvis de Saint-Gilles, et le Stade Art Déco Joseph Marien
Brasserie Verschueren, Sint-Gillisvoorplein, en het Joseph Marienstadion in art-decostijl
Brasserie Verschueren, the church square of Saint-Gilles, and the Joseph Marien Art Deco stadium

← L'église Saint-Gilles, parvis de Saint-Gilles
De Sint-Gilliskerk, Sint-Gillisvoorplein
Church of Saint-Gilles, church square, Saint-Gilles

→ La brasserie Wielemans-Ceuppens, avenue Van Volxem
De brouwerij Wielemans-Ceuppens, Van Volxemlaan
Brasserie Wielemans-Ceuppens, Avenue Van Volxem

↓ L'avenue des Sept Bonniers et le marais Wiels
De Zevenbunderslaan en het Moeras Wiels
Avenue des Sept Bonniers and Wiels Marsh

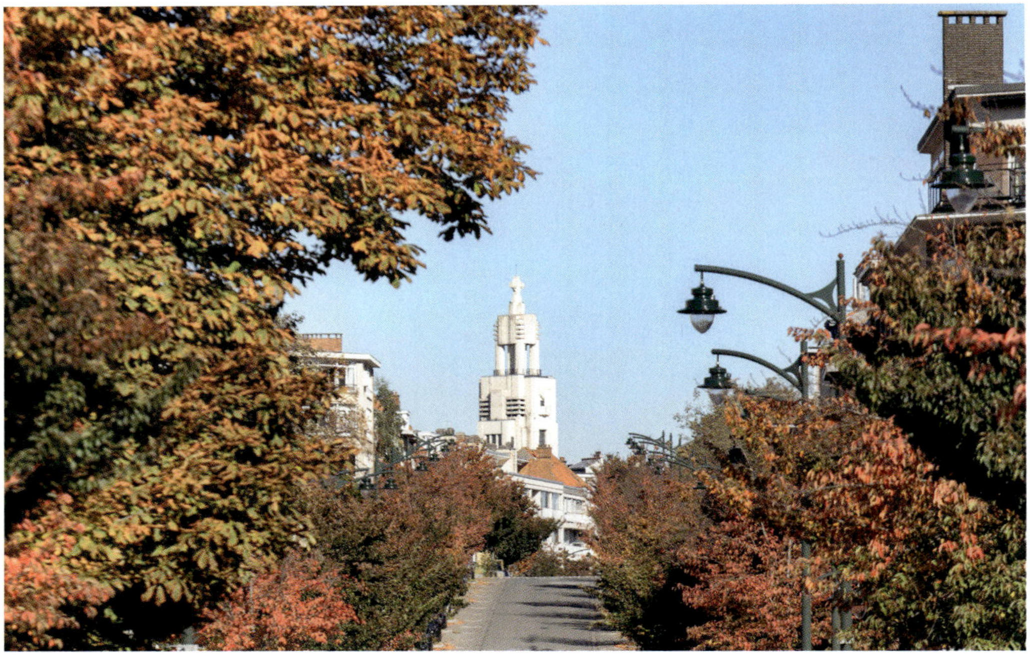

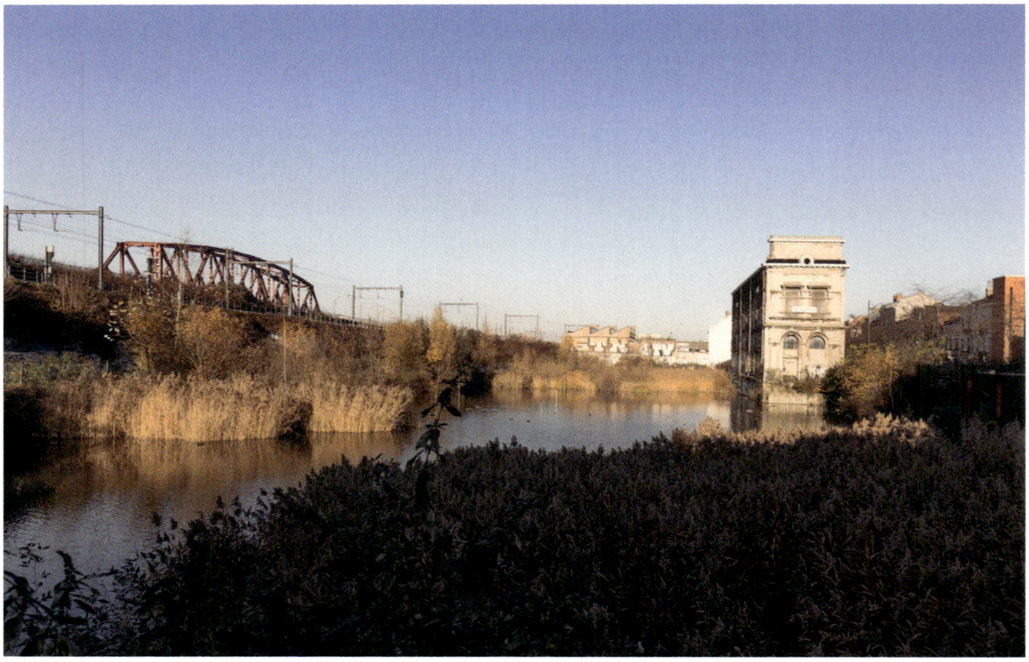

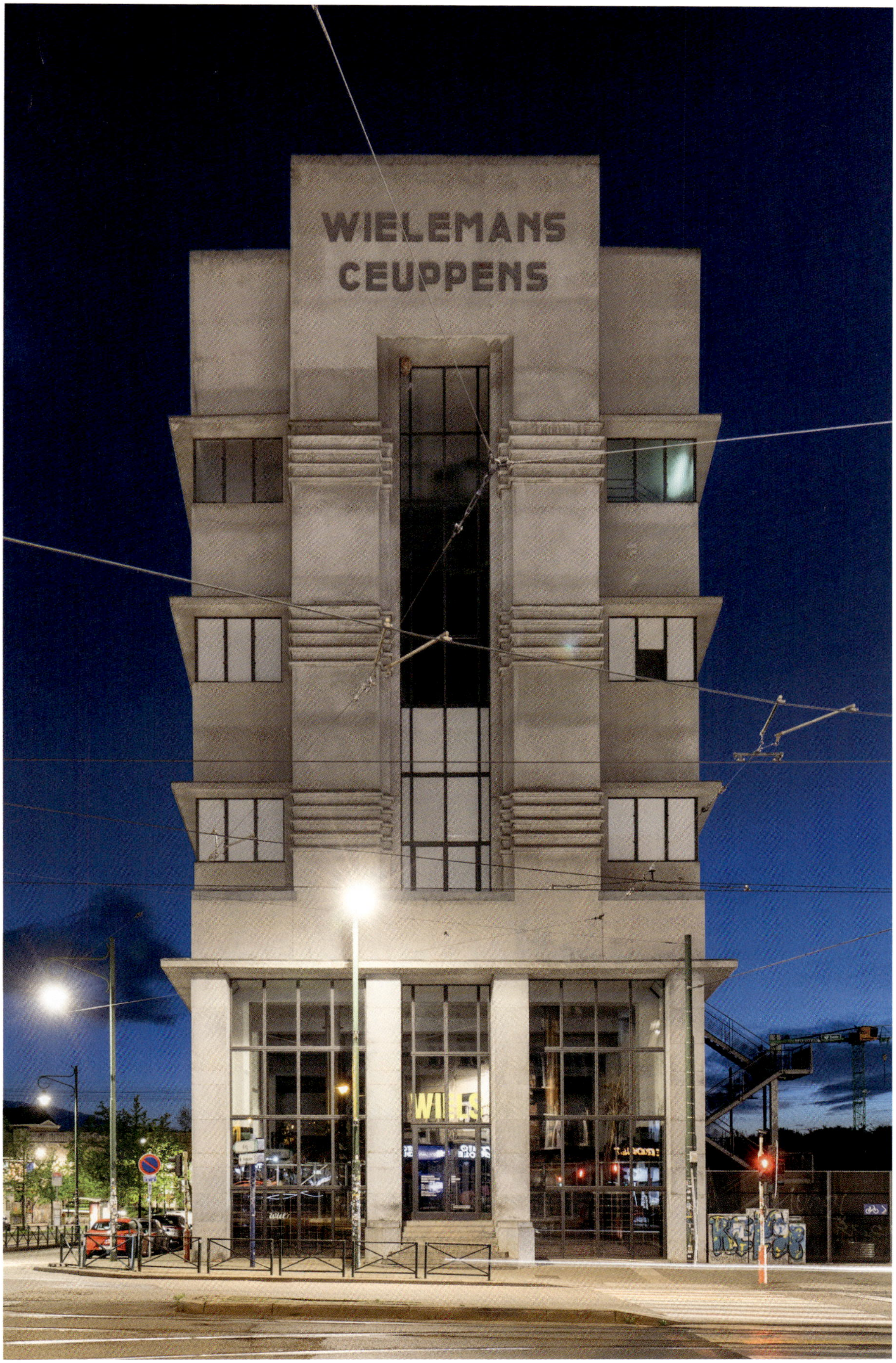
WIELEMANS
CEUPPENS

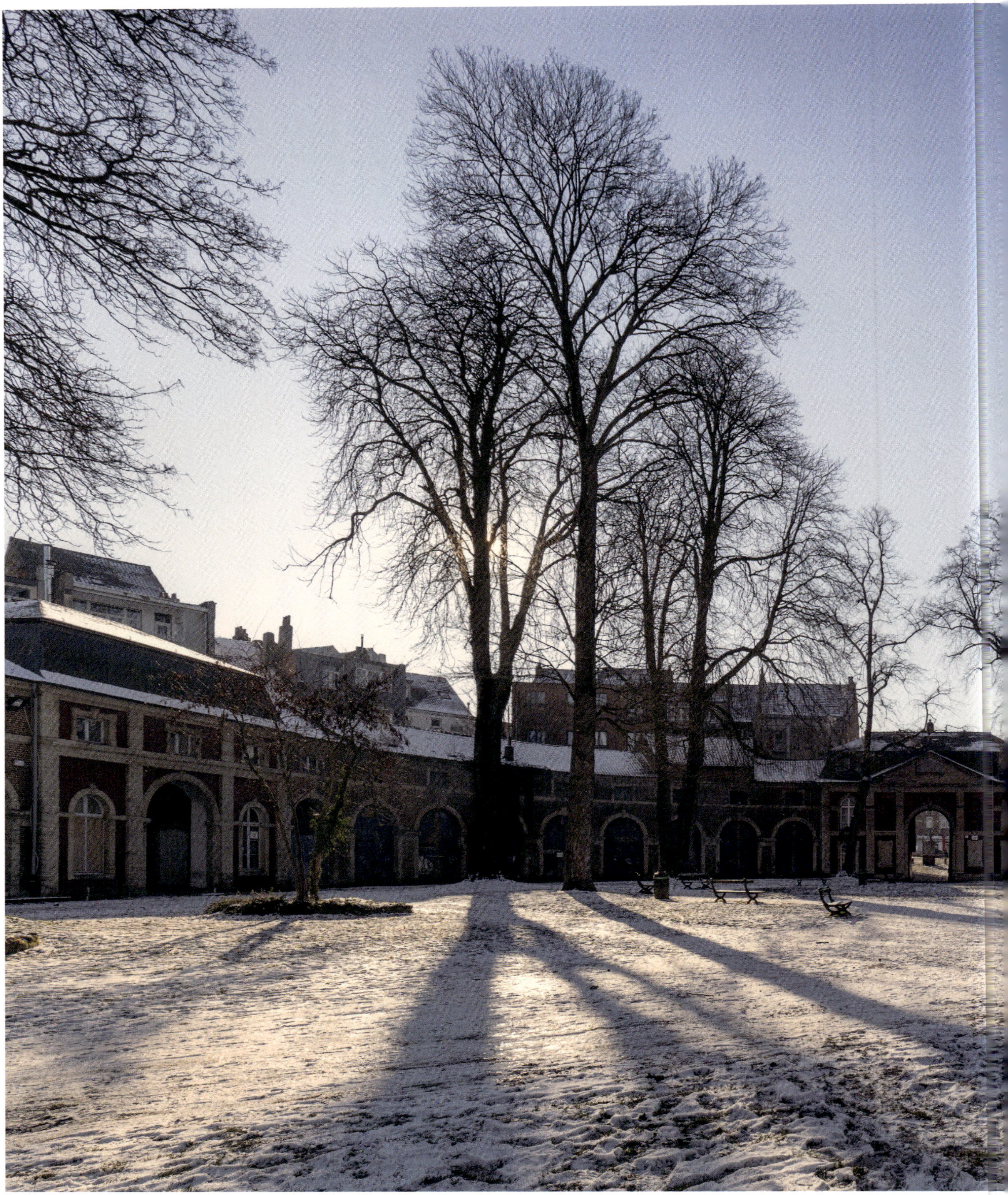

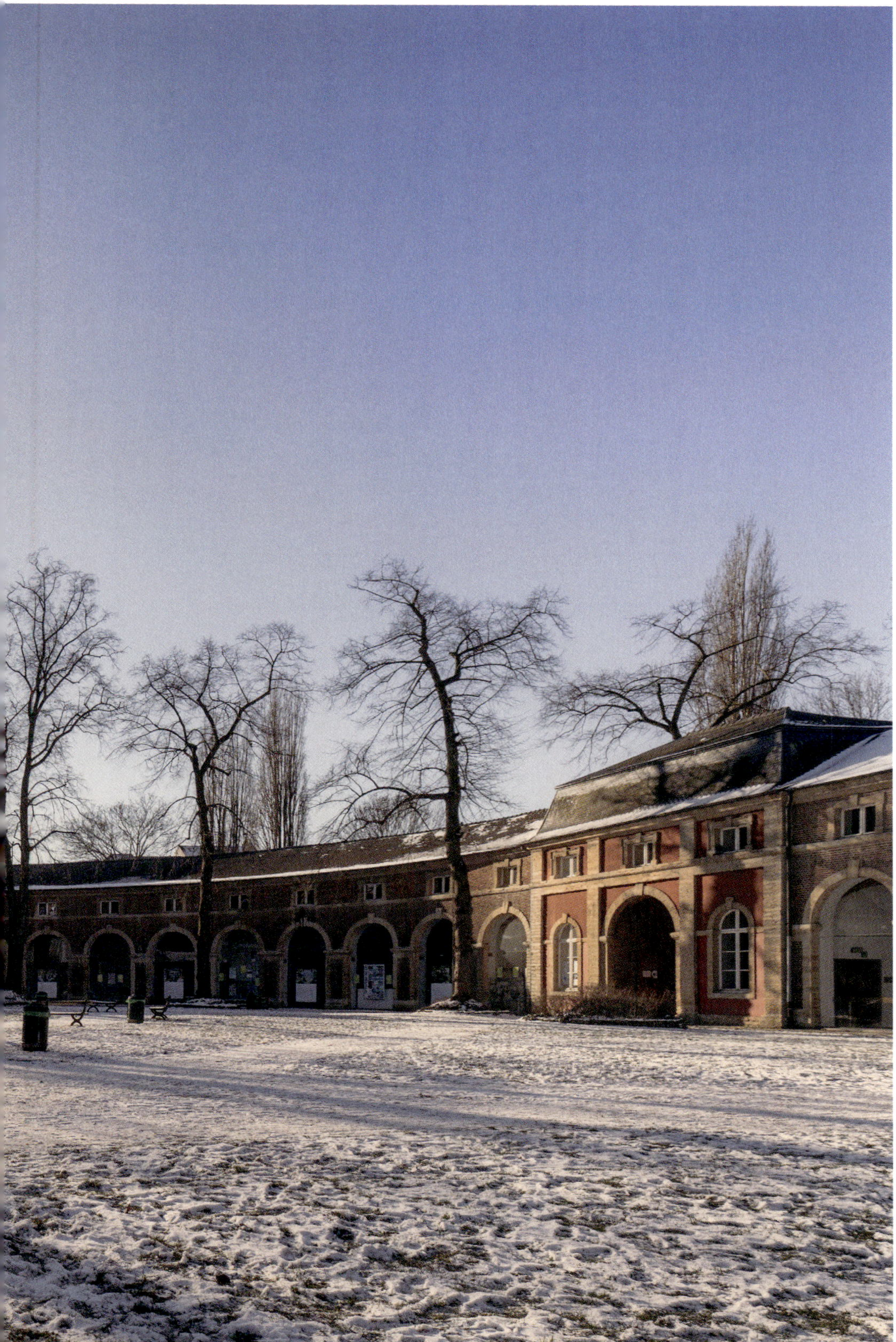

L'abbaye de Forest
De Abdij van Vorst
The Abbey of Forest

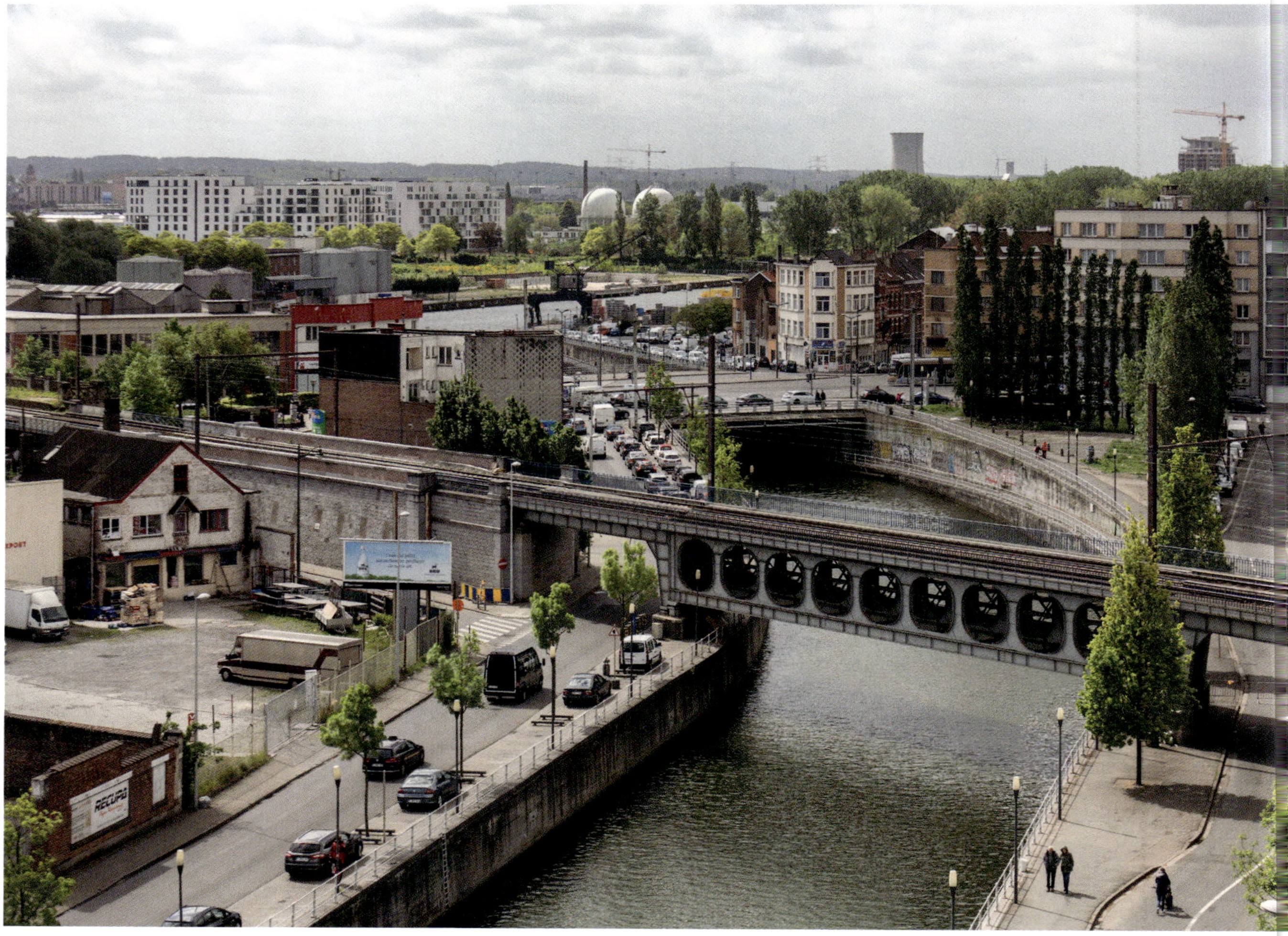

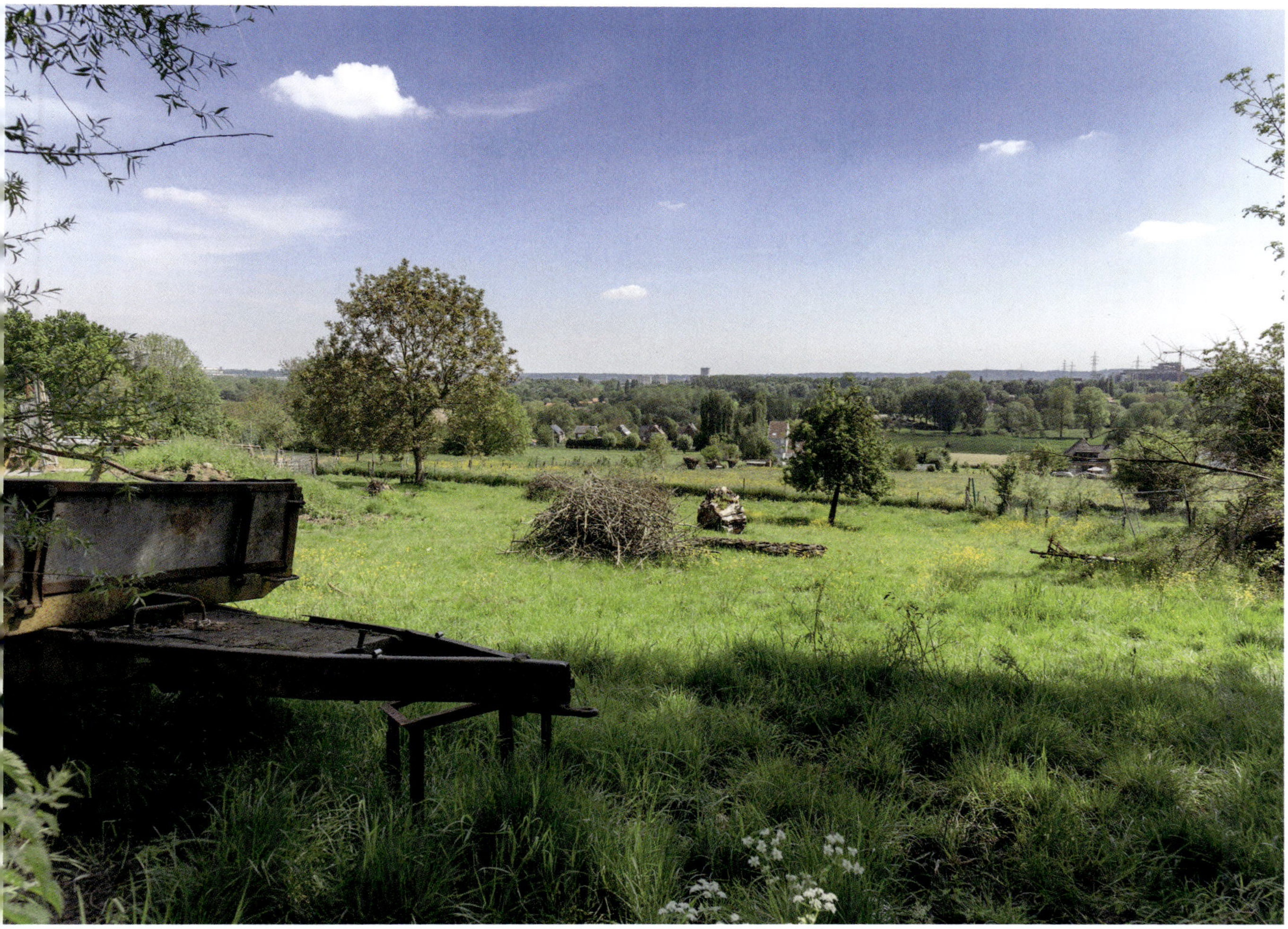

↖ Le canal de Bruxelles-Charleroi, à Anderlecht
Het Kanaal Brussel-Charleroi, in Anderlecht
The Brussels-Charleroi Canal, in Anderlecht

↑ Le Neerpede, à Anderlecht
De Neerpede, in Anderlecht
Neerpede, in Anderlecht

Des étangs au Cimetière d'Ixelles
Van de Vijvers tot het Kerkhof van Elsene
From the Ponds to the Ixelles Cemetery

Ixelles prend deux ailes

Elsene boven!

Ixelles Takes Flight

Fr.

Ixelles doit son nom à l'ancien hameau qui se trouvait là, Elsele, « le château des Aulnes », toponyme poétique faisant référence aux nombreux arbres qui entouraient les étangs. Le promeneur aime toujours se balader le long des berges, soit pour rejoindre l'Abbaye de La Cambre, romantique monastère d'origine cistercienne, soit pour aller boire un verre sur l'une des terrasses branchées de la place Flagey et y faire ses courses lors de son marché hebdomadaire coloré. S'il n'y trouve pas son bonheur, il montera vers le marché de la place du Châtelain pour rejoindre le quartier du même nom. La place du Châtelain est l'un des quartiers chaleureux d'Ixelles ; bordée d'arbres et de terrasses, elle invite au *farniente* ou à déguster un spritz, apéro italien importé par quelques cafetiers futés de la place. Tout proche, le musée Horta et le parc Tenbosch avec son surprenant arboretum vous attendent.

Surnommée le « Haut de la ville », la commune d'Ixelles se confond volontiers avec Bruxelles, à laquelle elle offre un second centre commercial, celui du quartier Louise – Toison d'Or, aux magasins élégants et enseignes de luxe. Mais Ixelles est bien plus bigarrée et ne se résume pas à quelques quartiers chics et bourgeois. Passée la Porte de Namur, vous entrez dans Matonge, le quartier où vit une grande communauté africaine, plus particulièrement issue de la République démocratique du Congo. Ce sont eux qui ont surnommé ce coin d'Ixelles en référence à un quartier populaire de Kinshasa. Comme toujours à Bruxelles, tout s'imbrique et se mélange, les vêtements « griffés » croisent la « sape » congolaise. Matonge se diversifie au gré de ses nouveaux habitants : des communautés asiatique, indienne et pakistanaise s'y sont plus récemment installées.

Puisqu'il faut mourir enfin, que ce soit en chantant lors d'une dernière guindaille posthume au Cimetière d'Ixelles. C'est là que reposent quelques célébrités belges à l'ombre des cyprès et des magnifiques monuments funéraires, dont celui de la famille Solvay, créé par Horta. Avec son folklore estudiantin si spécifique, c'est le quartier de l'Université libre de Bruxelles (ULB) et de son pendant néerlandophone, la VUB. Depuis le début des années 1980, de nombreux restaurants vietnamiens à prix modiques s'y sont installés, où l'on mange excellemment bien avant d'aller boire une dernière bière au Gauguin, le plus ancien bar estudiantin de la ville, QG des anciens et rendez-vous incontournable des nouveaux, une véritable institution.

Nl.

Elsene dankt zijn naam aan het vroegere gehucht Elsele of 'Elzenkasteel', een poëtisch toponiem dat verwijst naar de elzenbomen die hier rond de vijvers stonden. Ook nu nog is het heerlijk wandelen langs de oevers, op weg naar Abdij Ter Kameren, een romantisch cisterciënzer klooster, of naar een van de hippe terrassen aan het Flageyplein, waar je op de kleurrijke weekmarkt je boodschappen kunt inslaan. Vind je niet alles wat je zoekt, dan ligt verderop de markt op het Kasteleinsplein in de gelijknamige wijk, een van de gezellige buurten van Elsene. Het plein, omzoomd met bomen en terrassen, is de ideale plek voor *dolce far niente* of een glas spritz, het Italiaanse aperitief dat enkele gewiekste café-uitbaters aan het plein introduceerden. Vlakbij vind je het Hortamuseum en het Tenboschpark met een verrassend arboretum.

De gemeente Elsene, ook wel de 'Bovenstad' genoemd, loopt naadloos over in Brussel en geeft de stad een tweede winkelkern, met de stijlvolle winkels en luxeboetieks van de wijk Louiza-Guldenvlies. Maar Elsene is veel heterogener en beperkt zich niet tot die chique buurten. Voorbij de Naamsepoort beland je in Matonge, de wijk met een grote Afrikaanse gemeenschap, vooral afkomstig uit Congo. Zij gaven dit stukje Elsene zijn bijnaam, een verwijzing naar een populaire wijk in Kinshasa. Zoals altijd in Brussel loopt ook hier alles kriskras door elkaar, merkkleding hangt tussen 'La Sape' uit Congo. De komst van nieuwe inwoners maakt Matonge steeds diverser: ook Aziatische, Indiase en Pakistaanse gemeenschappen strijken hier neer.

Als we dan toch moeten sterven, dan het liefst al zingend op een allerlaatste postume kroegentocht langs de begraafplaats van Elsene. Belgische beroemdheden rusten er in de schaduw van cipressen onder prachtige grafmonumenten, zoals het door Horta ontworpen monument van de familie Solvay. Dit is ook de wijk van de Université Libre de Bruxelles (ULB) en zijn Nederlandstalige tegenhanger, de VUB, met een typische studentenambiance. Sinds begin jaren 1980 openden hier veel goedkope Vietnamese restaurants, waar je geweldig lekker kunt eten. Zak voor een laatste pintje af naar Le Gauguin, het oudste studentencafé van de stad, de stamkroeg van de *anciens* en de place to be voor alle groentjes. Een echt begrip!

En.

Ixelles derives its name from Elsele, a hamlet that once lay within its borders, known as 'the castle of the Alders'. This poetic name refers to the many trees that surround its ponds. Visitors still enjoy walking along their banks to visit the romantic Abbey of La Cambre, or to have a drink at one of the trendy terraces at Place Flagey, and do their shopping at its lively weekly market. Many also visit the market at Place du Châtelain and the neighbourhood of the same name. Place du Châtelain is one of Ixelles' many charming spots, lined with trees and terraces, inviting visitors to relax and perhaps enjoy a spritz at one of the cafés in the square. Nearby, the Horta Museum and Tenbosch Park, which features a splendid arboretum, await you.

Known as the 'Upper Town', the municipality of Ixelles seamlessly blends into the city of Brussels. It serves as the capital's second commercial hub: the Louise-Toison d'Or district, is famous for its elegant shops and luxury brands. However, Ixelles cannot be confined to a few affluent neighbourhoods. Beyond Porte de Namur lies Matonge, home to a large African community, particularly from the Democratic Republic of the Congo. Immigrants from that country named this part of Ixelles, inspired by a popular neighbourhood in Kinshasa. As is typical in Brussels, everything overlaps and merges: designer clothes coexist with Congolese *sape* fashion. Matonge continues to evolve with the arrival of new residents, including Asian, Indian, and Pakistani communities that have recently settled in the area.

And when the time inevitably comes, may we depart this life during a final celebration at Ixelles Cemetery. Here, in the shade of cypress trees and splendid funerary monuments—such as the one designed by Horta for the Solvay family—lie the remains of several Belgian luminaries. This area also hosts the Université libre de Bruxelles (ULB) and its Dutch-speaking counterpart, the Vrije Universiteit Brussel (VUB), both of which are renowned for their distinctive student cultures. Since the early 1980s, numerous excellent and affordable Vietnamese restaurants have emerged here. Their patrons often go for one last drink at the Gauguin, the city's oldest student pub—a true institution.

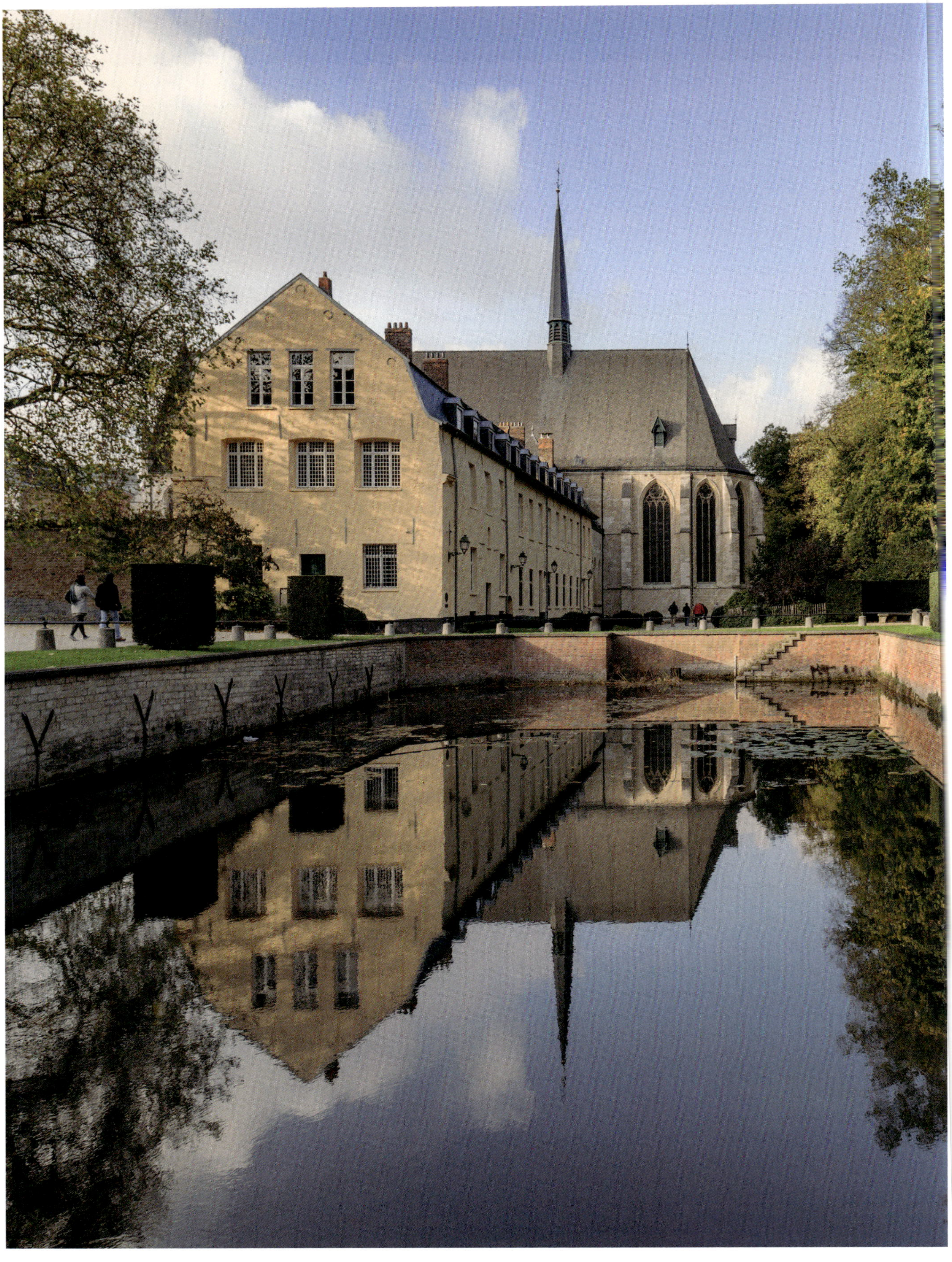

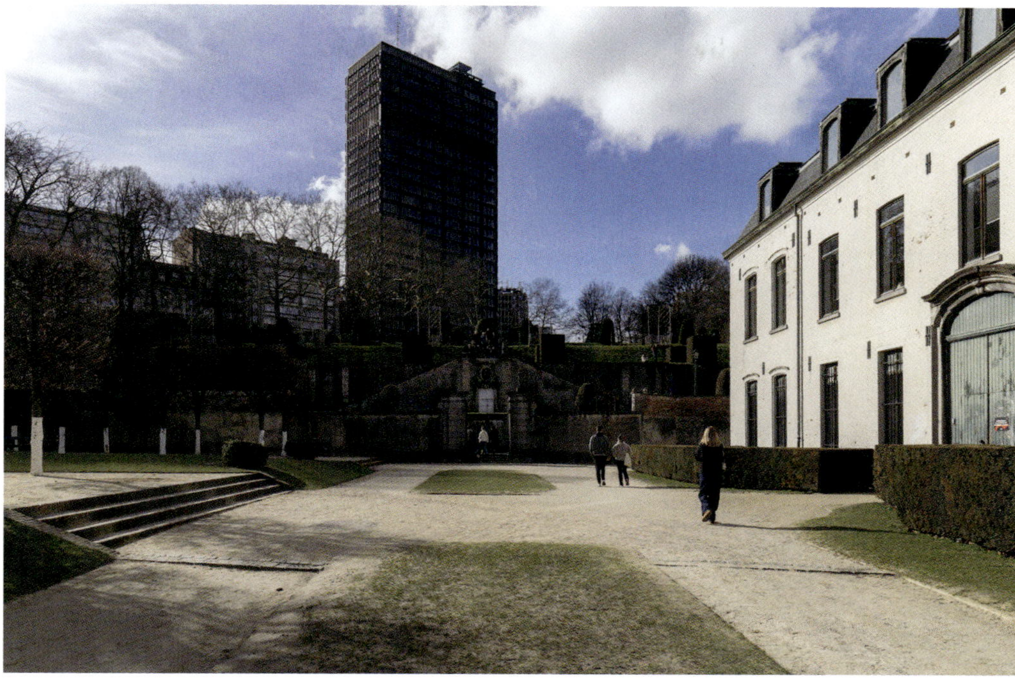

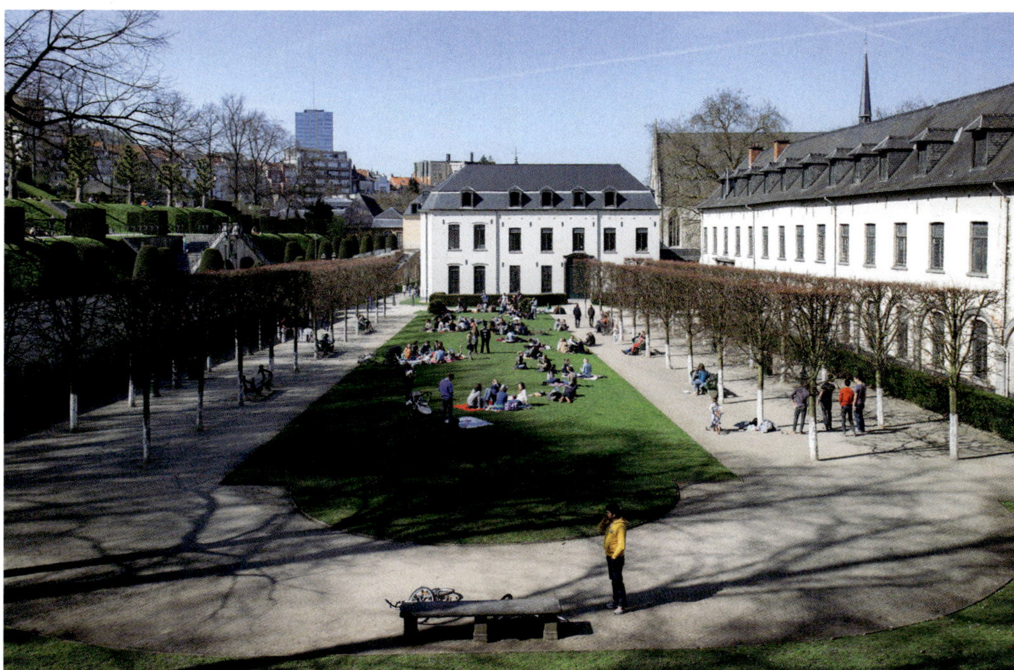

L'abbaye de la Cambre
De Abdij Ter Kameren
The Abbey of La Cambre

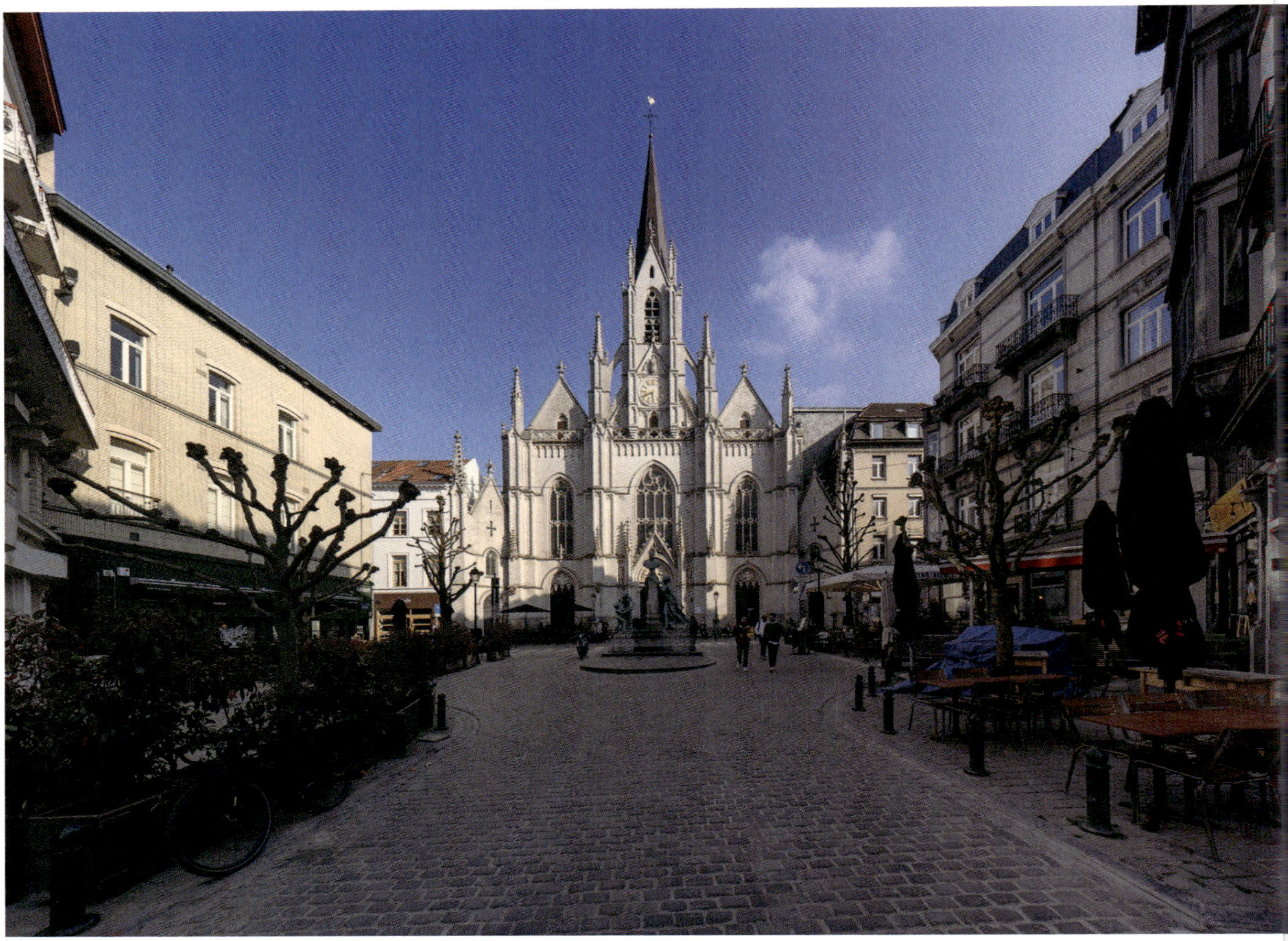

↑ La place Saint-Boniface, dans le quartier Matongé
Het Sint-Bonifatiusplein, in de wijk Matonge
Place Saint-Boniface, in the Matonge district

↗ L'hôtel communal d'Ixelles, place Fernand Cocq
Het gemeentehuis van Elsene, Fernand Cocqplein
Ixelles Town Hall, Place Fernand Cocq

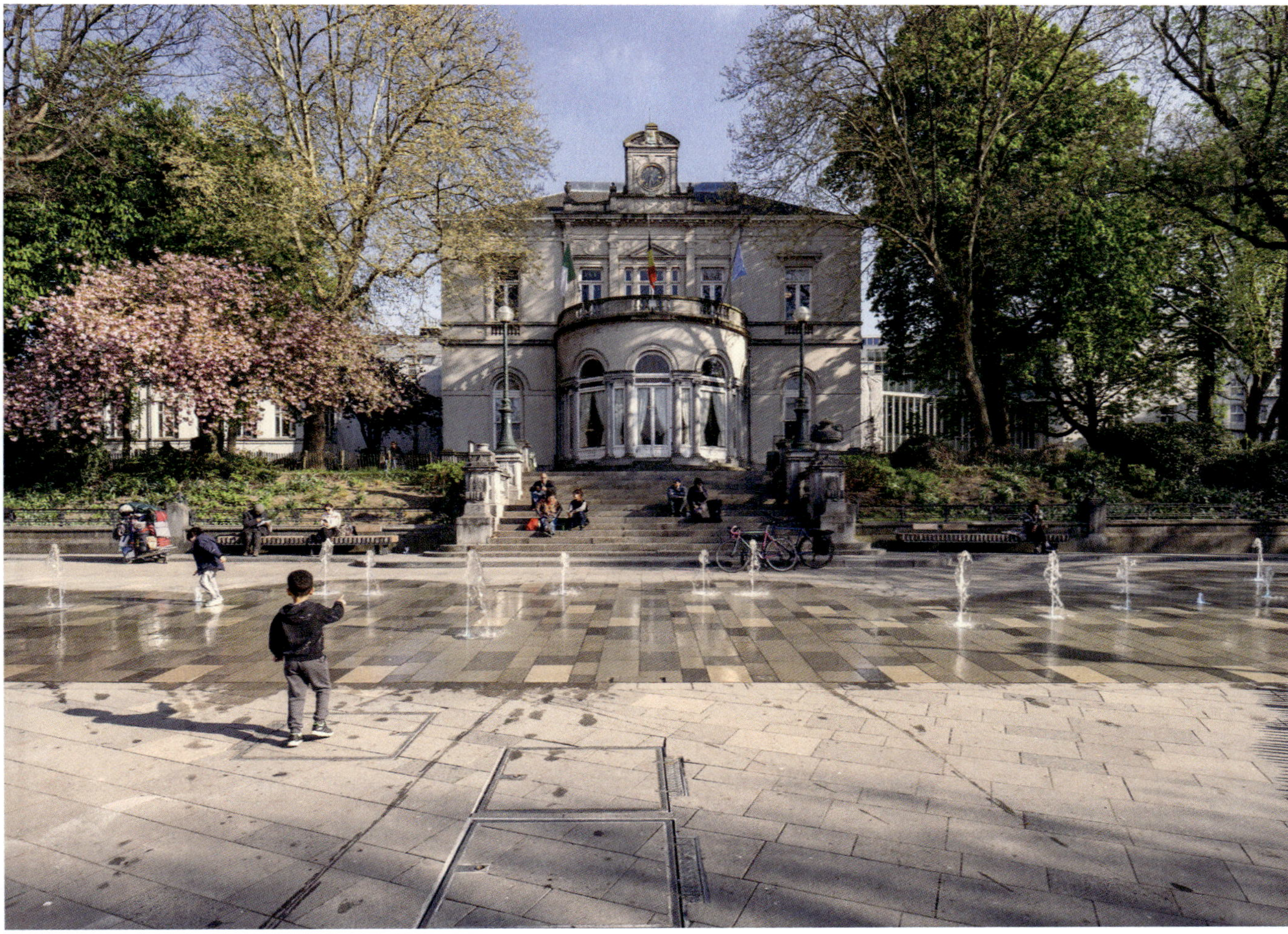

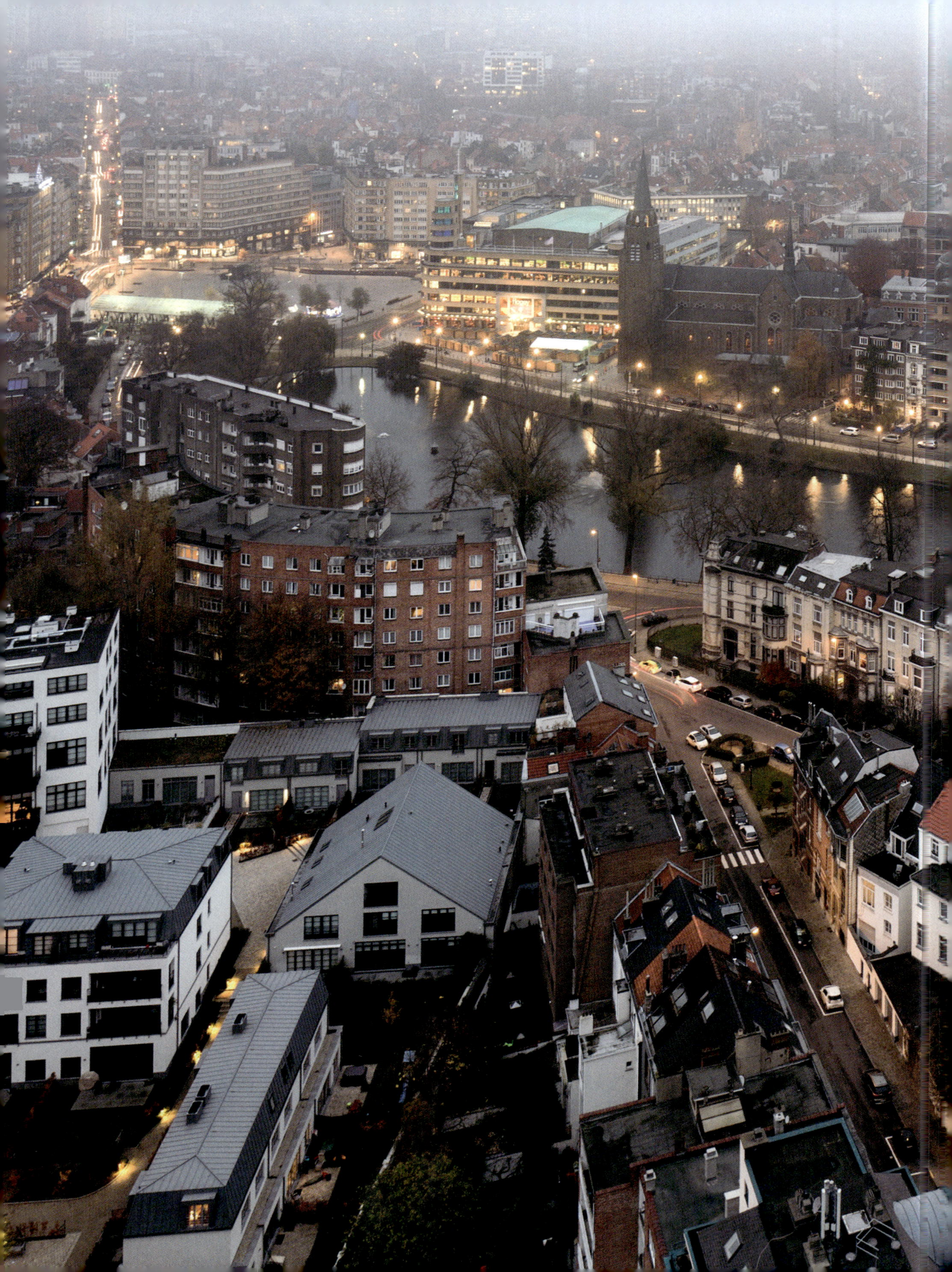

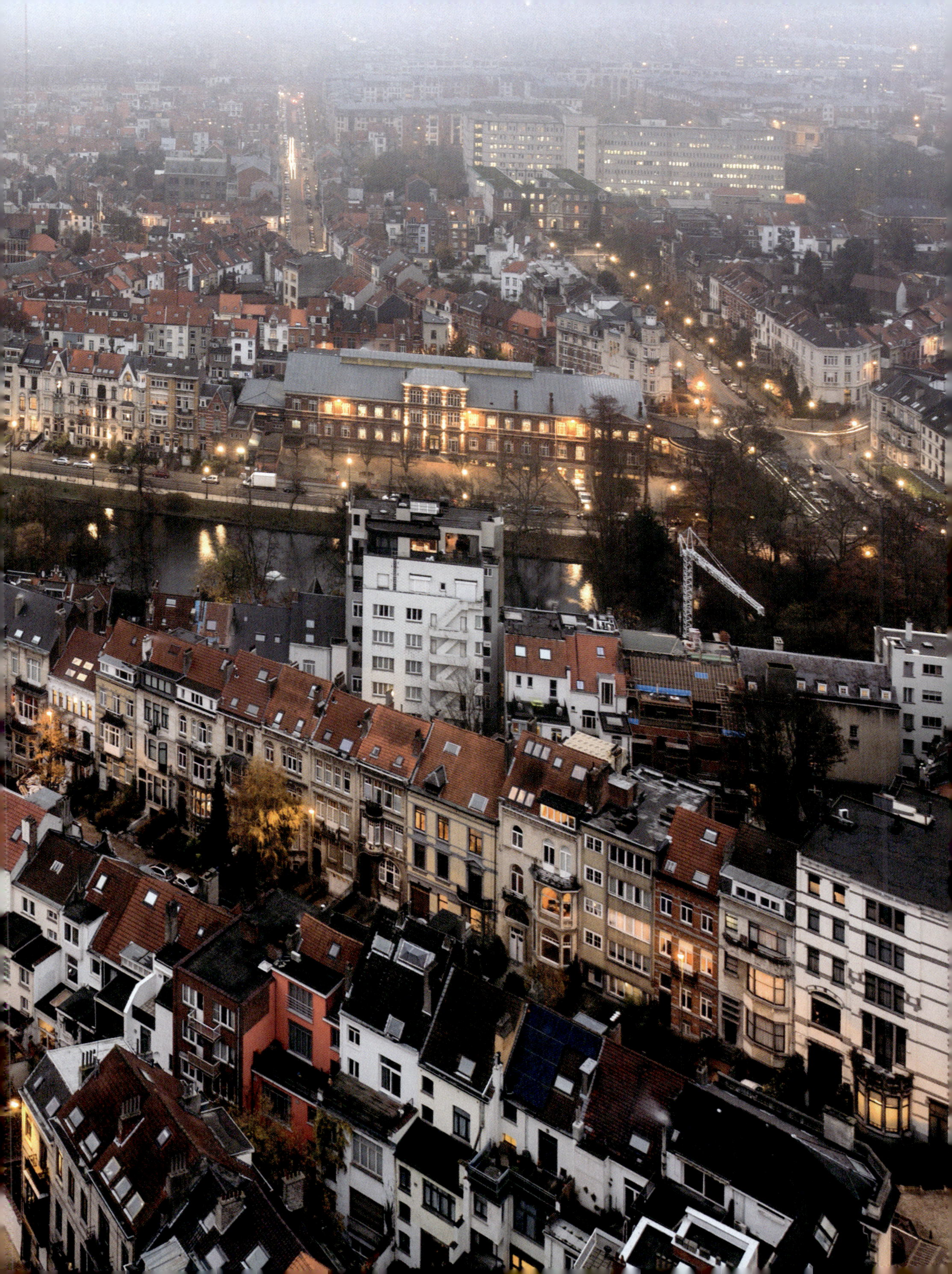

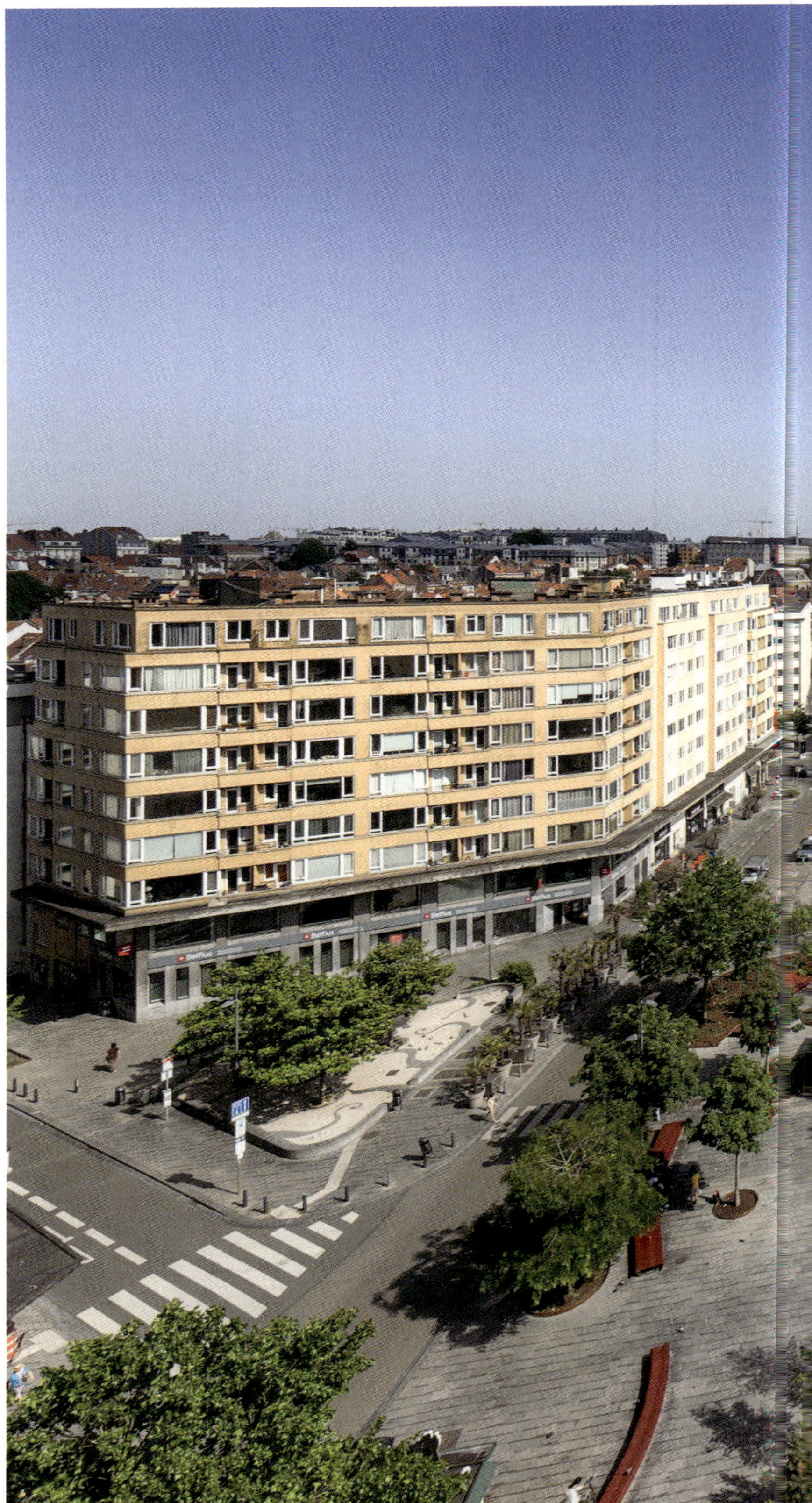

PP. 126-127 : Les étangs d'Ixelles et la place Flagey (en haut à gauche)
De Vijvers van Elsene en het Flageyplein (linksboven)
The Ixelles Ponds and Place Flagey (top left)

→ « Le paquebot Flagey », Maison de la Radio, ancien bâtiment de l'Institut National de Radiodiffusion (INR), place Flagey
De Flagey 'pakketboot', Radiohuis, voormalig gebouw van het Nationaal Instituut voor Radio-omroep (NIR), Flageyplein
The 'Flagey ocean liner', Maison de la Radio, built initially to accommodate the Institut National de Radiodiffusion (INR), Place Flagey

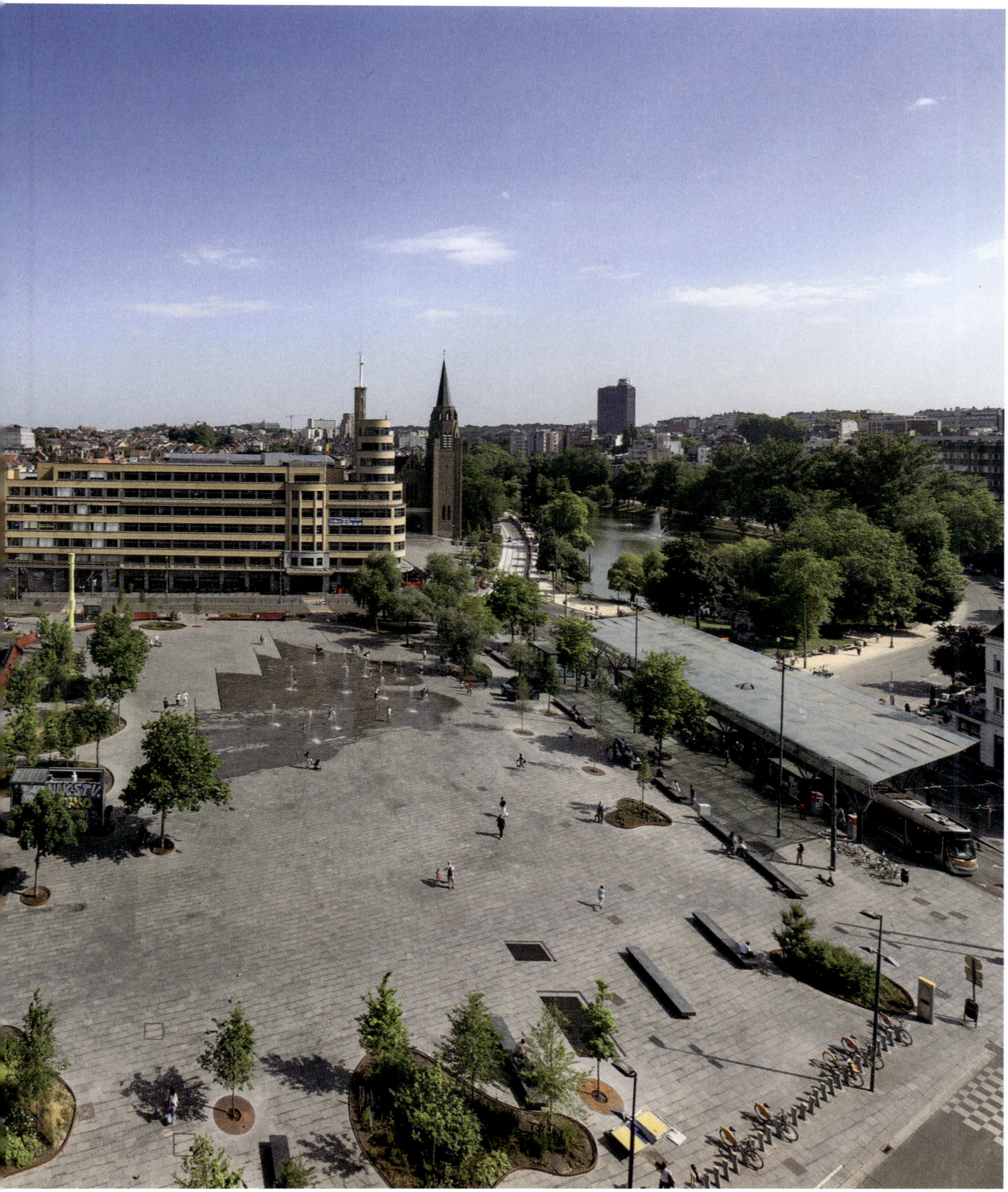

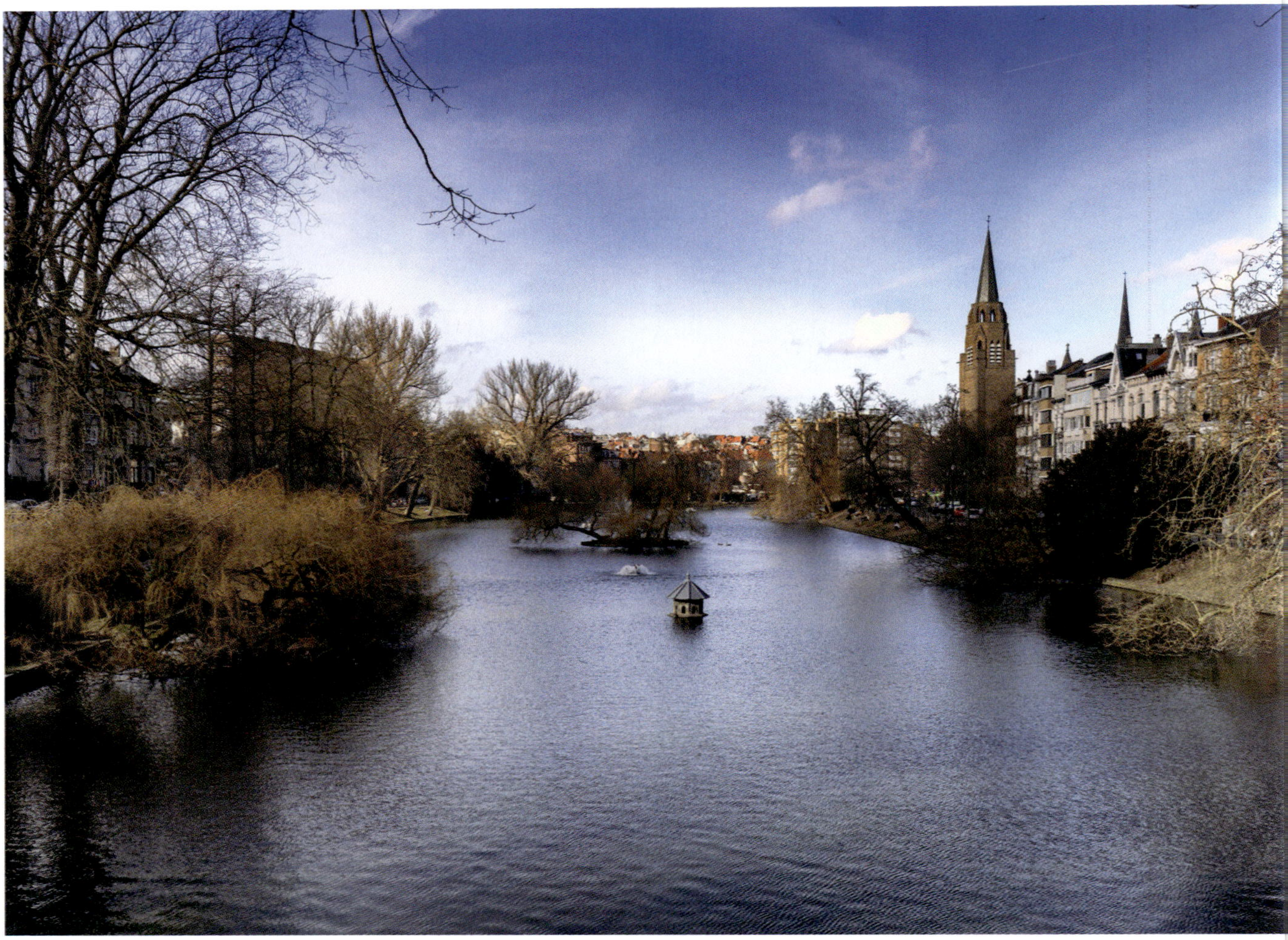

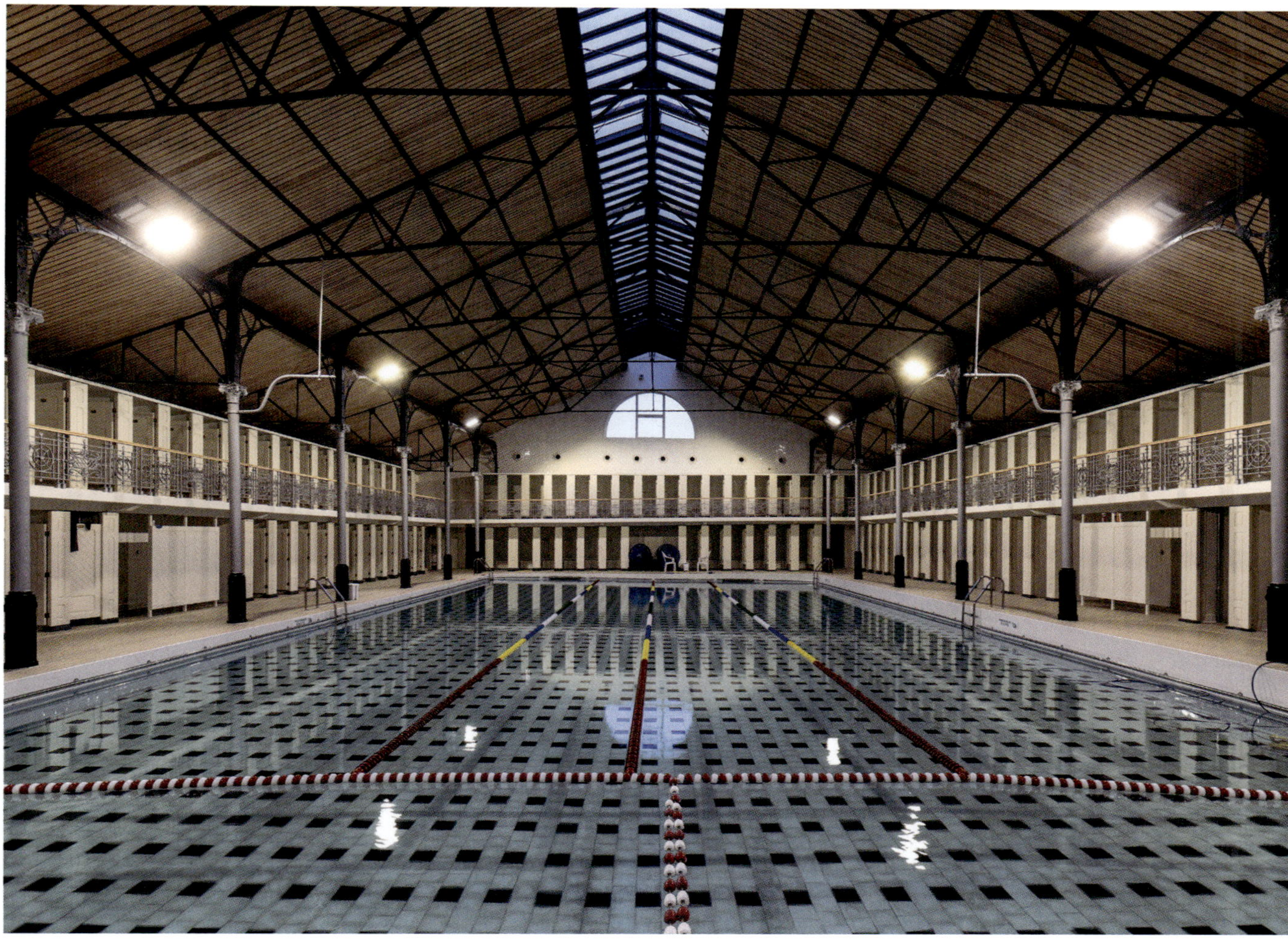

↖ Les étangs d'Ixelles
De Vijvers van Elsene
The Ixelles Ponds

↑ La piscine d'Ixelles, la plus ancienne piscine couverte de la Région de Bruxelles-Capitale
Het zwembad van Elsene, het oudste binnenzwembad van het Brussels Hoofdstedelijk Gewest
The swimming pool in Ixelles, the oldest indoor swimming pool in the Brussels-Capital region

Uccle, les deux Woluwe, Watermael-Boitsfort : les Belles Vertes

Ukkel, de twee Woluwes, Watermaal-Bosvoorde: groene weelde

Uccle, the two Woluwes, Watermael-Boitsfort: the Green Gems of Brussels

Fr.

Bruxelles est l'une des capitales les plus vertes d'Europe avec plus de 8 000 hectares d'espaces verts. Quatre communes, en plus d'Ixelles, peuvent revendiquer le titre de sylvestres, la forêt étendant ses racines ancestrales sur une partie importante de leur territoire.

À Uccle, le bois de la Cambre borde tout son côté est avant de se fondre dans la forêt de Soignes et d'emmener le randonneur vers Waterloo, dans les pas du général Wellington. Uccle, ce sont des rues élégantes, des maisons de maître et des immeubles bourgeois. Autour de l'Observatoire Royal, l'Art Nouveau rivalise avec l'Art Déco et les manoirs néogothiques. Le parc de Wolvendael et les maisons de style rappellent qu'Uccle fut jadis un lieu de villégiature pour les riches Bruxellois. Ma Campagne, Fort-Jaco, le parvis Saint-Pierre, Vert Chasseur, Vivier d'Oie, Prince d'Orange, Molière : autant de quartiers charmants où la ville semble s'abolir. C'est une commune aisée, et sa population, même dans le quartier de la place Saint-Job, n'est pas pauvre comme son saint patron.

Watermael-Boitsfort : la bien nommée. Elle longe la forêt le long du boulevard du Souverain, jalonné d'immeubles fonctionnalistes et modernistes signés par des architectes renommés de l'après-guerre. Ces œuvres de béton et de verre contrastent avec le quartier des Trois Tilleuls, dont les cités-jardins s'inspirent du style cottage anglais et des cités sociales hollandaises. Les rues fleuries, les maisons aux volets verts ou jaunes témoignent, à l'ombre des cerisiers japonais, qu'à une époque bénie, on préférait construire de charmantes maisons sociales plutôt que des HLM. La balade serait incomplète sans citer la place Wiener, avec son élégante maison communale et sa friterie installée dans un vieux tram, sur un quai oublié qui n'embarque plus que des gourmands.

Le boulevard du Souverain se prolonge à Auderghem, où l'abbaye du Rouge-Cloître dans son écrin de nature est devenue un lieu de détente très prisé. Au bout du boulevard, Woluwe-Saint-Pierre offre ses étangs et ses parcs vallonnés aux enfants qui parfois y dévalent les pentes enneigées en luge. C'est aussi un lieu de farniente ou de jogging très... couru par les Bruxellois. Avenue de Tervueren, le poétique petit tram 44 est le seul à traverser la forêt de Soignes et emporte ses voyageurs pour une balade intemporelle sous la canopée.

Nl.

Met ruim 8000 hectare groen is Brussel een van de groenste hoofdsteden van Europa. Naast Elsene maken nog vier gemeenten aanspraak op de titel van bosrijke gemeente, met eeuwenoude bomen over een flink stuk van hun grondgebied.

De volledige oostkant van Ukkel grenst aan het Ter Kamerenbos, dat overgaat in het Zoniënwoud, waar wandelpaden je meevoeren richting Waterloo, in het voetspoor van generaal Wellington. Ukkel staat voor stijlvolle straten, herenhuizen en keurige flatgebouwen. Rond het Koninklijk Observatorium steken art nouveau, art deco en neogotische manoirs elkaar de loef af. Het Wolvendaalpark en de vele elegante huizen getuigen hoe Ukkel ooit een vakantieoord voor rijke Brusselaars was. Ma Campagne, Fort-Jaco, het Sint-Pietersvoorplein, Groene Jager, Diesdelle, Prins van Oranje en Molière zijn stuk voor stuk kleine buurten vol charme, waar de stad ver weg lijkt. Hier wonen ze dan wel rond het Sint-Jobplein, arm zoals hun patroonheilige zijn de welgestelde bewoners zeker niet.

Watermaal-Bosvoorde kreeg een toepasselijke naam en grenst aan een bos langs de Vorstlaan, die vol functionalistische en modernistische gebouwen staat, ontworpen door enkele van de bekendste naoorlogse architecten. Het beton en glas staan in schril contrast met het wonderlijke Drie Linden, met tuinwijken in Engelse cottagestijl of geïnspireerd op de sociale woningbouw in Nederland. De bloemrijke straten vol Japanse kerselaars en huizen met groene of gele luiken getuigen van de goede oude tijd waarin schattige sociale woningen het haalden van lelijke huurflats. Een wandeling is niet compleet zonder het Wienerplein, met het stijlvolle gemeentehuis en een leuke frituur in een oud tramstel. Aan dit vergeten perron stap je alleen in voor een lekkere hap.

De Vorstlaan loopt door naar Oudergem, waar de Abdij van het Roodklooster een populaire trekpleister is voor recreatie in het groen. Aan het einde van de laan liggen de vijvers en heuvelachtige parken van Sint-Pieters-Woluwe, waar 's winters kinderen van de besneeuwde hellingen sleeën. Brusselaars komen hier bij bosjes luieren of joggen. In de Tervurenlaan rijdt de romantische tramlijn 44, die als enige het Zoniënwoud doorkruist, voor een tijdloze rit door een tunnel van groen.

En.

Brussels is one of the greenest capitals in Europe, with over 8,000 hectares of parks, forests, and gardens. Among its 19 communes, four can genuinely claim the title of 'sylvan boroughs', as the ancient Sonian Forest stretches across much of their territory.

The forest-like Bois de la Cambre park borders the eastern edge of Uccle. It seamlessly merges with the Sonian Forest, inviting walkers to explore its trails towards Waterloo, retracing the steps of General Wellington. Uccle's streets, lined with stately homes and bourgeois apartment blocks, exude elegance. Around the Royal Observatory, Art Nouveau competes with the beauty of Art Deco and neo-Gothic mansions. Wolvendael Park and the many stylish residences throughout the commune serve as reminders of Uccle's heritage as a retreat for affluent families from Brussels.

Charming neighbourhoods such as Ma Campagne, Fort-Jaco, Parvis Saint-Pierre, Vert Chasseur, Vivier d'Oie, Prince d'Orange, and Molière offer a peaceful, village-like atmosphere. Uccle is an affluent area, even if its proximity to the picturesque Place Saint-Job may suggest otherwise.

The aptly named Watermael-Boitsfort, nestled along the edge of the forest, features a stunning array of modernist and functionalist buildings along Boulevard du Souverain. These striking concrete and glass structures sharply contrast with the nearby Trois Tilleuls district, where English-style cottage homes and Dutch-inspired social housing create a fairytale-like garden city, evoking a time when social housing was designed with charm rather than just as plain concrete blocks.

Place Wiener, home to the elegant town hall and a cherished *friterie* nestled inside an old tram carriage resting on a long-forgotten platform, is a perfect spot to relax. Boulevard du Souverain stretches into Auderghem, where the peaceful Rouge-Cloître Abbey has become a cherished retreat for relaxation. At the end of the boulevard, Woluwe-Saint-Pierre welcomes visitors with its ponds and rolling parks—perfect for sledging in winter and an excellent location for jogging. Do not miss Tram 44 on Avenue de Tervuren, the only tram that crosses the Sonian Forest, carrying passengers on a timeless journey beneath the forest canopy.

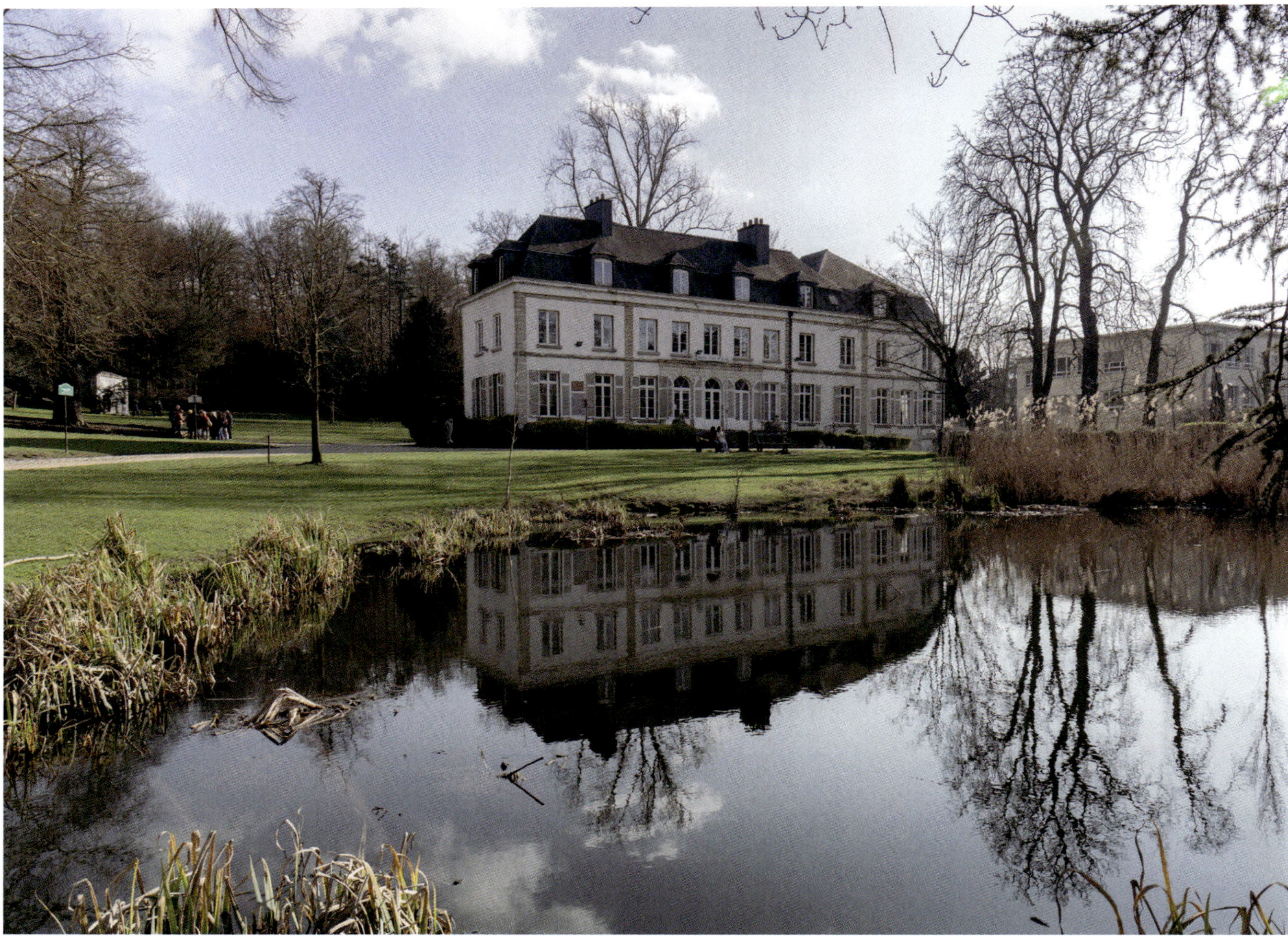

↑ L'école des Arts d'Uccle, parc de Wolvendael
De Ukkelse Kunstschool, Wolvendaalpark
The School of Arts in Uccle, Wolvendael Park

↗ Le parc de Wolvendael
Het Wolvendaalpark
Wolvendael Park

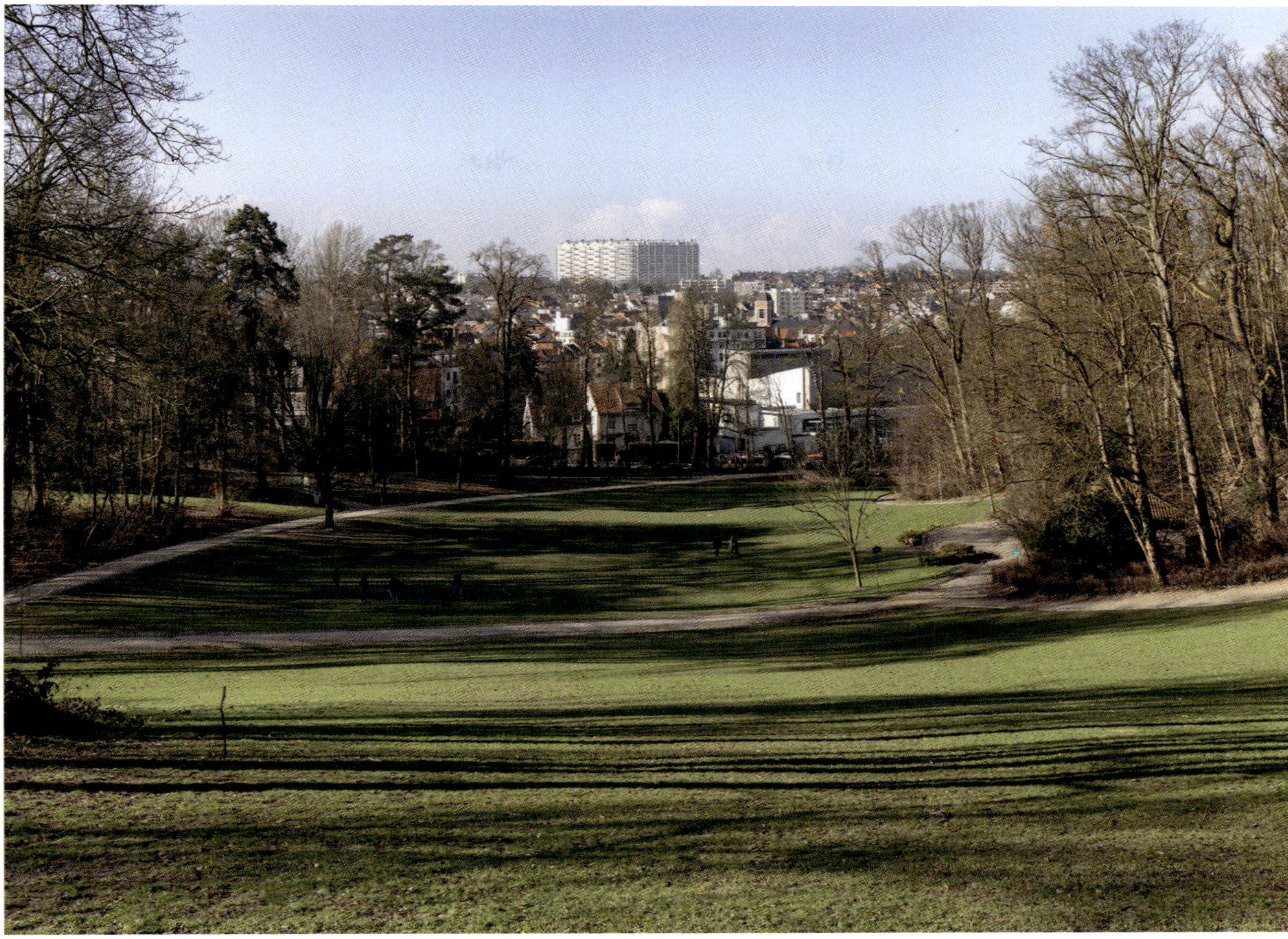

L'avenue Molière à Uccle
De Molièrelaan in Ukkel
Avenue Molière in Uccle

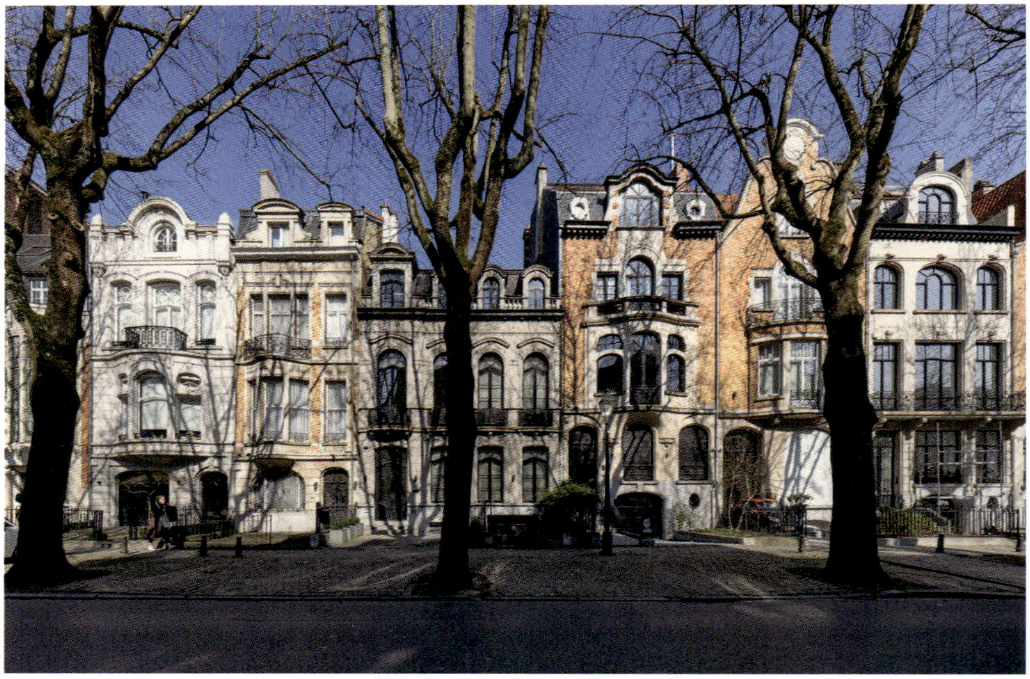

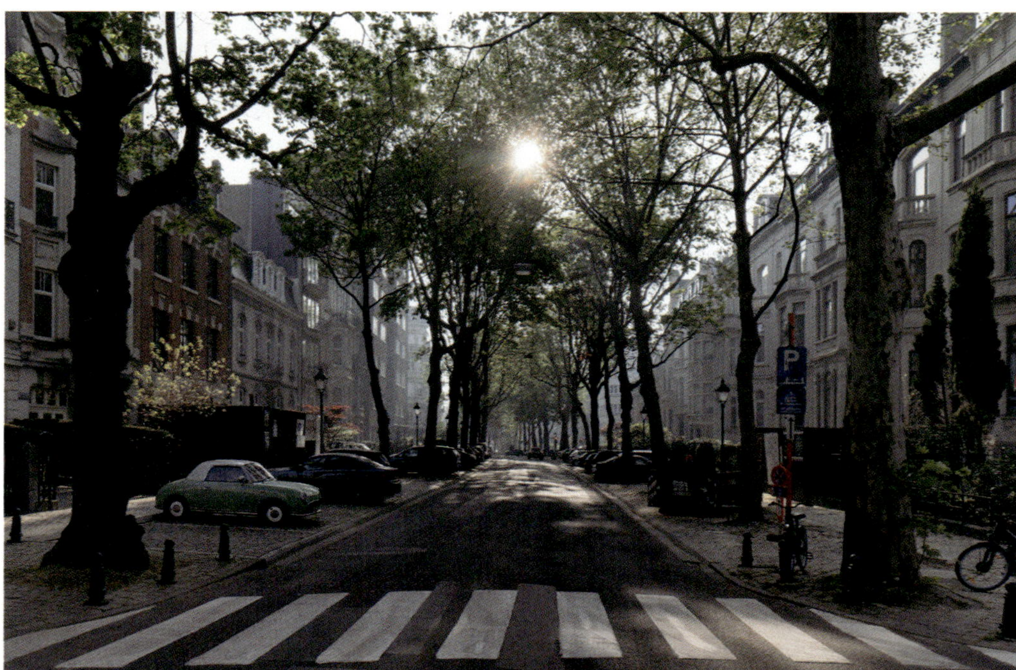

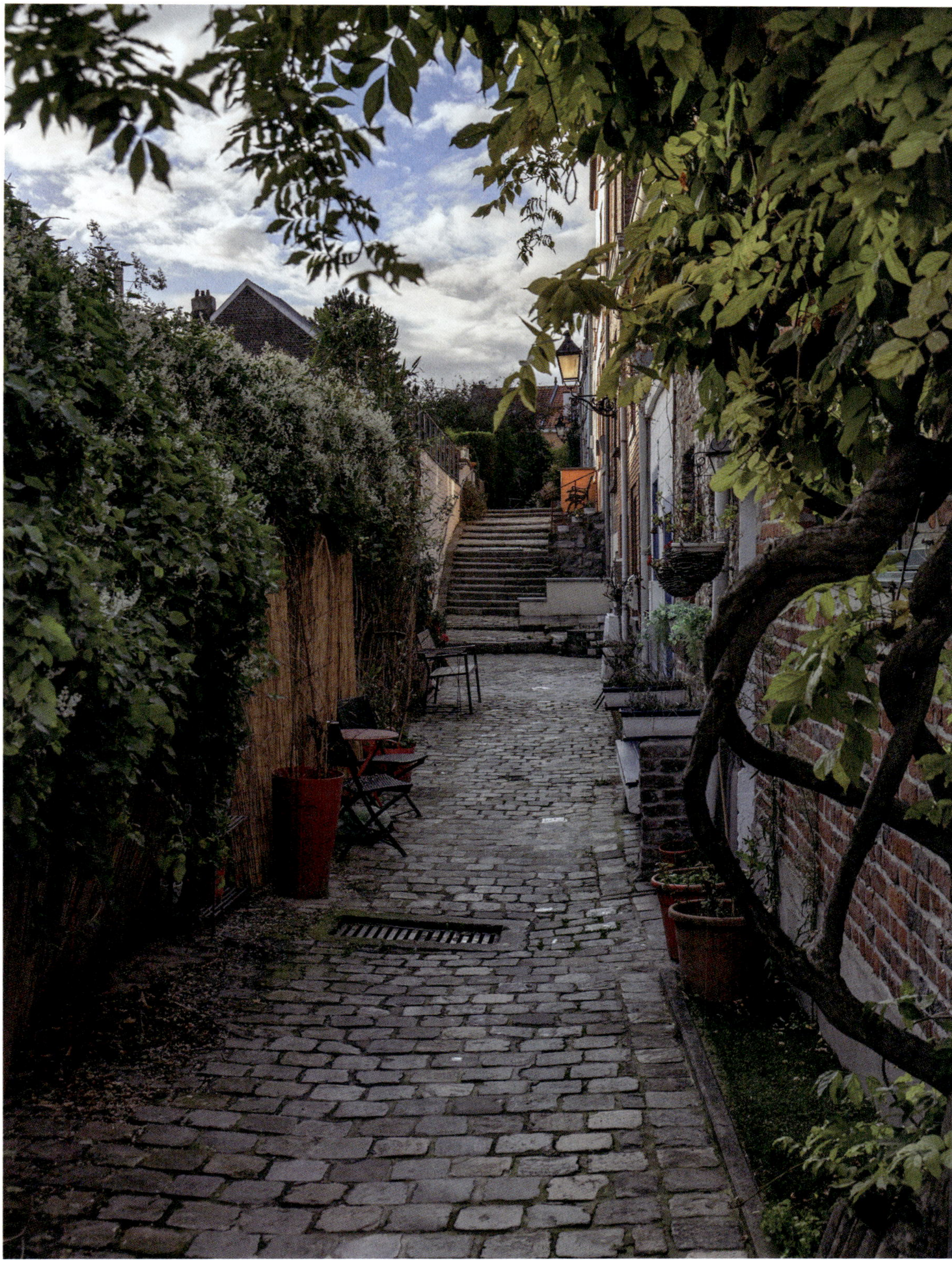

Le carré Pauwels, cité-jardin (quartier du Chat, Uccle)
De 'Carré' Pauwels, tuinwijk (wijk De Kat, Ukkel)
The 'Carré Pauwels', garden city (Chat neighbourhood, Uccle)

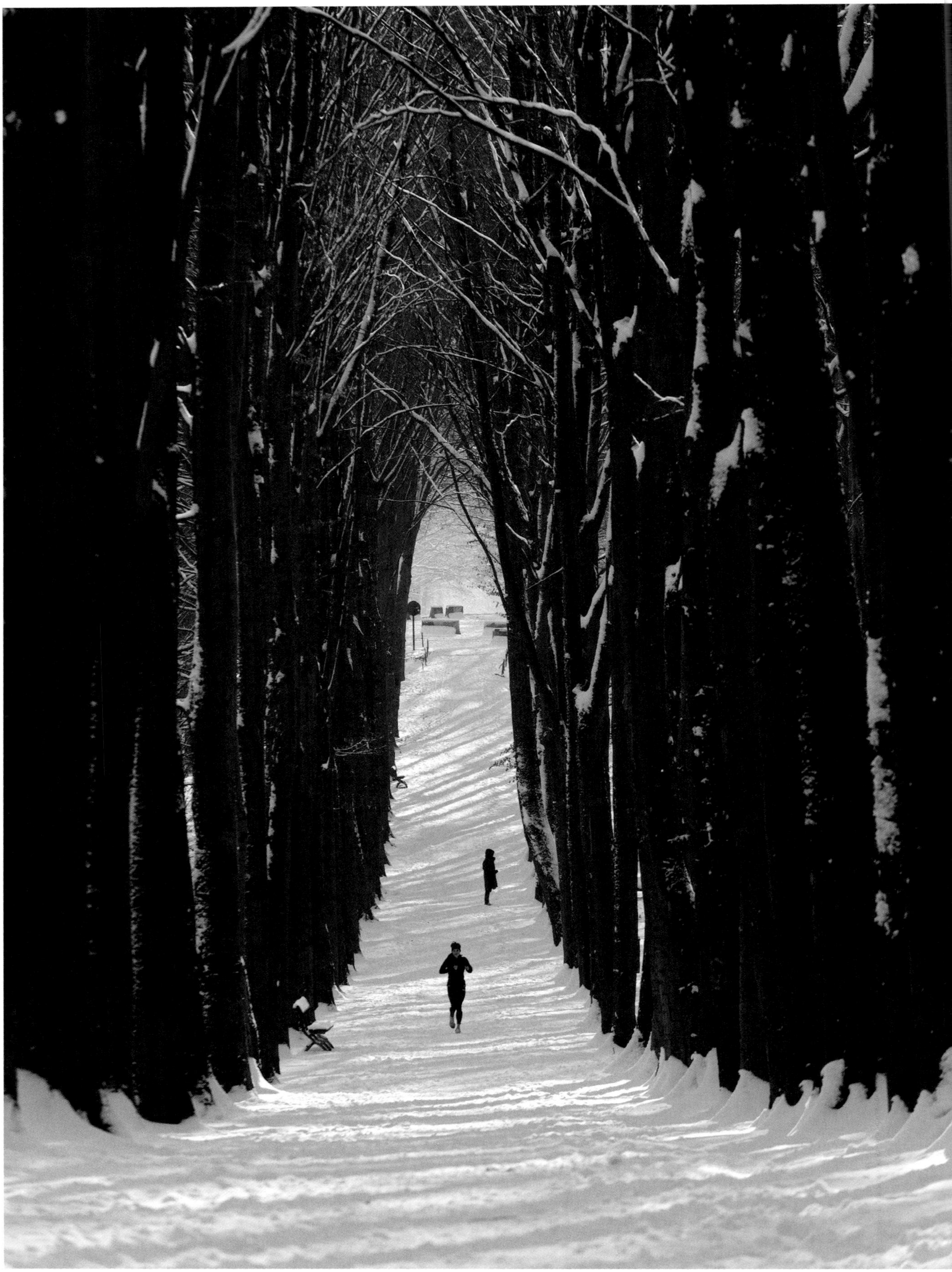

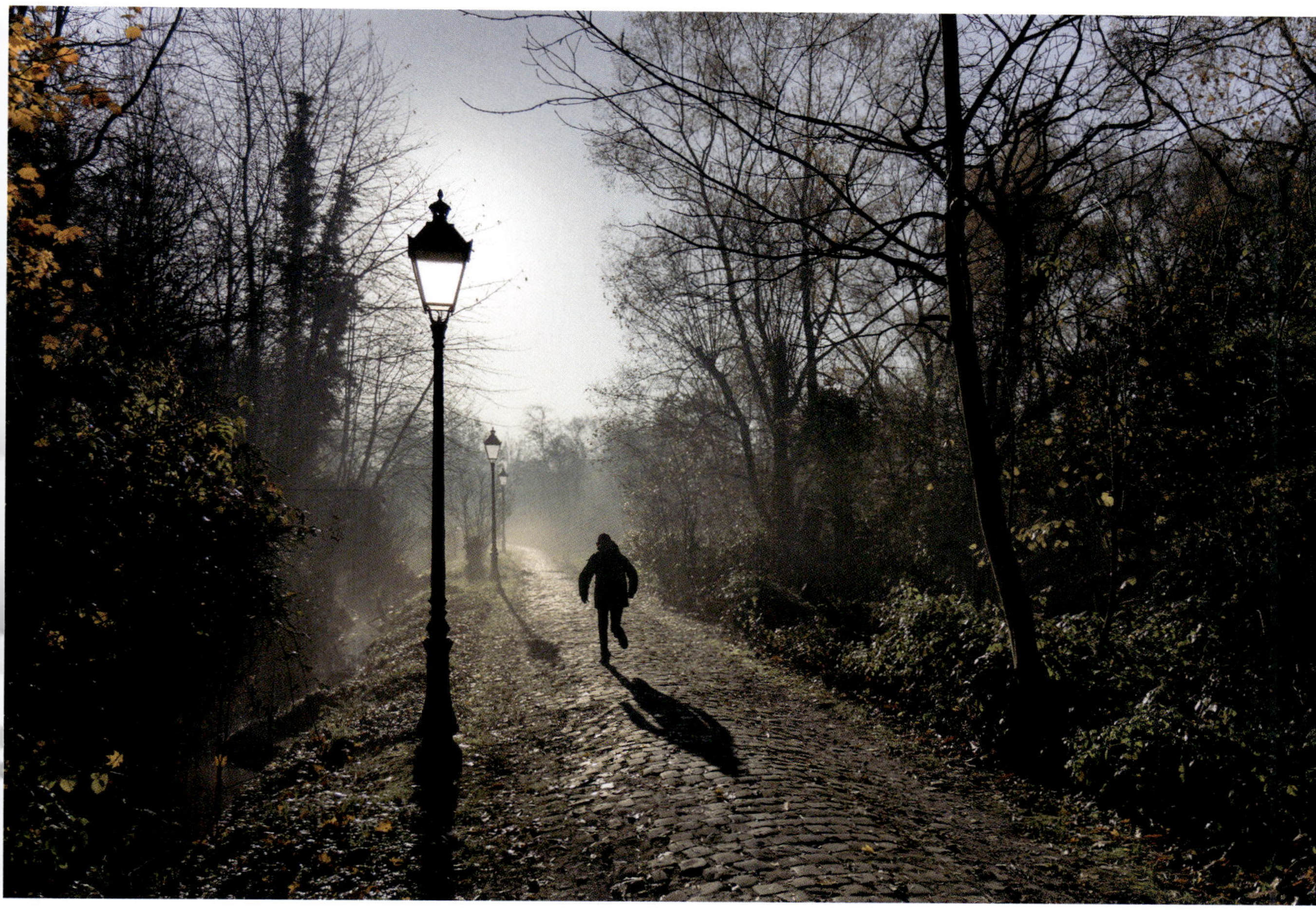

← Le bois de la Cambre (allée des Coursiers, Uccle)
Het Ter Kamerenbos (Renpaardendreef, Ukkel)
The Cambre Woods (Bois de la Cambre) - (Allée des Coursiers, Uccle)

↑ Le parc du Keyenbempt (Uccle)
Het Keyenbemptpark (Ukkel)
Keyenbempt Park (Uccle)

PP. 140-141 : Le chalet Robinson, dans le bois de la Cambre (Uccle)
De Chalet Robinson, in het Ter Kamerenbos (Ukkel)
Le Chalet Robinson, in the Cambre Woods (Bois de la Cambre, Uccle)

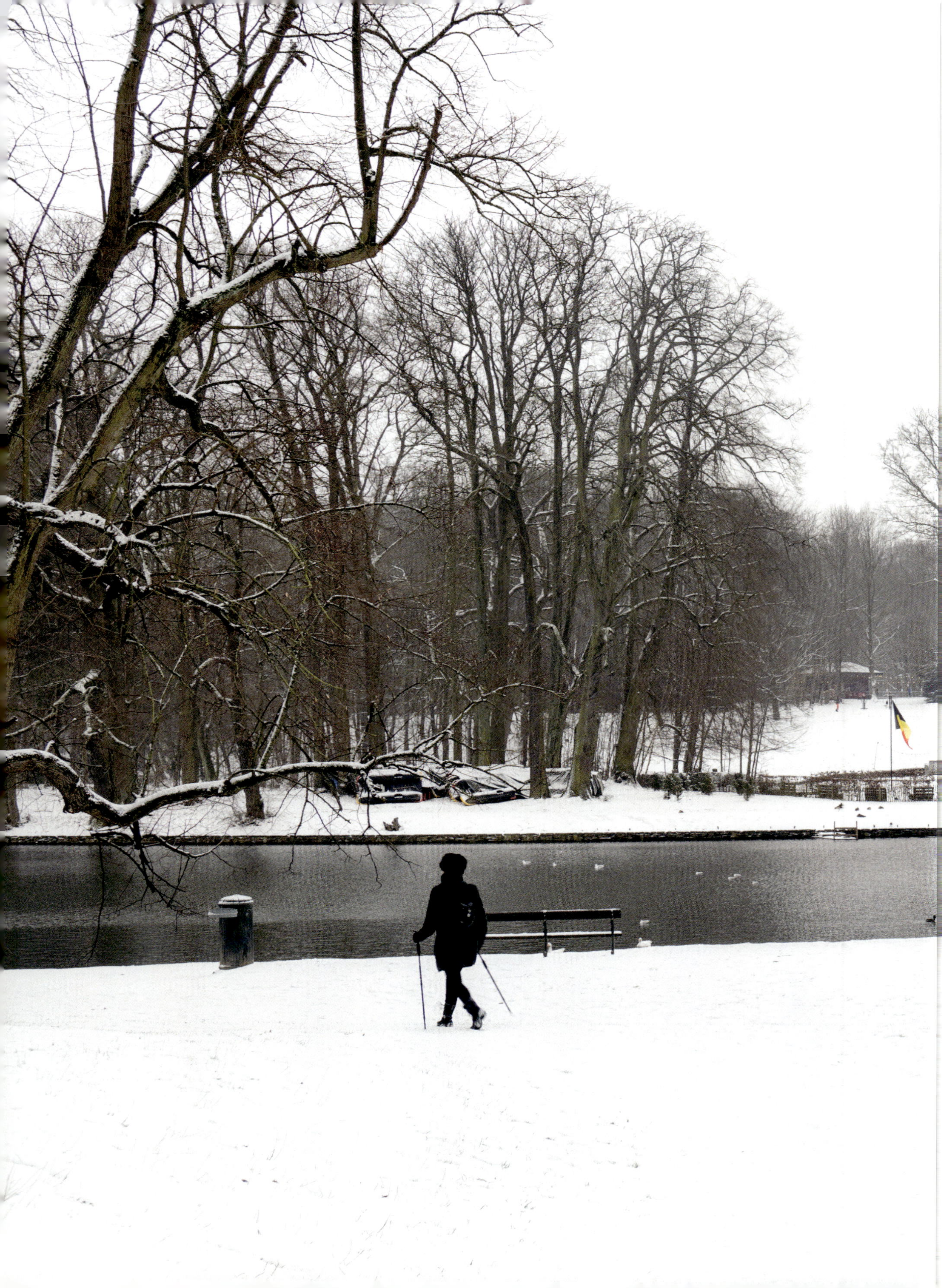

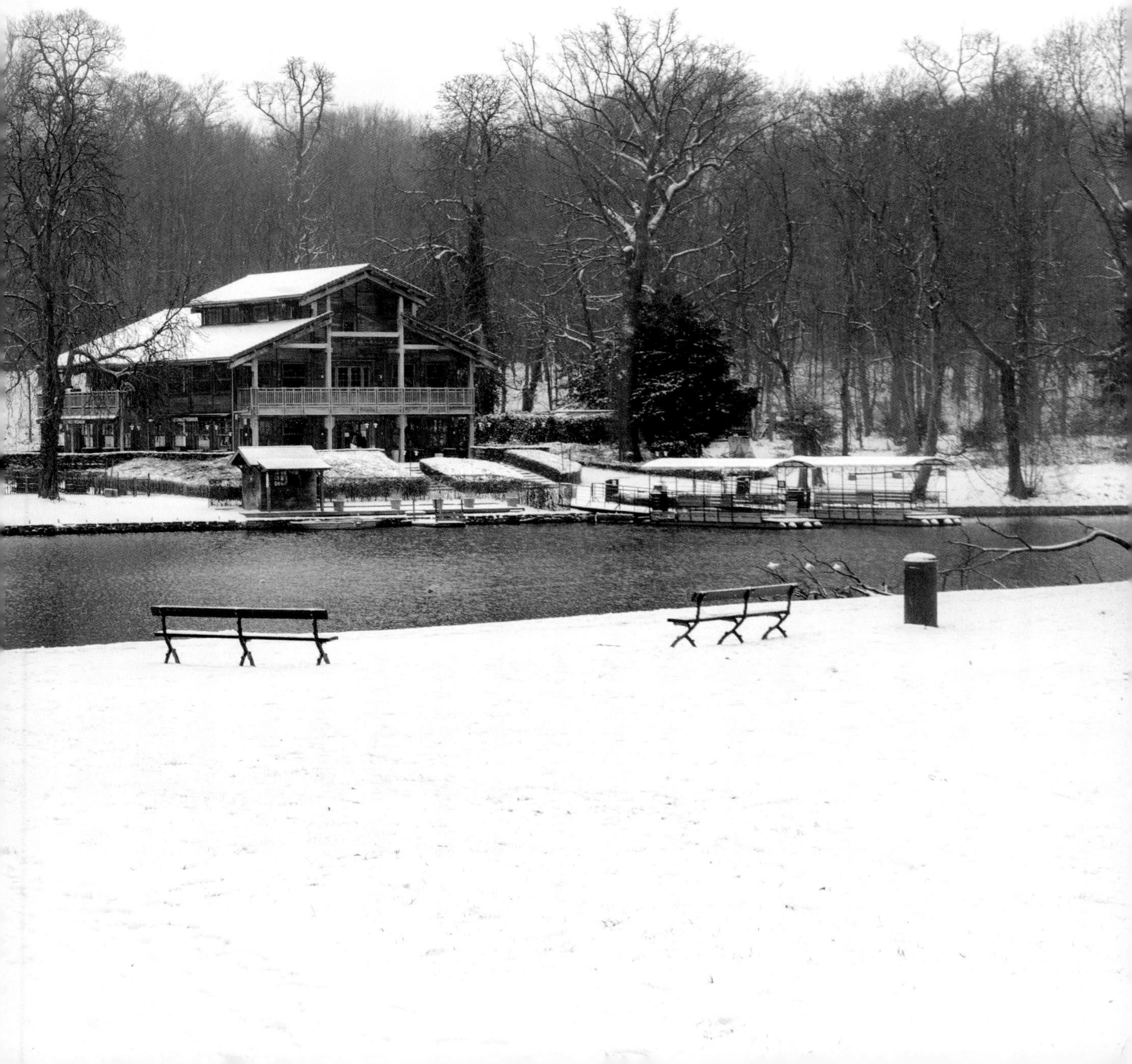

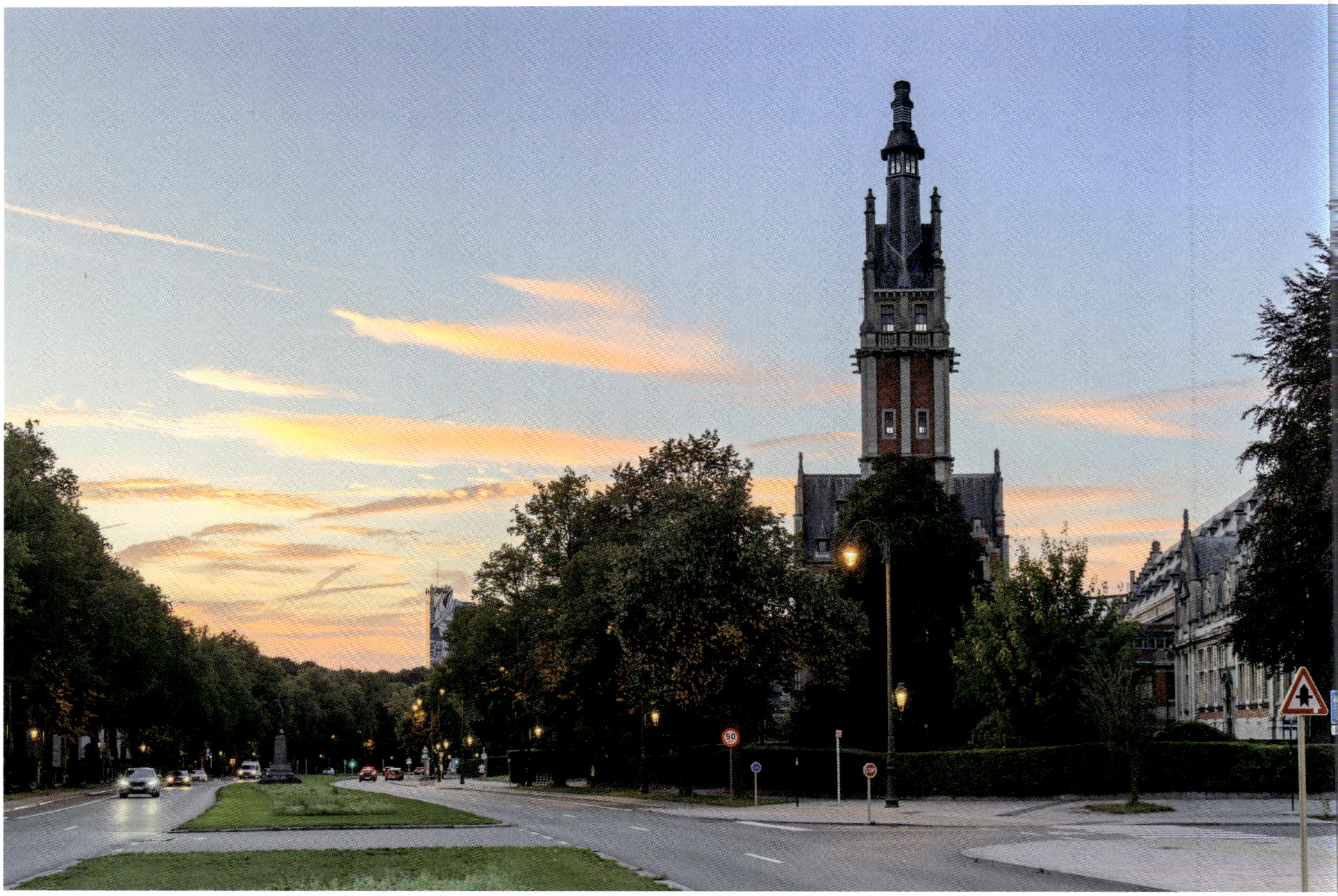

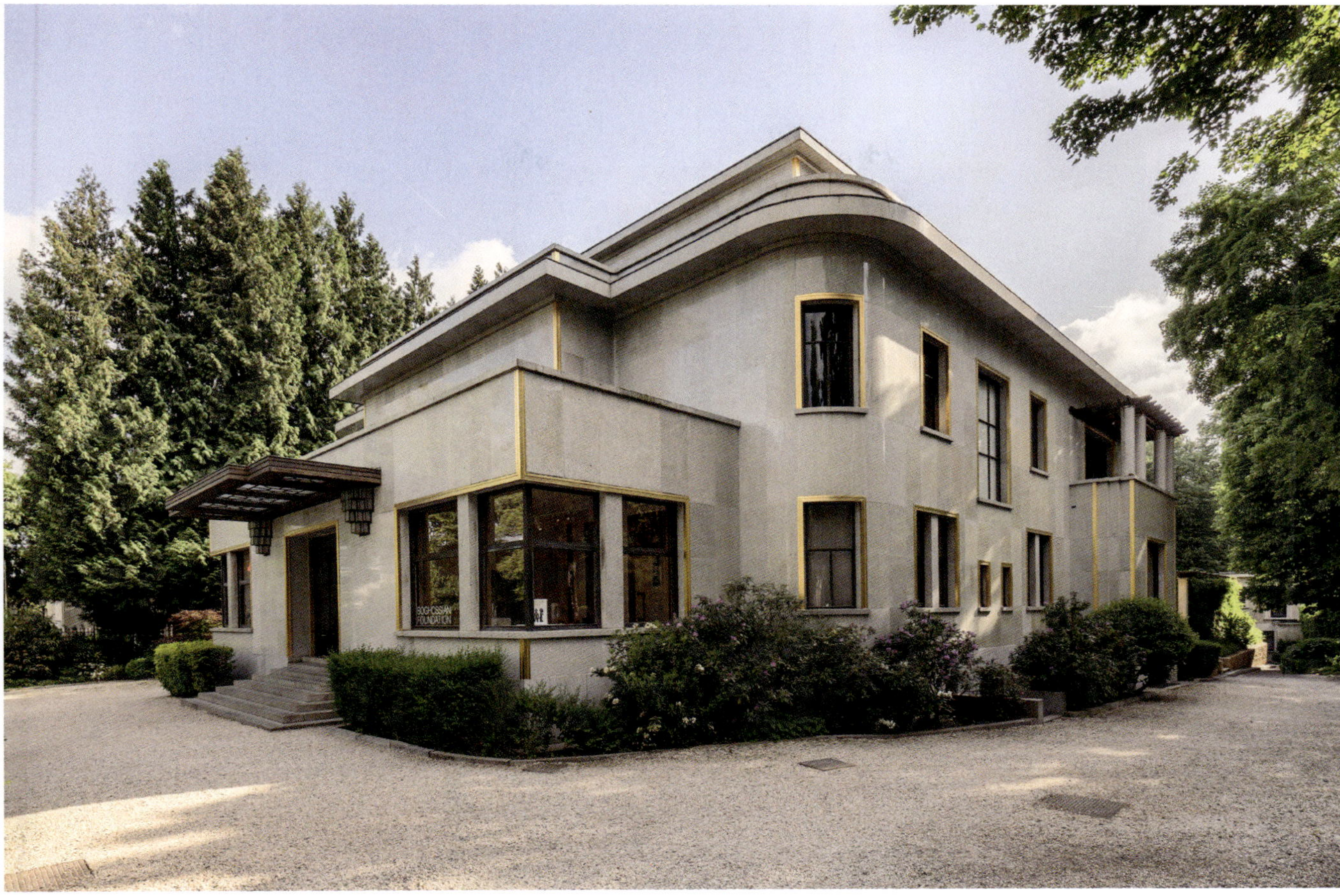

↖ **L'Université libre de Bruxelles, campus du Solbosch (Ixelles)**
De Université libre de Bruxelles, campus Solbos (Elsene)
The Solbosch campus at the Université libre de Bruxelles (Ixelles)

↑ **La Villa Empain, siège de la Fondation Boghossian, avenue Franklin Roosevelt 67 (Ixelles)**
De Villa Empain, hoofdkantoor van de Boghossianstichting, Franklin Rooseveltlaan 67 (Elsene)
Villa Empain, the headquarters of the Boghossian Foundation, Avenue Franklin Roosevelt 67 (Ixelles)

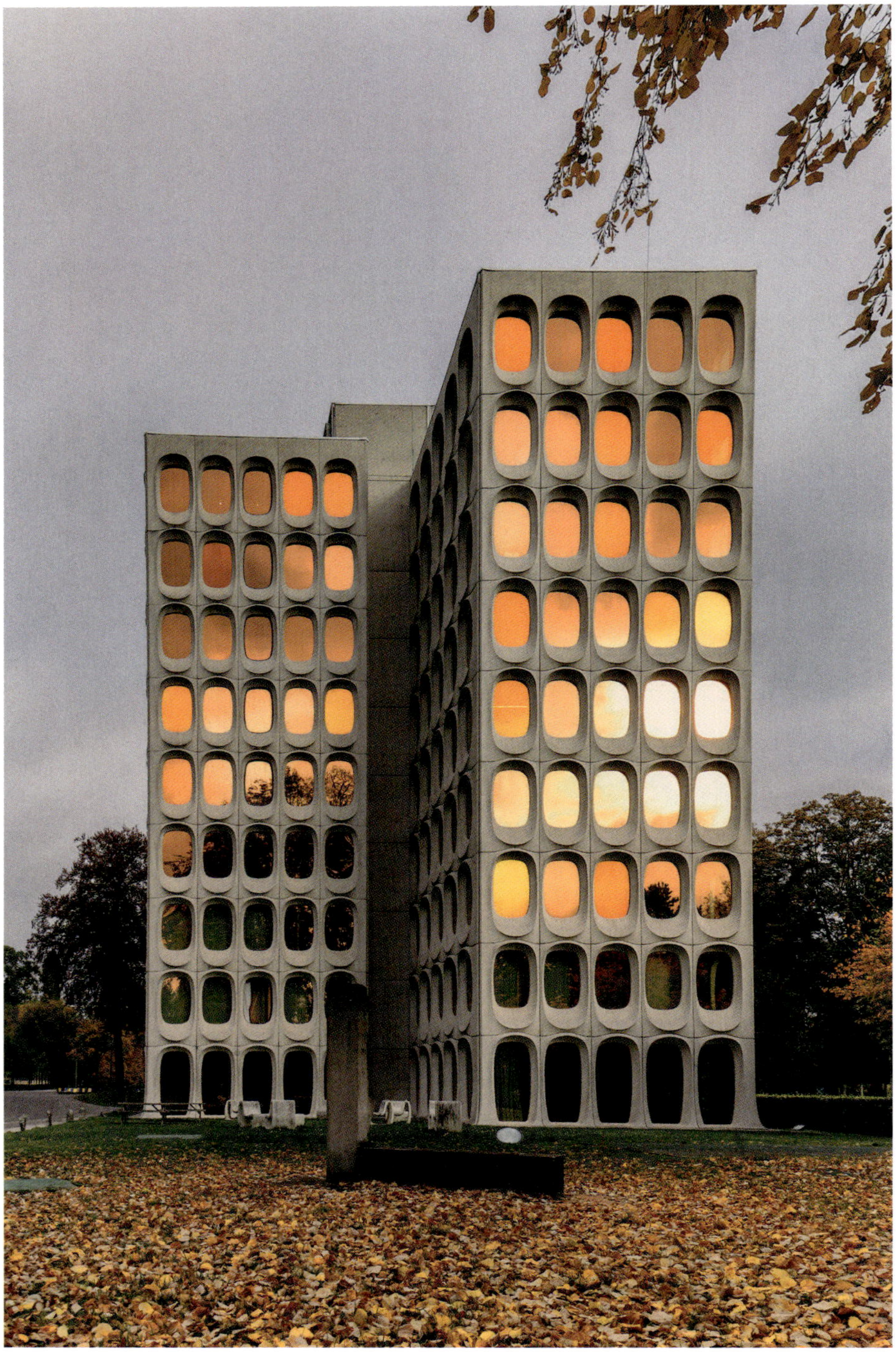

← **L'immeuble CBR, ancien siège des Cimenteries et Briqueteries Réunies, chaussée de la Hulpe 187 (Watermael-Boitsfort)**
Het CBR-gebouw, voormalig hoofdkantoor van de Cimenteries et Briqueteries Réunies, Terhulpsesteenweg 187 (Watermaal-Bosvoorde)
The CBR building, previously the headquarters of the Cimenteries et Briqueteries Réunies, Chaussée de la Hulpe 187 (Watermael-Boitsfort)

→ **Le Logis (avenue des Ramiers) et Le Floréal (avenue des Archiducs), cités-jardins à Watermael-Boitsfort**
Le Logis (Bosduivenlaan) en Floréal (Aartshertogenlaan), tuinwijken in Watermaal-Bosvoorde
Logis (avenue des Ramiers) and Floréal (avenue des Archiducs), garden cities in Watermael-Boitsfort

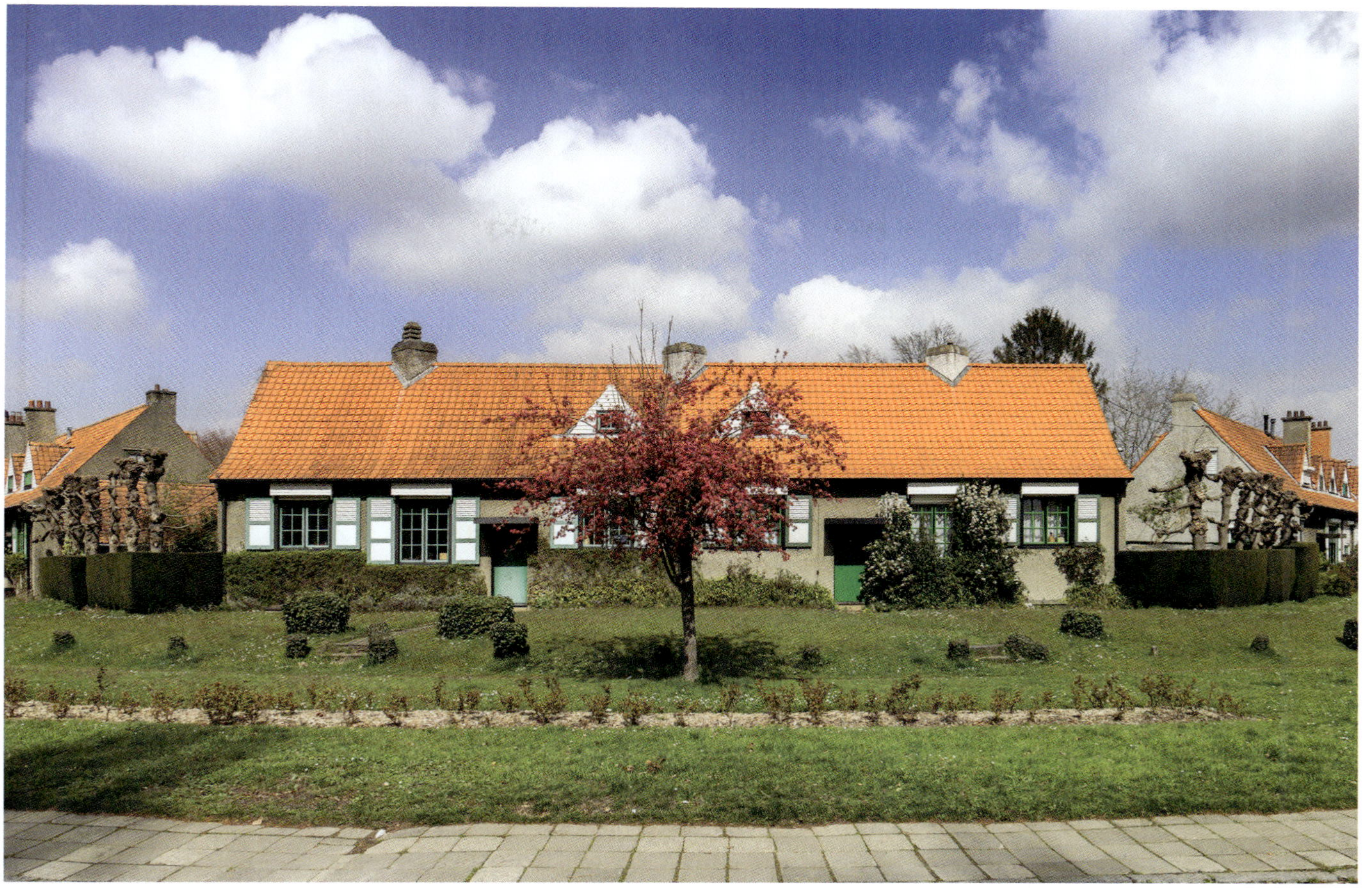

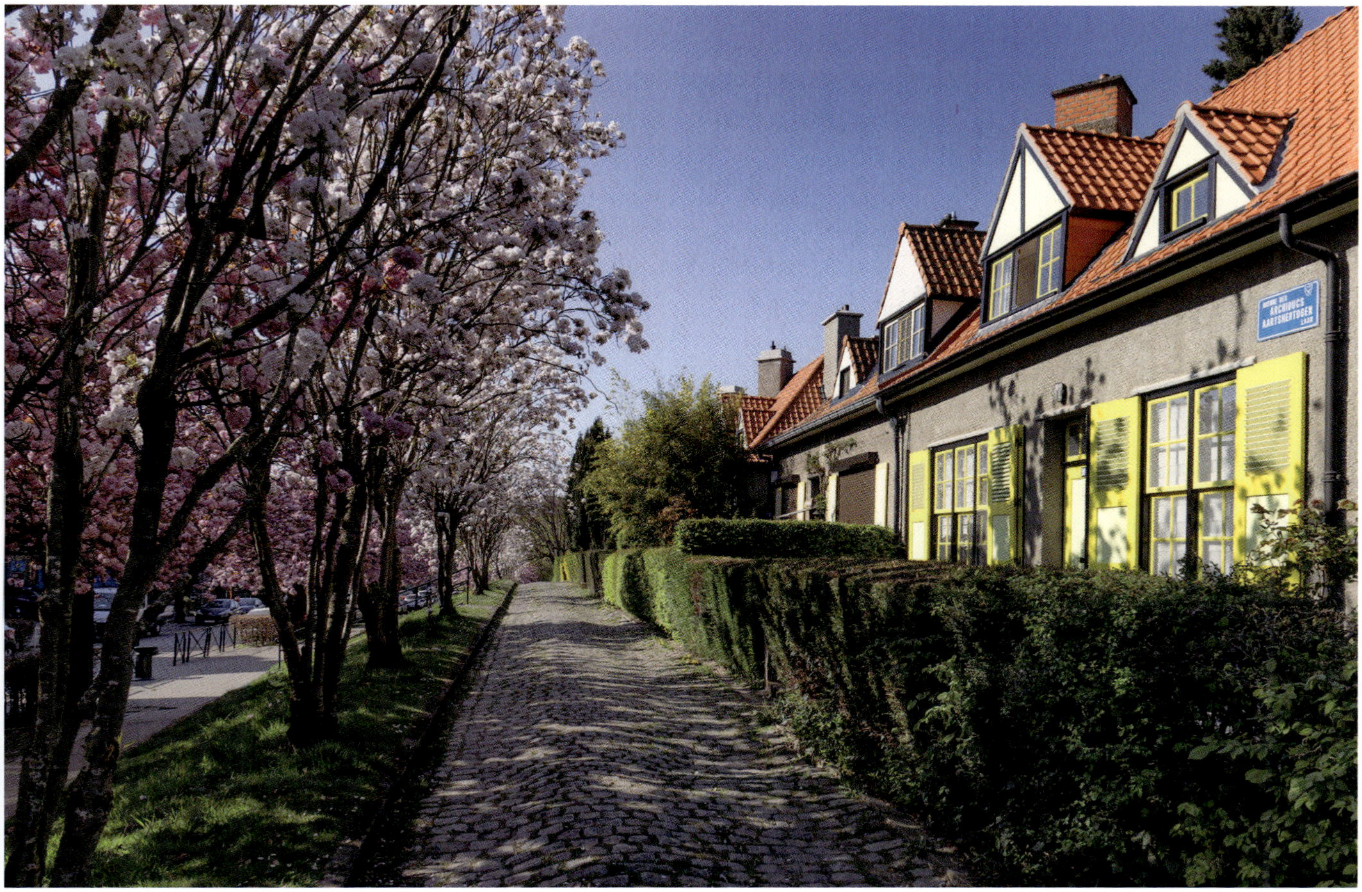
ARCHIDUCS
AARTSHERTOGEN

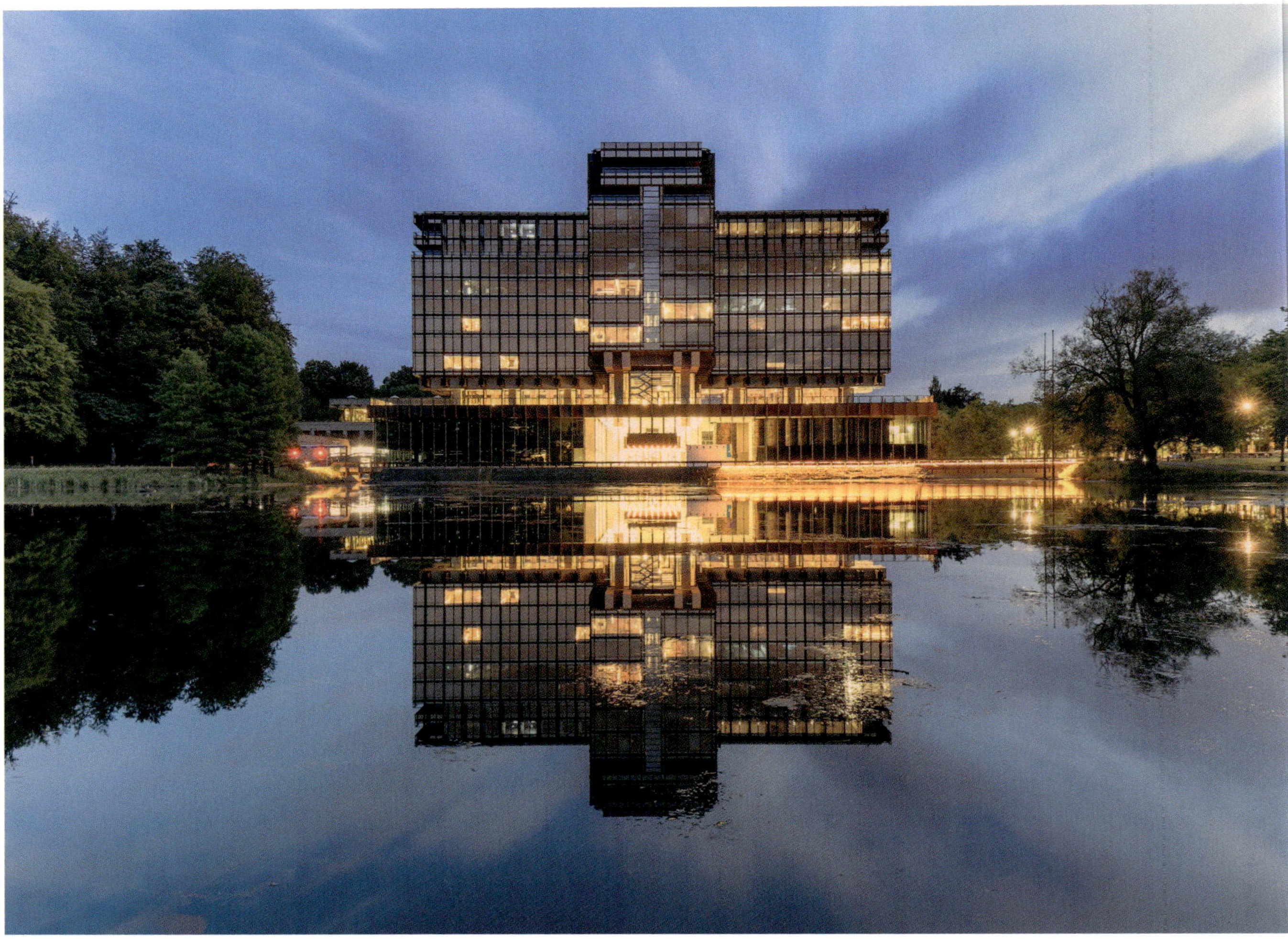

↑ Le Mix Brussels, ancien siège de la Royale Belge, boulevard du Souverain (Watermael-Boitsfort)
Mix Brussels, voormalig hoofdkantoor van de Royale Belge, Vorstlaan (Watermaal-Bosvoorde)
Mix Brussels, formerly Royale Belge, Boulevard du Souverain (Watermael-Boitsfort)

↗ Le château Malou, allée Pierre Levie 2 (Woluwe-Saint-Lambert)
Het Maloukasteel, Pierre Leviedreef 2 (Sint-Lambrechts-Woluwe)
Château Malou, Allée Pierre Levie 2 (Woluwe-Saint-Lambert)

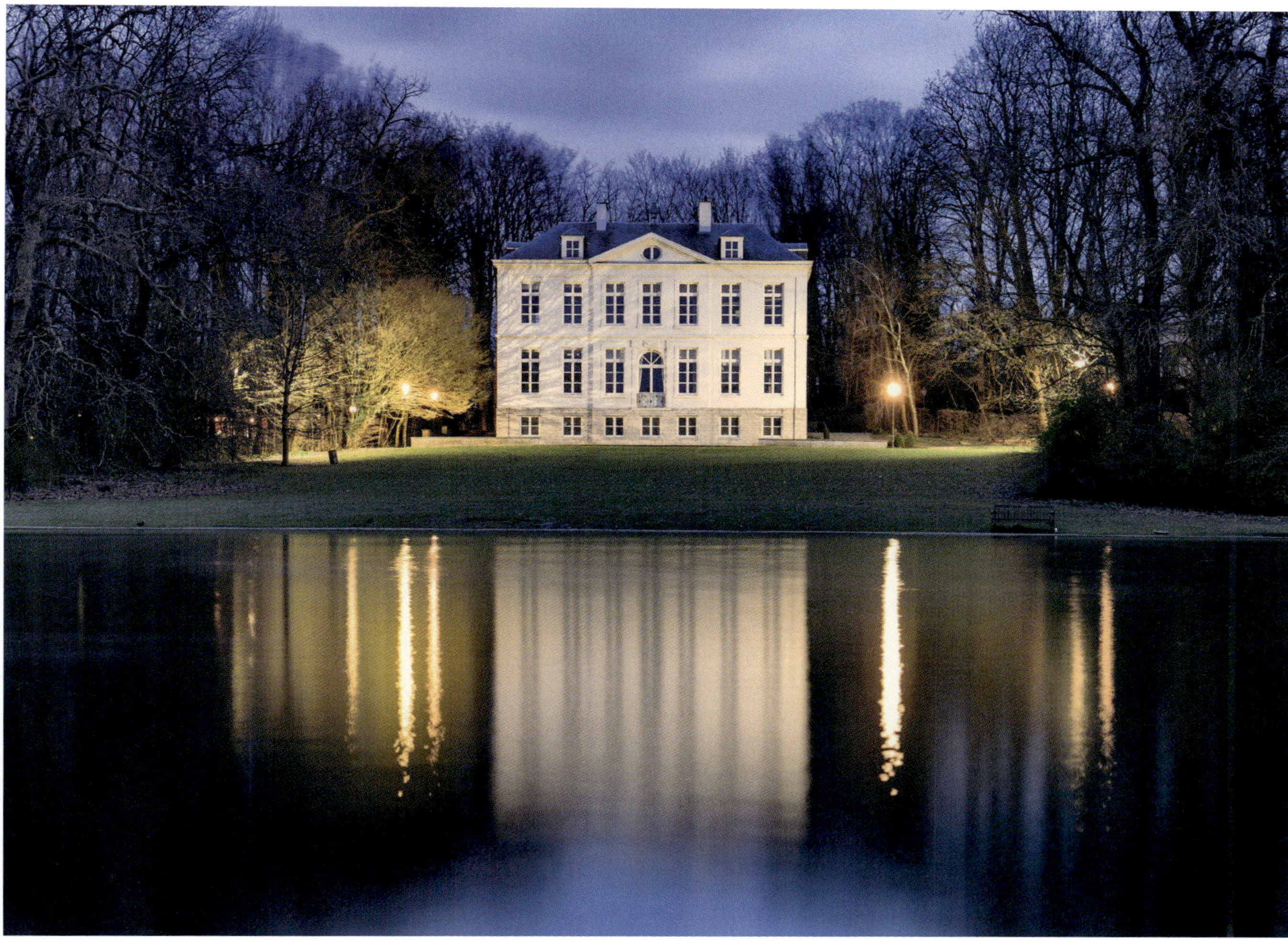

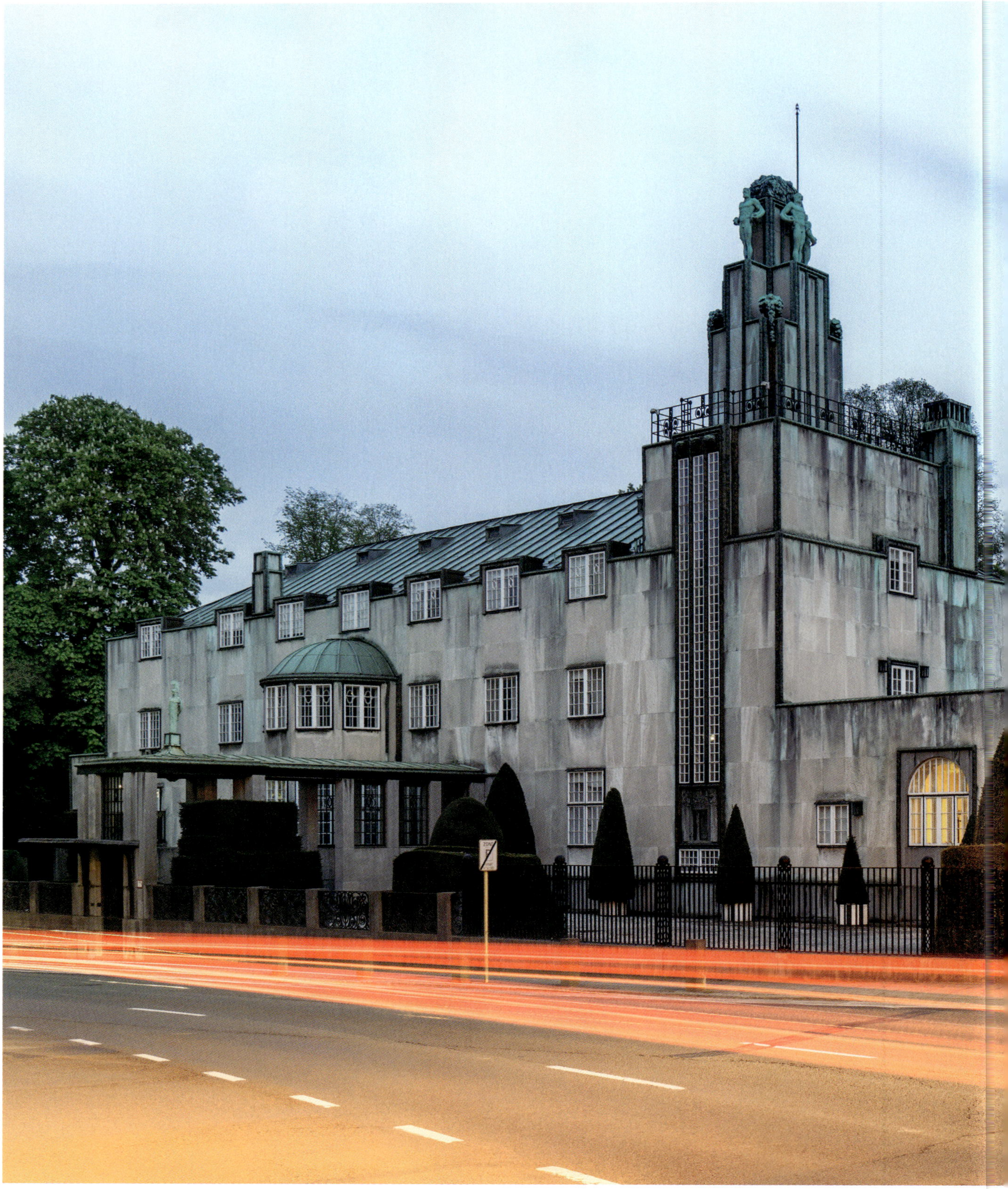

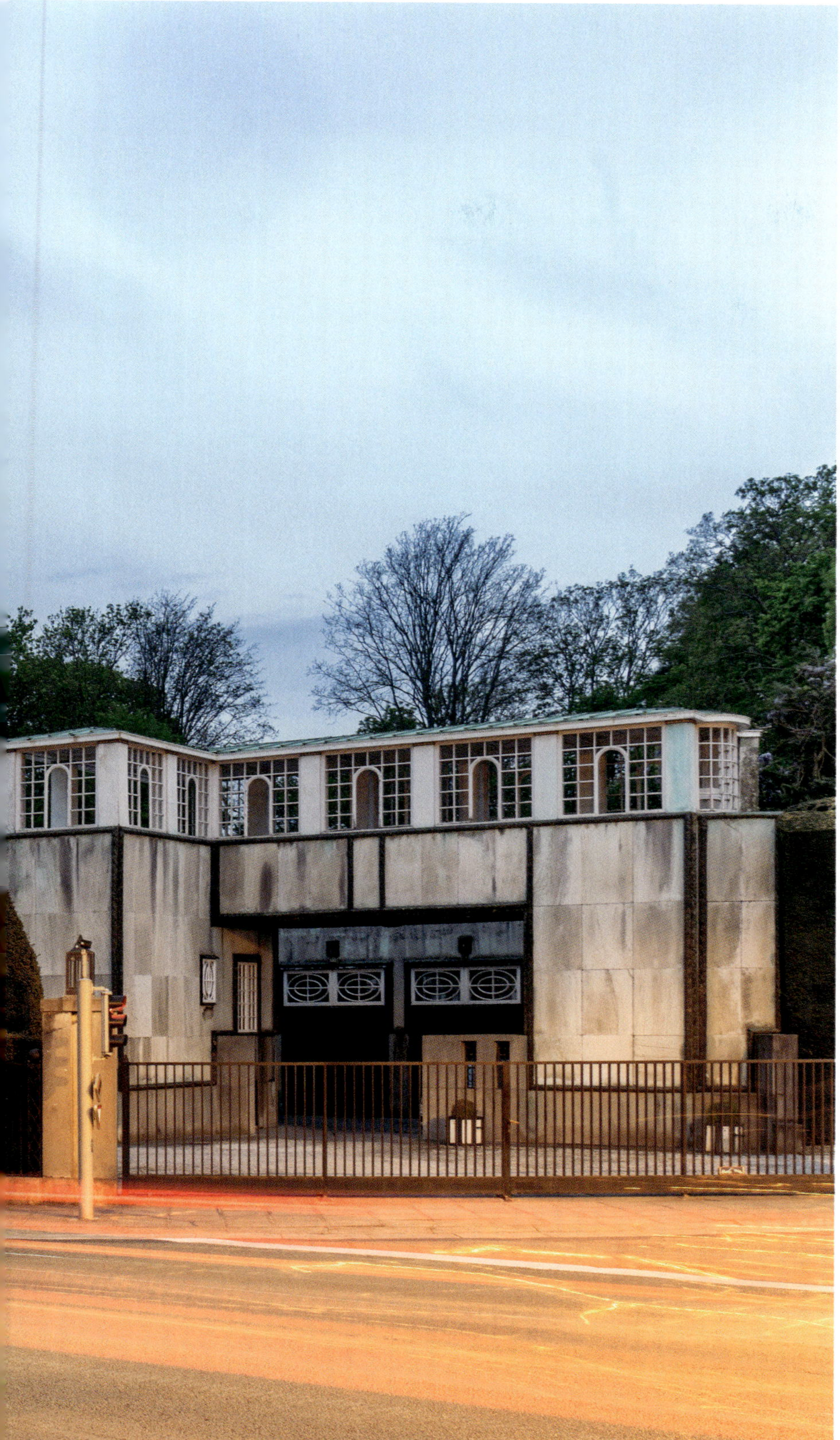

Le Palais Stoclet, avenue de Tervueren (Woluwe-Saint-Pierre)
Het Stocletpaleis, Tervurenlaan (Sint-Pieters-Woluwe)
Palais Stoclet, Avenue de Tervueren (Woluwe-Saint-Pierre)

Allée boisée, boulevard du Souverain (Auderghem)
Dreef met bomen, Vorstlaan (Oudergem)
Wooded alley, Boulevard du Souverain (Auderghem)

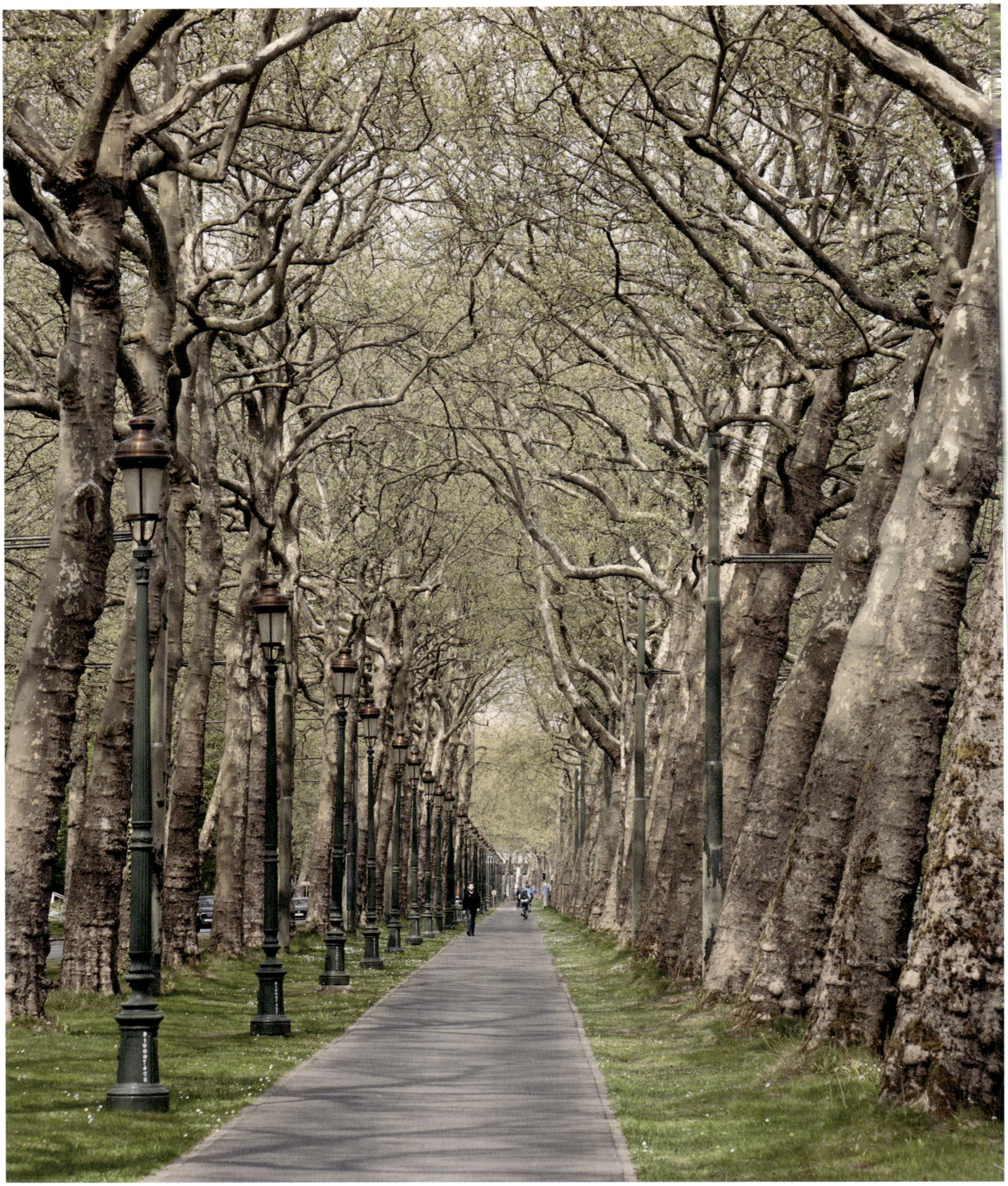

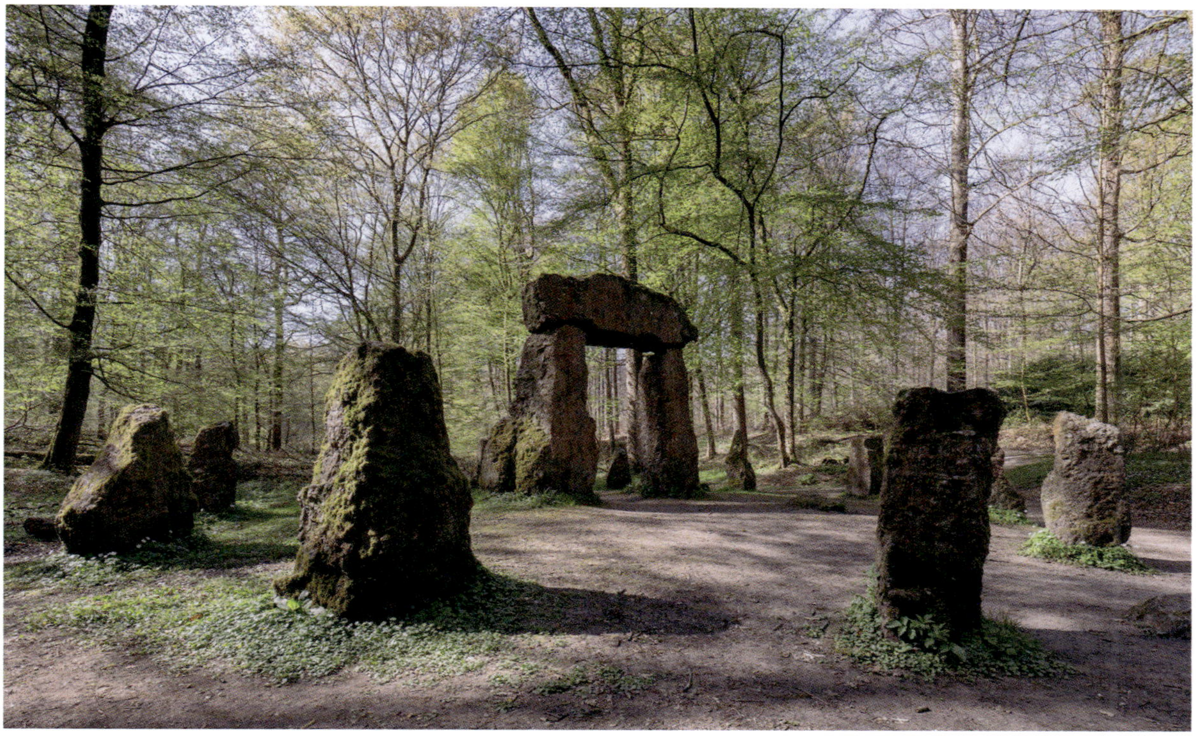

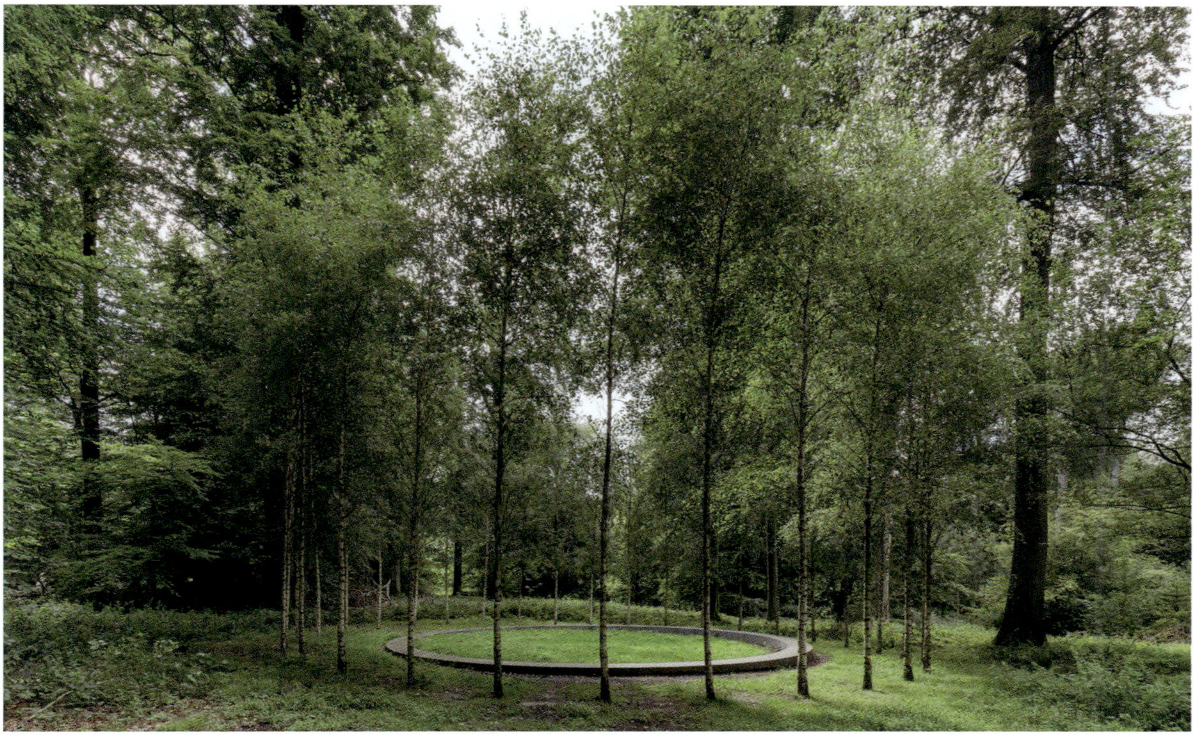

Monument aux Forestiers morts pour la Patrie 1914-1918, par Richard Viandier, 1920. Situé au cœur du vallon du Vuylbeek (Forêt de Soignes), ce lieu commémore aussi les victimes des attentats du 22 mars 2016 à Bruxelles
Monument voor de in 1914-18 gesneuvelde boswachters, door Richard Viandier, 1920. Deze plek in het hart van de Vuilbeekvallei (Zoniënwoud) herdenkt ook de slachtoffers van de aanslagen van 22 maart 2016 in Brussel
Monument to the Foresters killed in the First World War, by Richard Viandier, 1920. Located in the centre of the Vuybeek valley (Forêt de Soignes), this site also commemorates the victims of the attacks in Brussels on 22 March 2016

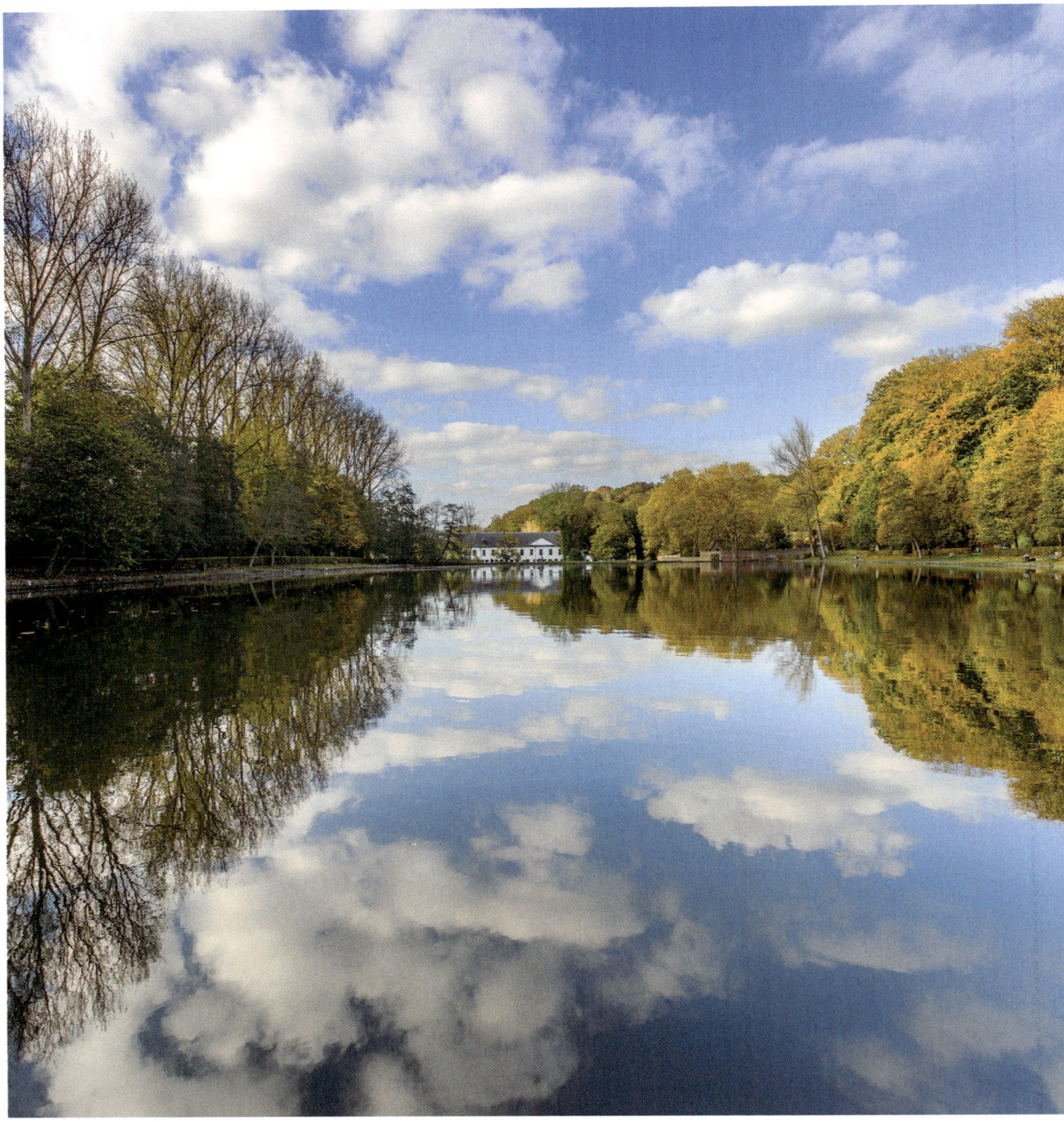

↑ L'abbaye du Rouge-Cloître (Auderghem)
De Abdij van het Rood Klooster (Oudergem)
The Abbey of Rouge-Cloître (Auderghem)

→ Depuis l'arrêt « Tir aux Pigeons » (Woluwe-Saint-Pierre), un petit tram traverse la forêt de Soignes jusqu'à Tervueren
Vanaf de halte 'Duivenschieting' (Sint-Pieters-Woluwe) rijdt een kleine tram dwars door het Zoniënwoud naar Tervuren
From tram stop 'Tir aux Pigeons' (Woluwe-Saint-Pierre), a small tram crosses the Soignes Forest to Tervueren

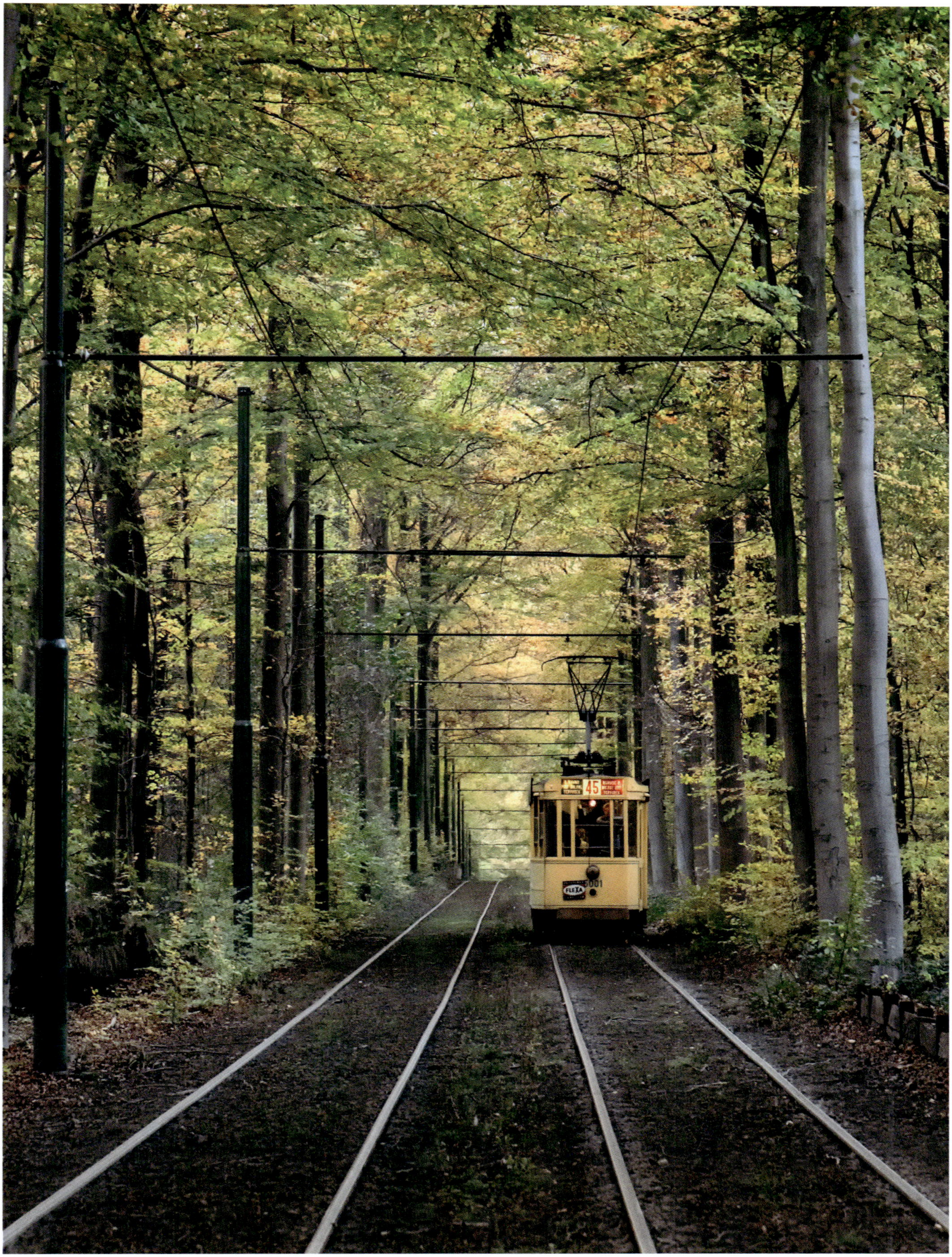
45
FLEXA

Etterbeek et Schaerbeek : l'européenne et la multiculturelle

Europees Etterbeek en multicultureel Schaarbeek

Etterbeek and Schaerbeek: The European and the Multicultural

Fr.

Deux communes qui se confondent aujourd'hui avec le centre de Bruxelles. Si Etterbeek a accueilli les institutions européennes, l'arrivée massive des fonctionnaires va la métamorphoser. Un quartier moderne se construit autour du Berlaymont, siège de la Commission. L'édifice en croix, dont les branches grâce à la technique des ponts suspendus ne touchent pas le sol, semble vouloir symboliquement faire planer ses 240 000 m² au-dessus de la mêlée des nations. En 1990, l'Union s'élargit, et un nouveau bâtiment du Parlement Européen voit le jour. De forme ovale, il est surnommé « Le caprice des dieux » par les Bruxellois, friands d'autodérision et de double sens.

Mais Etterbeek conserve son passé bruxellois. Il suffit de tourner une rue pour retrouver les demeures Art nouveau ou Art déco et les petites maisons ouvrières formant des quartiers prisés. Comme toujours, Bruxelles accueille cette population nouvelle dans sa bonhomie : la place Jourdan, sa célèbre friterie Antoine (autre institution) et ses cafés aux terrasses « frites autorisées » fusionnent les habitants venus d'horizons divers.

Ce même vivre ensemble règne dans le quartier populaire de la Chasse ou place du Luxembourg, où la vieille gare néoclassique prospère sous la verrière moderniste du Parlement européen. Au sommet de cette mosaïque humaine, le parc du Cinquantenaire et son arc de triomphe rappellent que la minuscule Belgique fut la deuxième puissance économique mondiale dès 1840.

Schaerbeek est sans doute l'une des communes les plus contrastées de la capitale. Le bas accueille une population issue de toutes les migrations, tandis que le haut reçoit une population plus bourgeoise. À la jonction de ces mondes, le parc Josaphat réunit tous les Schaerbeekois sous ses frondaisons. Entre quartiers populaires et cités jardins, on découvre souvent des maisons de maître aux écuries arrière, souvenirs des promenades en calèche, transformées en logements ou ateliers d'artistes. Quelques trésors architecturaux subliment la commune : l'église Royale Sainte-Marie de style romano-byzantin trône sur la rue Royale, l'hôtel Van Eetvelde, chef-d'œuvre d'Art nouveau signé Victor Horta. Sans oublier le Château Eenens-Terlinden, demeure néo-classique aux vitraux remarquables, ou l'hôtel communal, de style renaissance flamande. Tant de styles enchevêtrés, reflets d'une population bigarrée.

Nl.

Twee gemeenten die tegenwoordig samensmelten met het centrum van Brussel. Met de komst van de Europese instellingen op Etterbeeks grondgebied volgden massaal de ambtenaren, die de gemeente ingrijpend veranderden. Rond het Berlaymont, hoofdzetel van de Commissie, verrees een moderne wijk. Het gebouw kreeg de vorm van een kruis, met armen die dankzij de hangbrugtechniek de grond niet raken. Wilde de EU haar 240.000 m^2 symbolisch verheffen boven het gekrakeel van de lidstaten? In 1990 breidt de Unie uit, en het Europees Parlement krijgt een ovaal gebouw, door Brusselaars vaak 'Caprice des Dieux' genoemd - een knipoog vol zelfspot en dubbele bodem.

Toch behoudt Etterbeek zijn Brusselse verleden. Al om de hoek ontdek je woningen in art-nouveaustijl of art-decostijl, naast charmante arbeidershuisjes in gewilde buurten. Brussel, gemoedelijk als altijd, omarmt ook deze nieuwe bevolking: op het Jourdanplein, bij de beroemde frituur Antoine (een begrip) en de caféterrassen waar overal 'frieten toegestaan' prijkt, smelten al die inwoners samen. Datzelfde samenleven vind je in de wijk Jacht of rond het Luxemburgplein, waar het neoklassieke station standhoudt onder het luchtige, modernistische dak van het Europees Parlement. Hoog boven dit menselijke mozaïek herinnert het Jubelpark met zijn triomfboog eraan dat het piepkleine België van 1840 tot begin 20e eeuw de tweede economische macht ter wereld was.

Schaarbeek is wellicht een van de meest contrastrijke Brusselse gemeenten. Beneden wonen mensen van alle mogelijke migratieachtergronden in de volkswijken, terwijl boven een meer burgerlijk publiek leeft. Tussen die werelden verenigt het Josaphatpark alle Schaarbekenaars onder zijn groene kruinen. In de overgang tussen volkswijken en tuinsteden vind je herenhuizen met achterin stallen, ooit voor zondagse ritjes met paard en wagen, nu slim verbouwd tot woning of kunstenaarsatelier. Enkele architecturale parels verfraaien de gemeente: de Koninklijke Sint-Mariakerk in Romeins-Byzantijnse stijl op de Koningsstraat, het verfijnde Hotel Van Eetvelde van Victor Horta, het neoklassieke kasteel Eenens-Terlinden met prachtige glas-in-loodramen, en het gemeentehuis in Vlaamse renaissancestijl. Zoveel stijlen verstrengeld, als spiegel van een al even diverse bevolking.

En.

Etterbeek and Schaerbeek are two municipalities that blend seamlessly with the centre of Brussels.

Etterbeek has welcomed the European institutions and has been transformed by the massive influx of civil servants who have settled around the Berlaymont, the headquarters of the European Commission. The building, shaped like a cross, features arms that, thanks to suspension bridge techniques, do not touch the ground. Was the European Union attempting to keep its 240,000 m^2 elevated above the fray of national conflicts?

In 1990, a new building was built to accommodate the growth of the European Parliament. It is frequently nicknamed 'Caprice of the Gods' after the cheese of the same oval shape.

Still, Etterbeek has maintained its Brussels heritage. Its Art Nouveau and Art Deco buildings, along with charming workers' homes, make up some of the city's most desirable neighbourhoods. Place Jourdan, renowned for its iconic Friterie Antoine, features café terraces with signs proclaiming 'fries allowed', attracting residents from all walks of life.

In the lively La Chasse district and around Place du Luxembourg, the neoclassical train station still thrives beneath the modernist glass roof of the European Parliament. Towering above this mosaic of humanity is the Cinquantenaire Park and its triumphal arch, a reminder that from 1840 until the early 20th century, tiny Belgium was the world's second economic power.

Schaerbeek's lower part is home to various immigrant communities residing in working-class neighbourhoods, while a more affluent bourgeois population occupies the upper part. At the junction lies Josaphat Park, where everyone gathers beneath leafy trees.

Between both worlds, elegant townhouses with stables at the back—reminiscent of Sunday carriage rides—have been converted into residences or art studios. Several architectural treasures are worth visiting: the Royal Church of Saint Mary, in Roman-Byzantine style, on Rue Royale; the refined Art Nouveau Van Eetvelde House, designed by Victor Horta; the neoclassical Eenens-Terlinden Castle, and the town hall in Flemish Renaissance style.

It is appropriate that the wonderfully diverse population is represented through this multitude of interconnected styles.

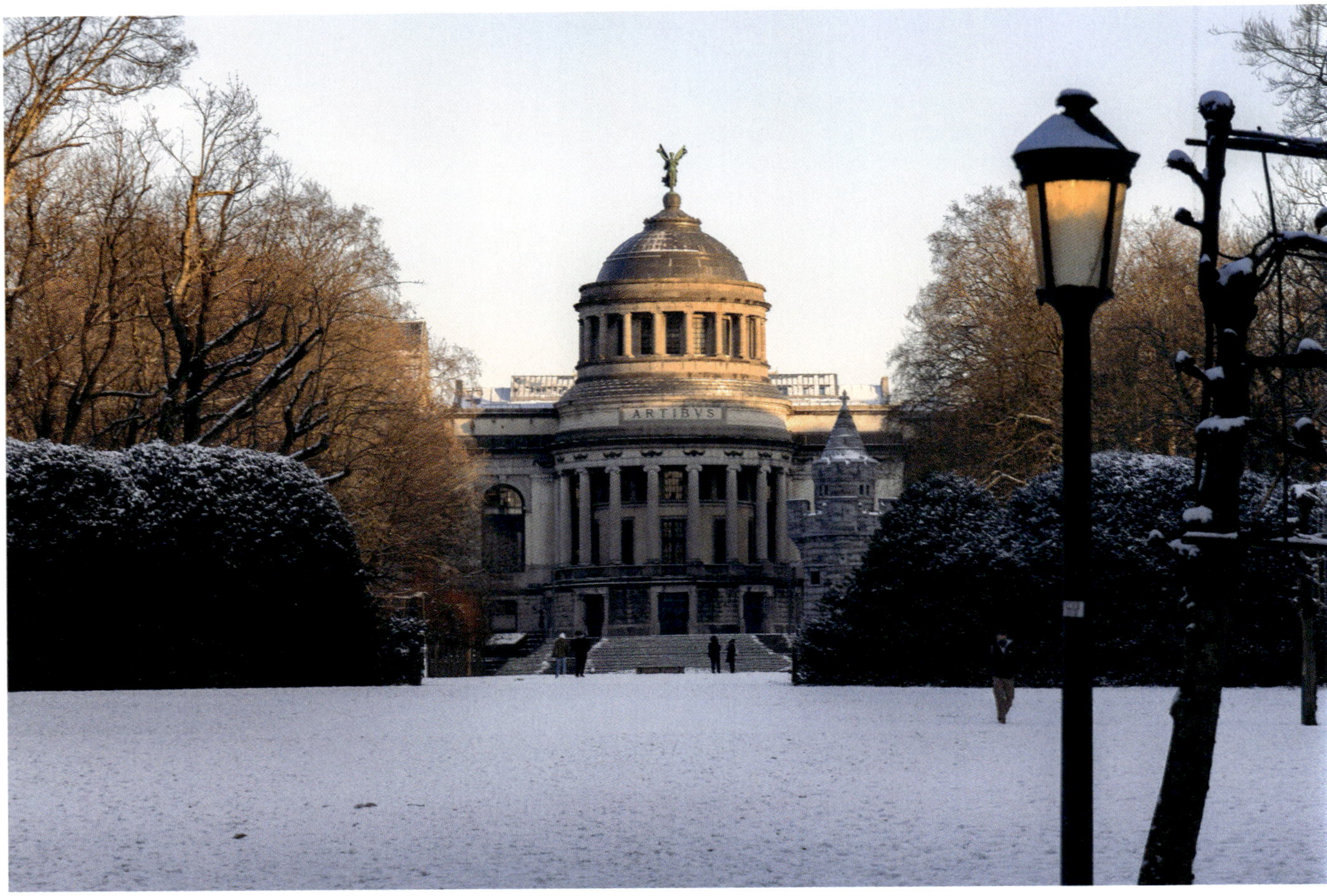
ARTIBVS

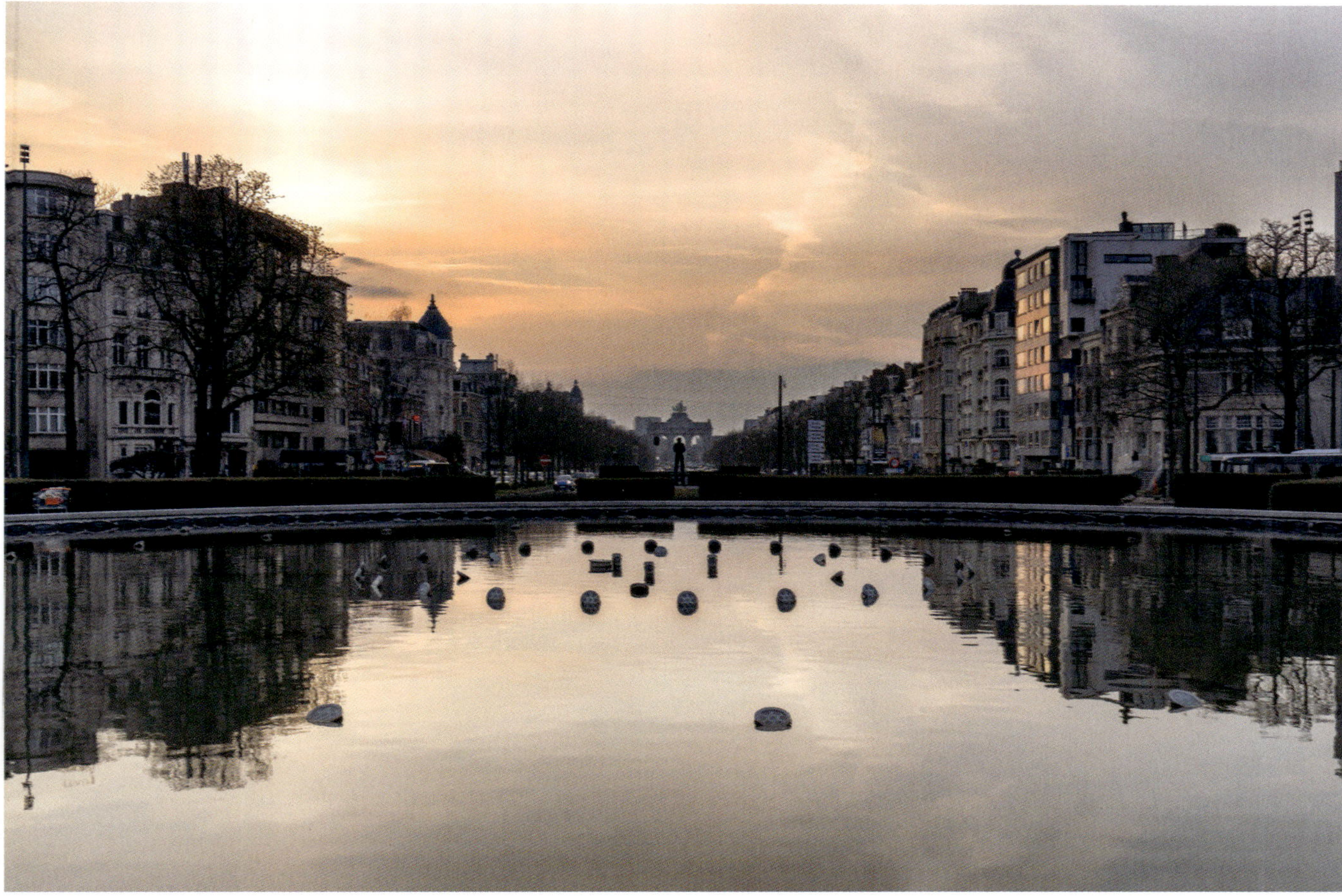

↖ Les Musées royaux d'Art et d'Histoire (Cinquantenaire, Bruxelles)
De Koninklijke Musea voor Kunst en Geschiedenis (Jubelpark, Brussel)
The Royal Museums of Art and History (Cinquantenaire, Brussels)

↑ Le square Maréchal Montgomery (Woluwe-Saint-Pierre)
Het Maarschalk Montgomeryplein (Sint-Pieters-Woluwe)
Place Maréchal Montgomery (Woluwe-Saint-Pierre)

PP. 158-159 : Le parc du Cinquantenaire
Het Jubelpark
Cinquantenaire Park

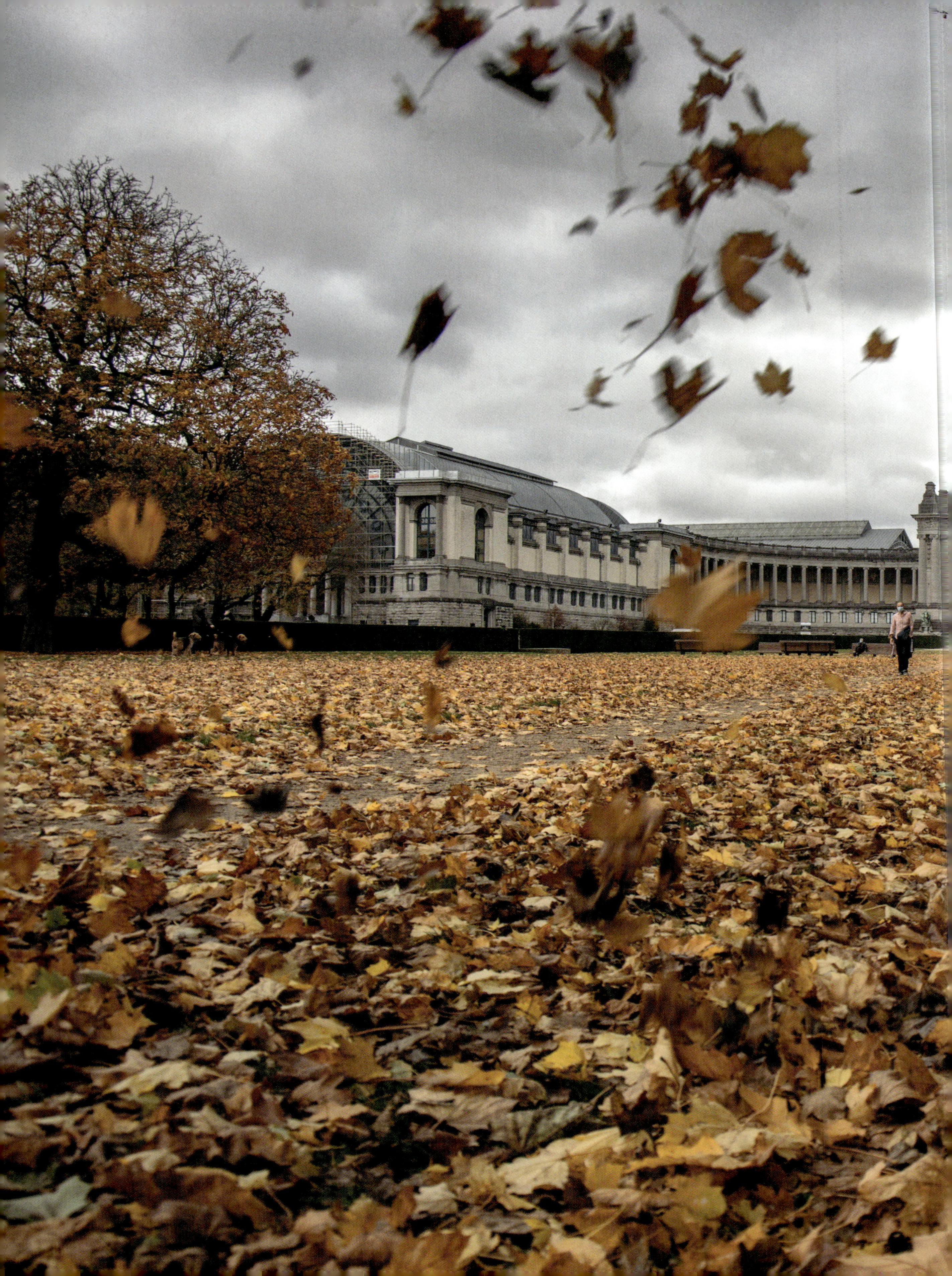

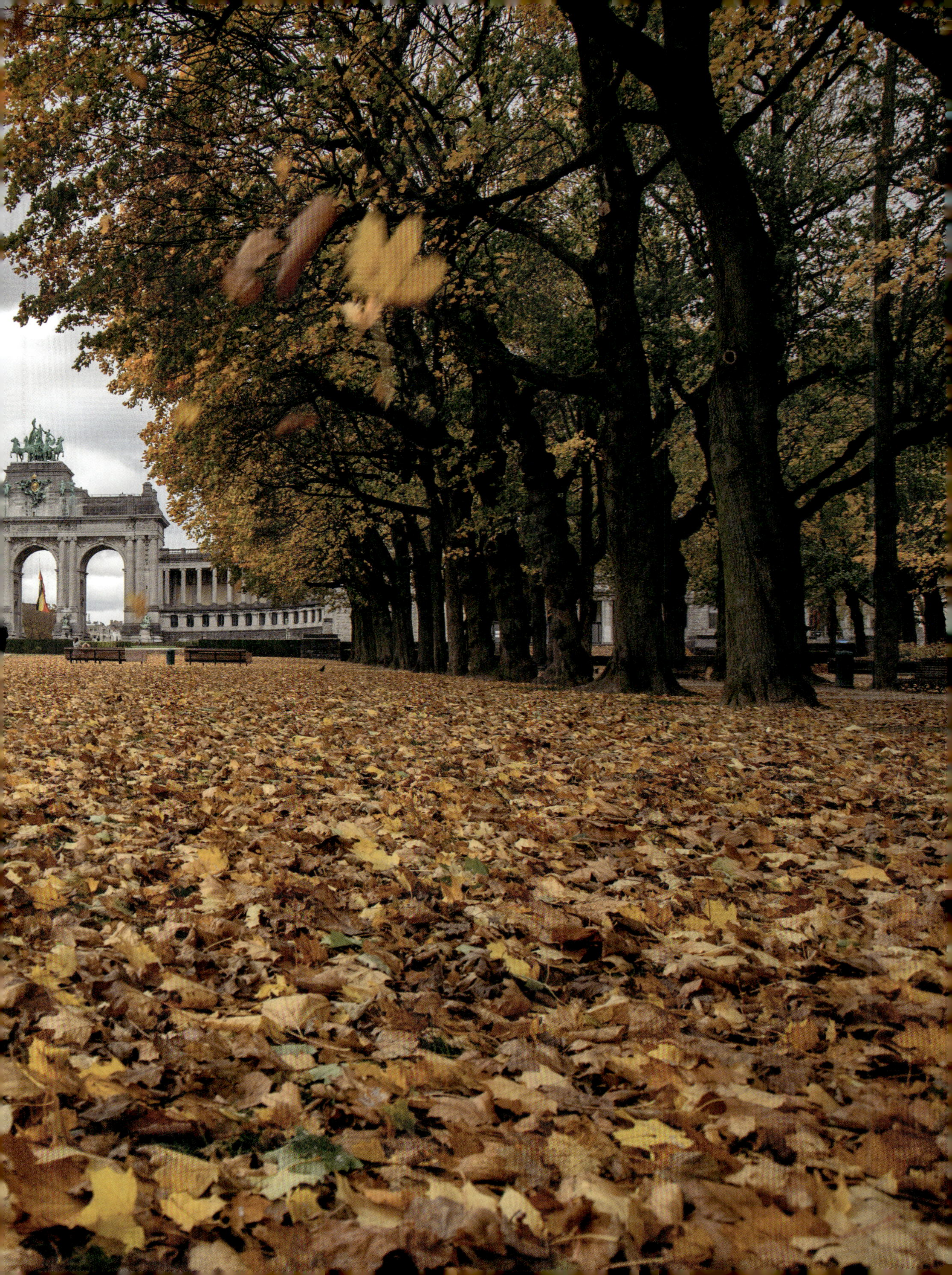

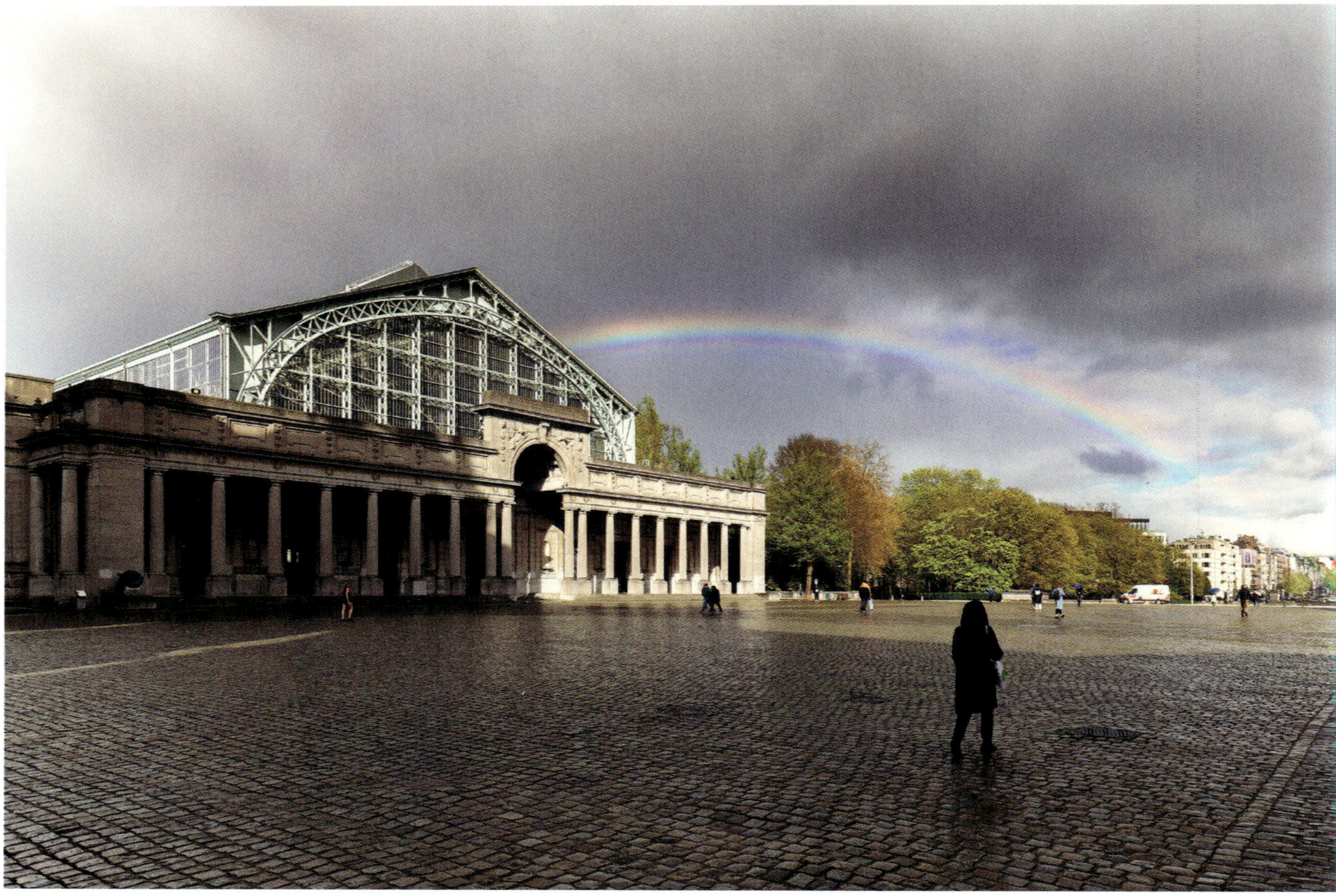

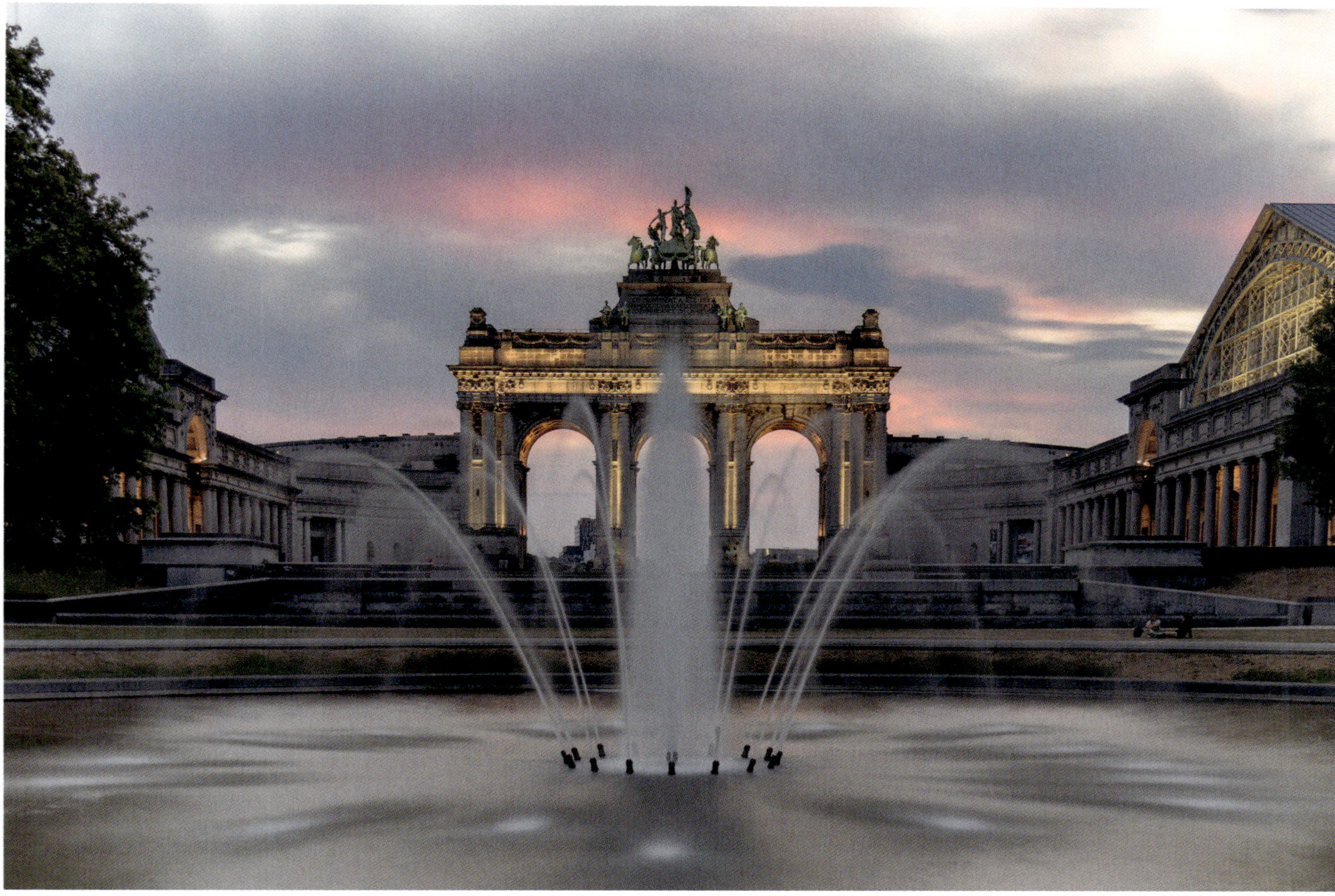

↖ Le Musée Royal de l'Armée et d'Histoire Militaire (Cinquantenaire)
Het Koninklijk Museum van het Leger en de Krijgsgeschiedenis (Jubelpark)
The Royal Museum of the Armed Forces and of Military History (Cinquantenaire)

↑ Les arcades du Cinquantenaire
De Triomfboog van het Jubelpark
The arcades of the Cinquantenaire

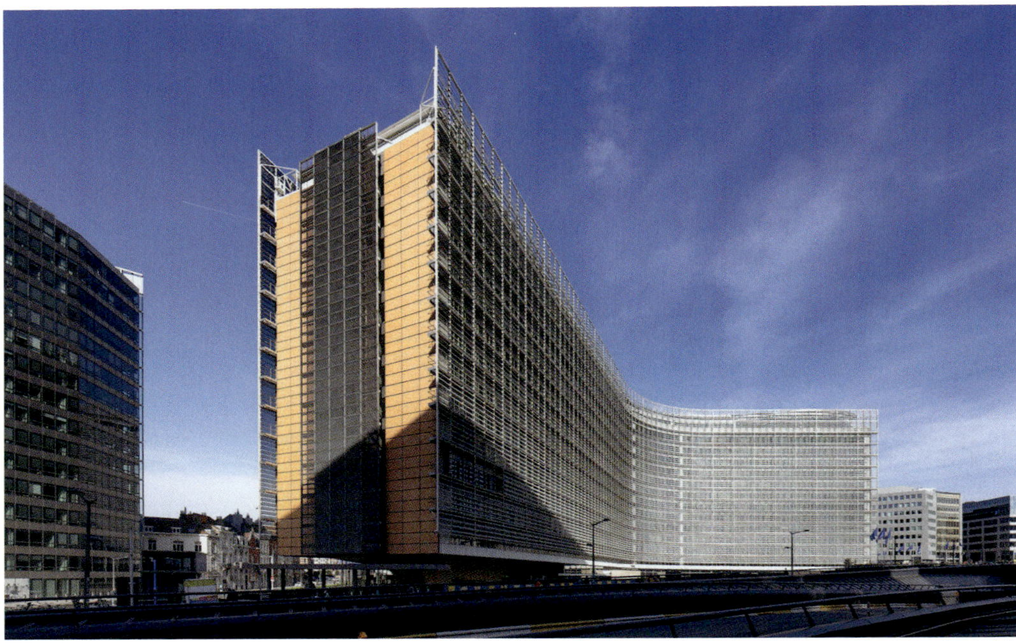

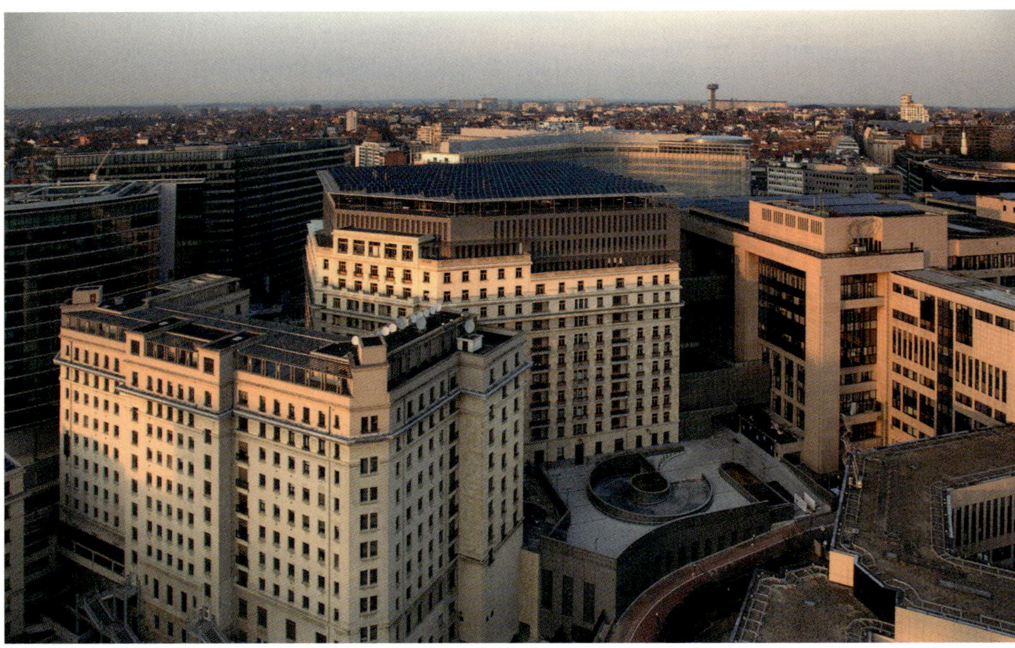

↑ Le Berlaymont, siège de la Commission européenne
Het Berlaymont, hoofdkantoor van de Europese Commissie
The Berlaymont building, headquarters of the European Commission

↓ Le Résidence Palace (bâtiment Europa) (Etterbeek)
Het Residence Palace (Europagebouw) (Etterbeek)
The Residence Palace (Europa building) (Etterbeek)

L'esplanade du Parlement européen – L'espace Léopold (Ixelles)
De esplanade van het Europees Parlement – De Leopoldruimte (Elsene)
The esplanade of the European Parliament – Espace Léopold (Ixelles)

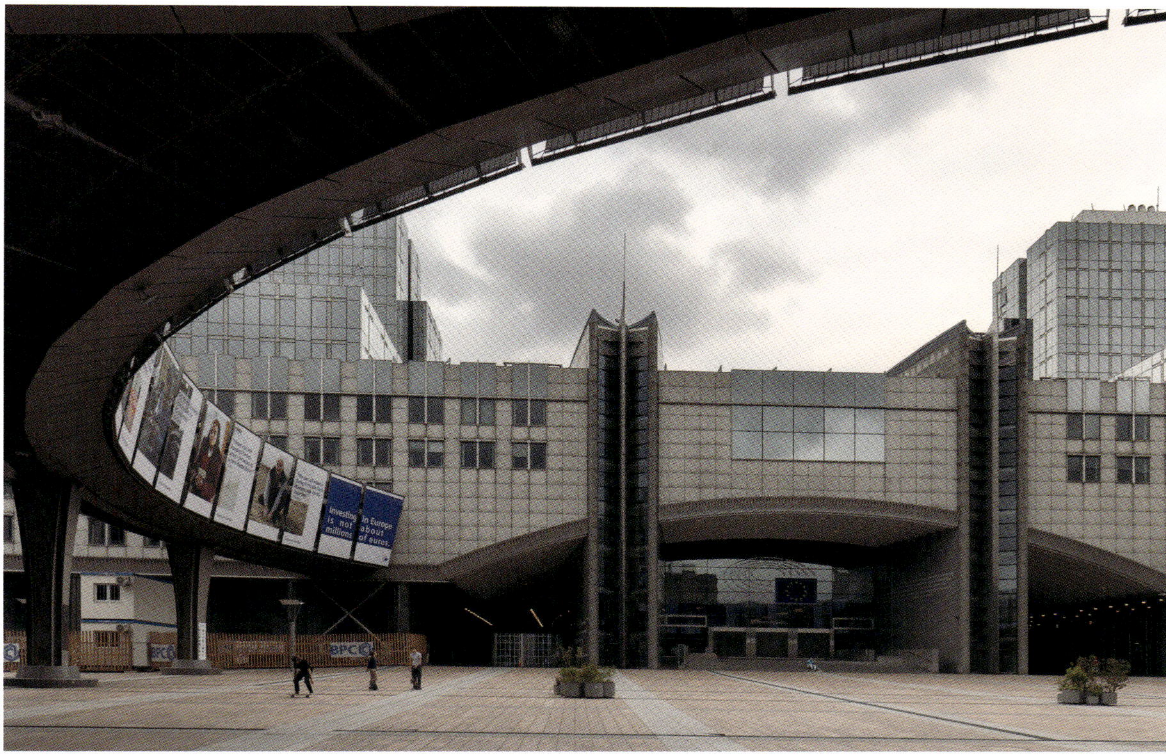

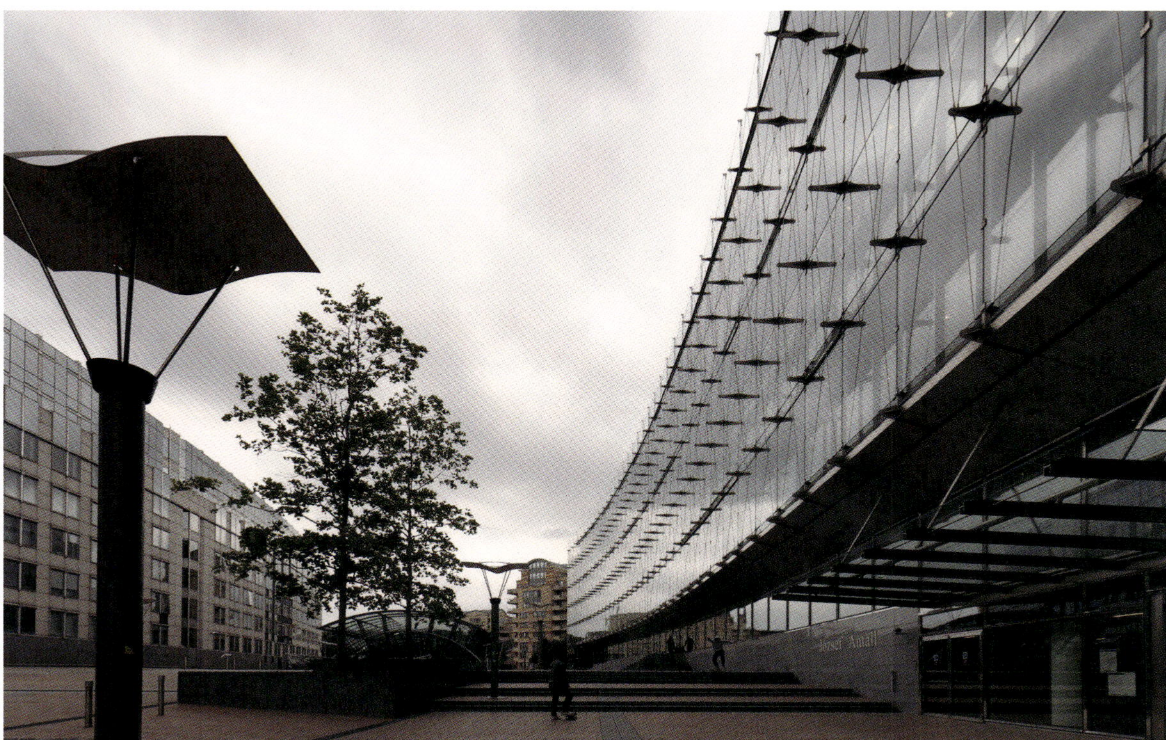

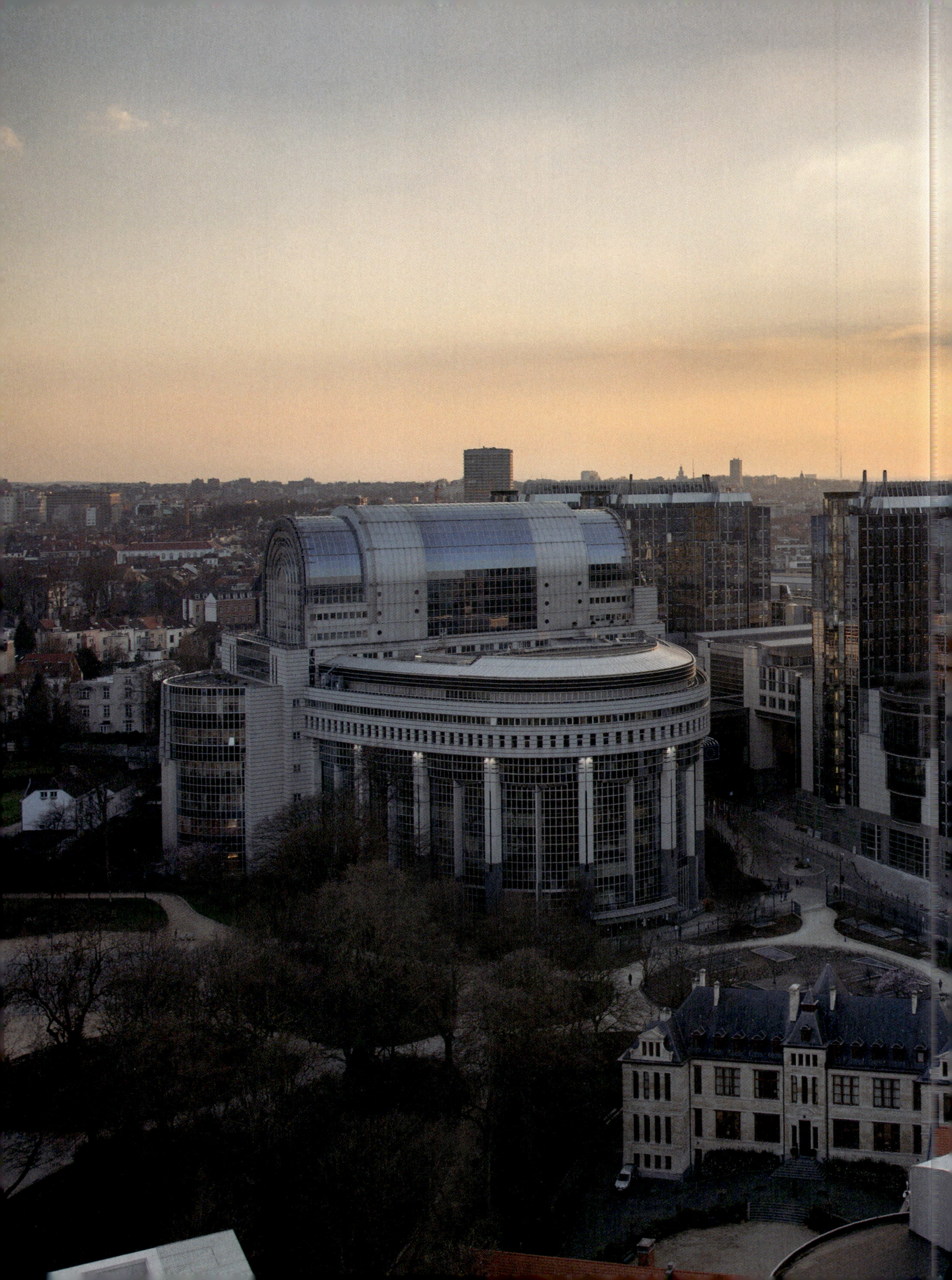

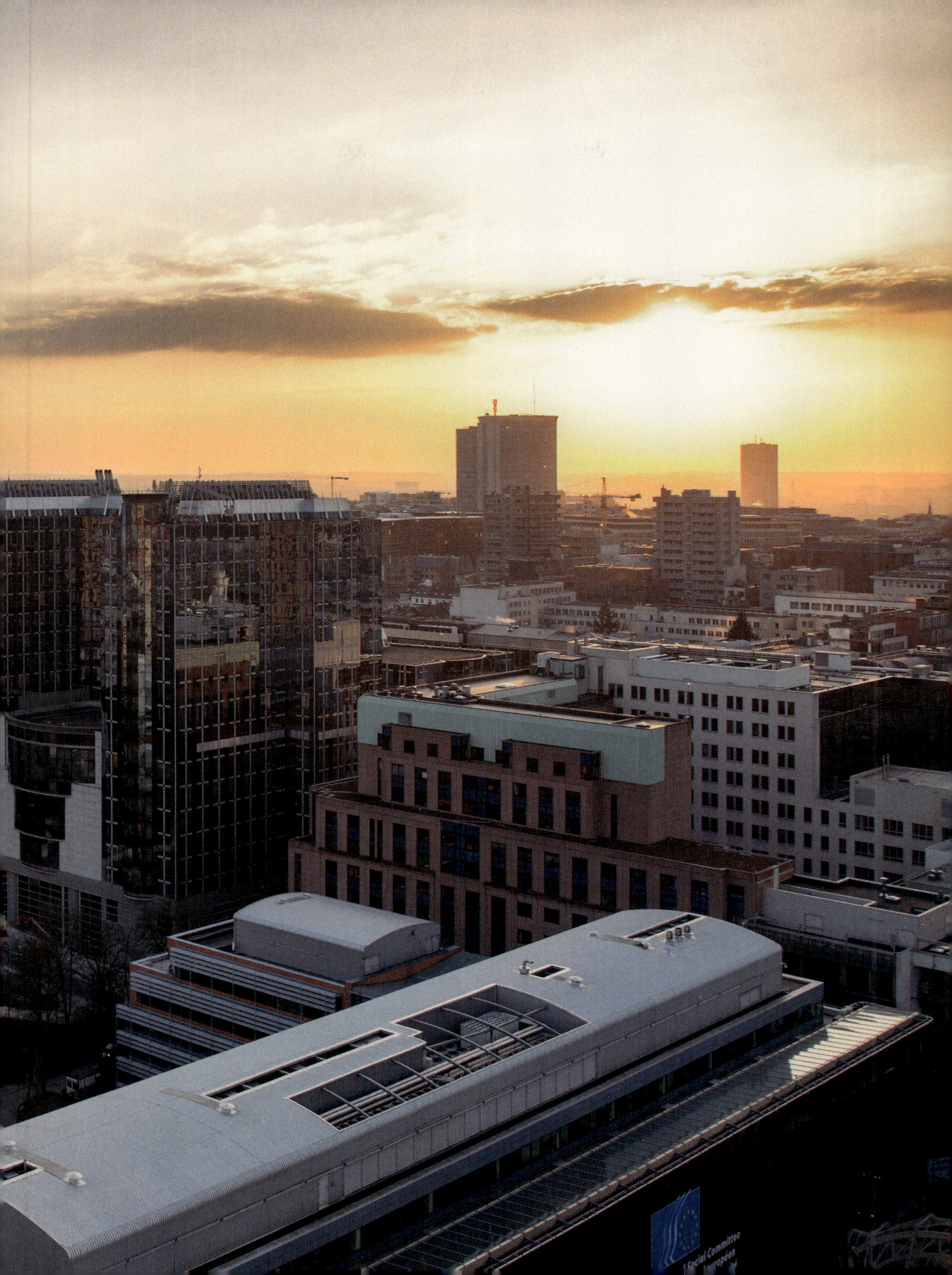
Social Committee

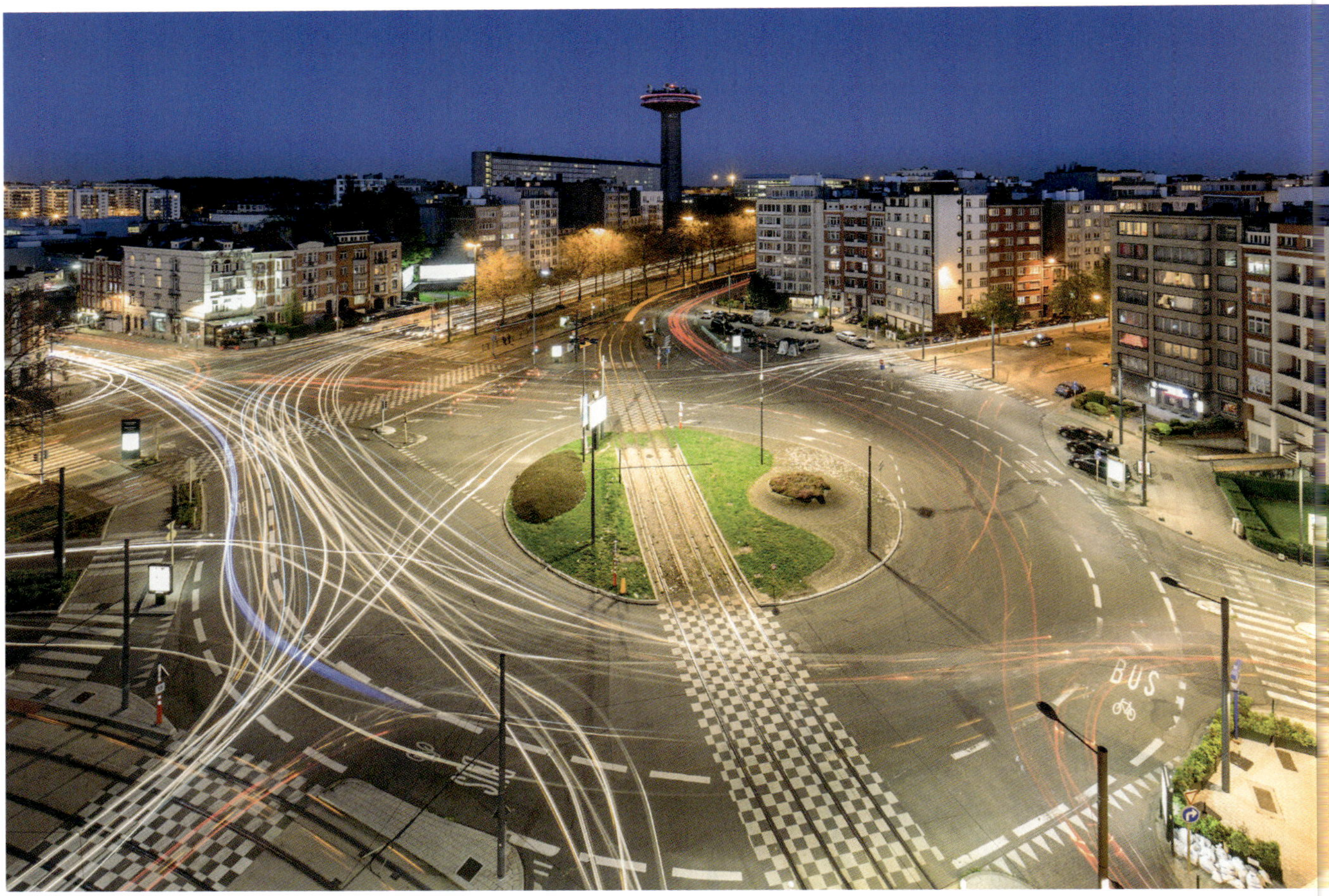

PP. 164-165 : Le bâtiment Paul-Henri Spaak, Parlement de l'Union européenne, surnommé « le caprice des dieux » (Ixelles)
Het Paul-Henri Spaakgebouw, parlement van de Europese Unie, bijgenaamd de 'Caprice des Dieux' (Elsene)
The Paul-Henri Spaak building, Parliament of the European Union, nicknamed 'le caprice des dieux', after the cheese (Ixelles)

↑ La place Meiser (Schaerbeek)
Het Meiserplein (Schaarbeek)
Place Meiser (Schaerbeek)

↗ L'église royale Sainte-Marie (Schaerbeek)
De Koninklijke Sint-Mariakerk (Schaarbeek)
The royal church of Sainte-Marie (Schaerbeek)

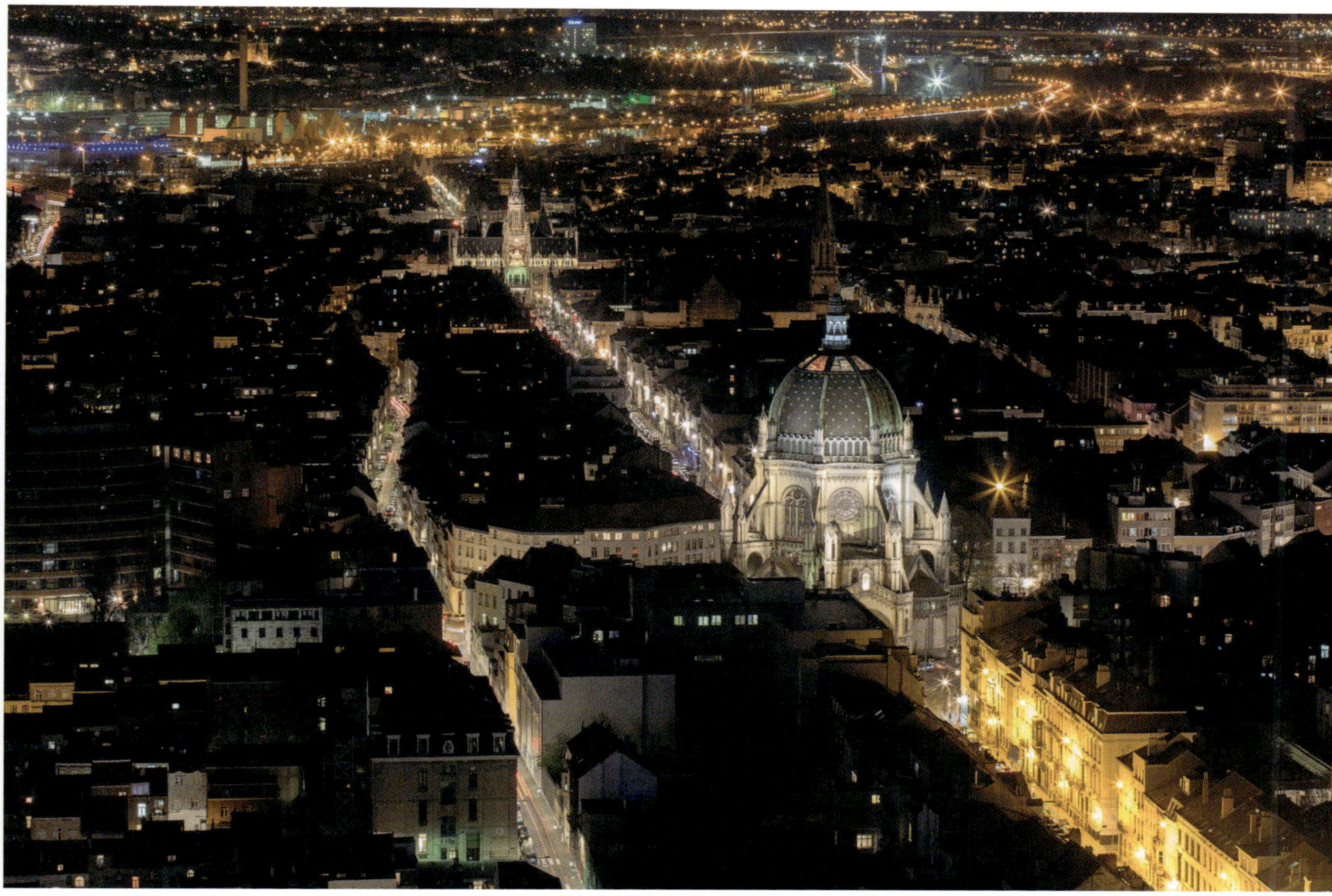

L'hôtel communal de Schaerbeek
Het gemeentehuis van Schaarbeek
Schaerbeek Town Hall

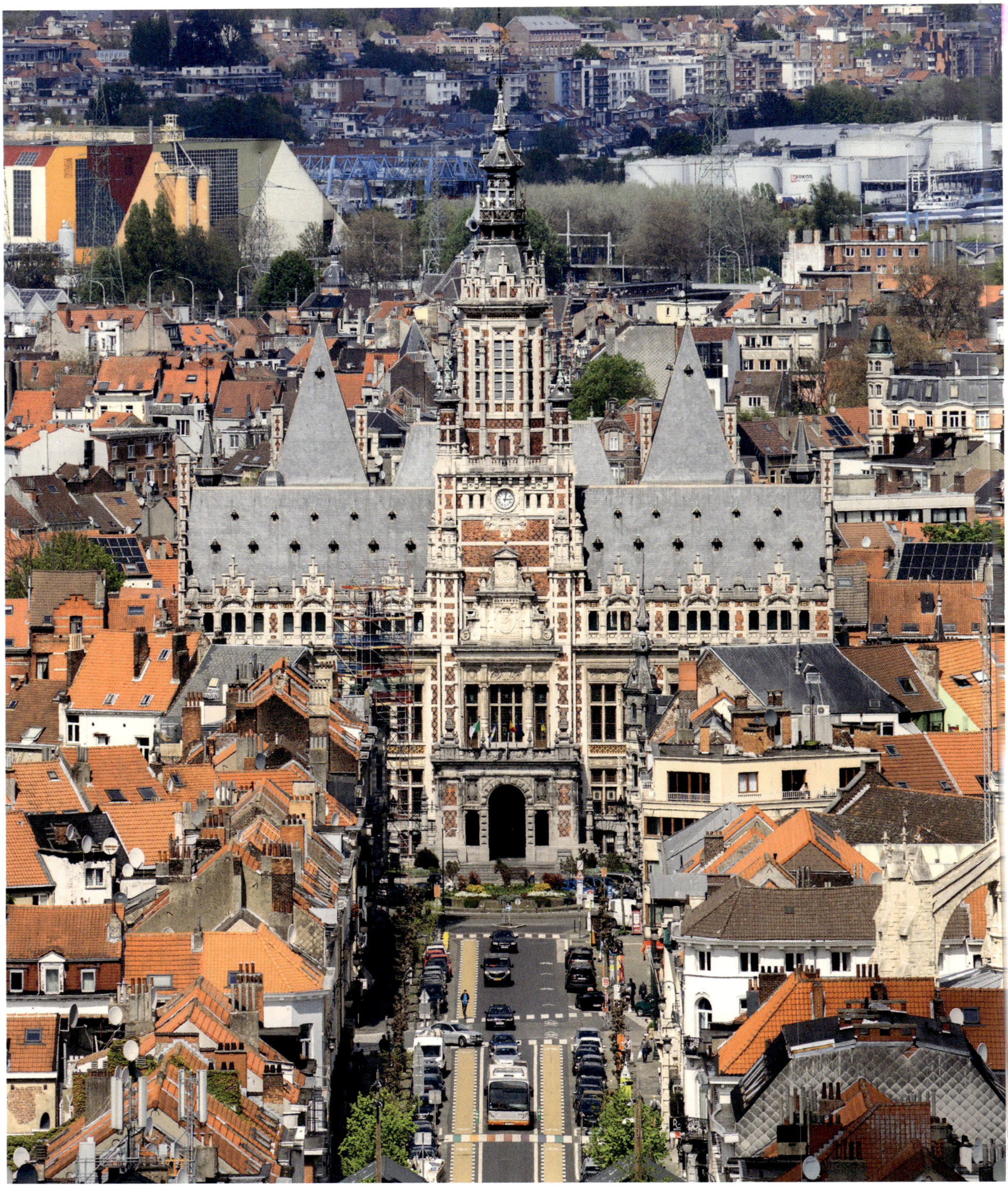

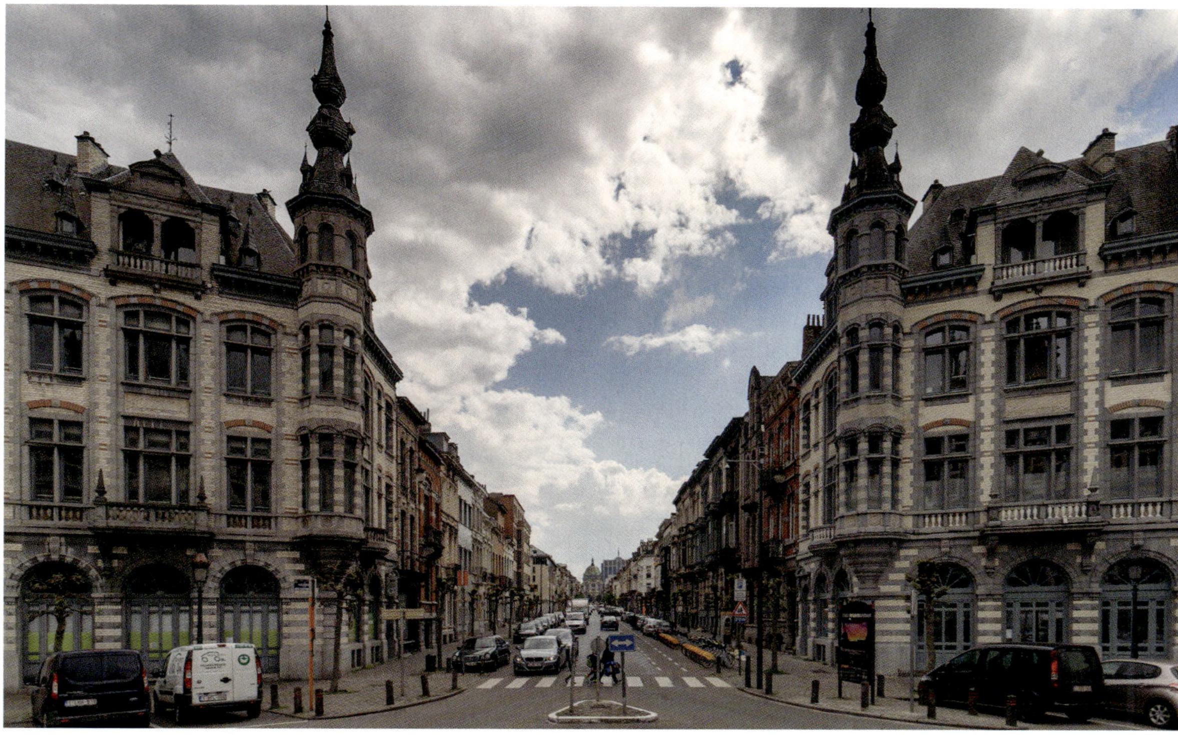

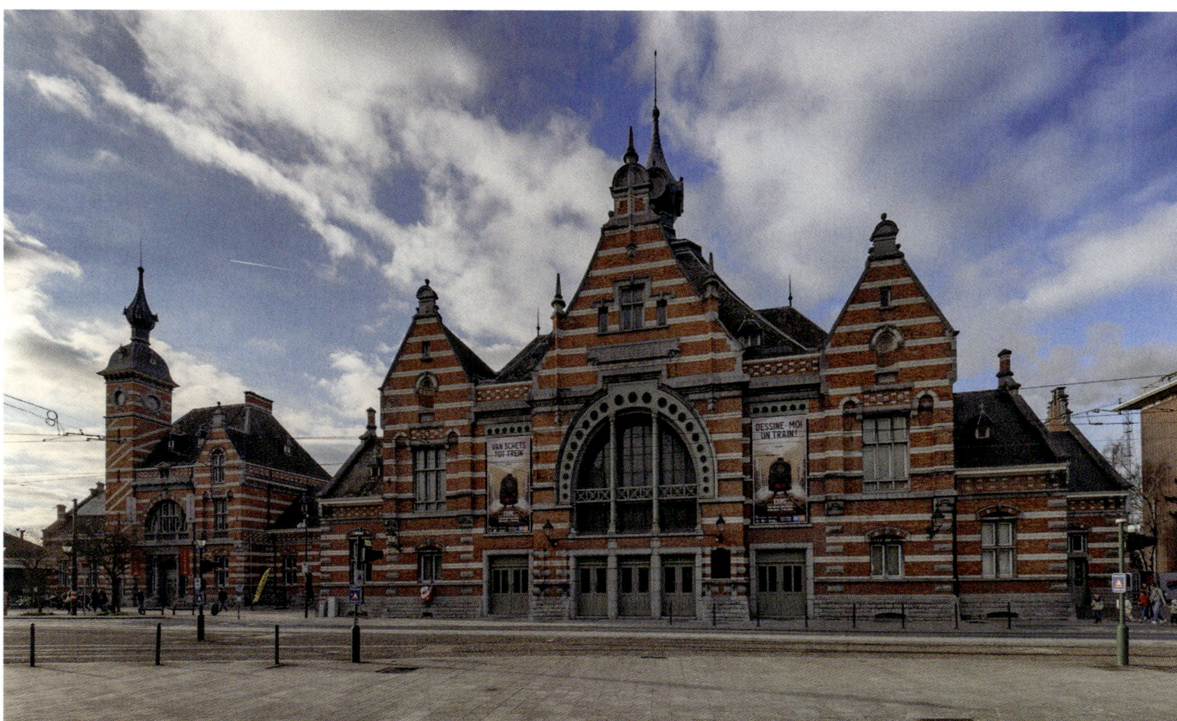

↑ La rue Royale Sainte-Marie
De Koninklijke Sinte-Mariastraat
Rue Royale Sainte-Marie

↓ Train World, musée du train scénographié par François Schuiten (Schaerbeek)
Train World, treinmuseum waarvan de inrichting is ontworpen door François Schuiten (Schaarbeek)
Train World, a train museum with set designs by François Schuiten (Schaerbeek)

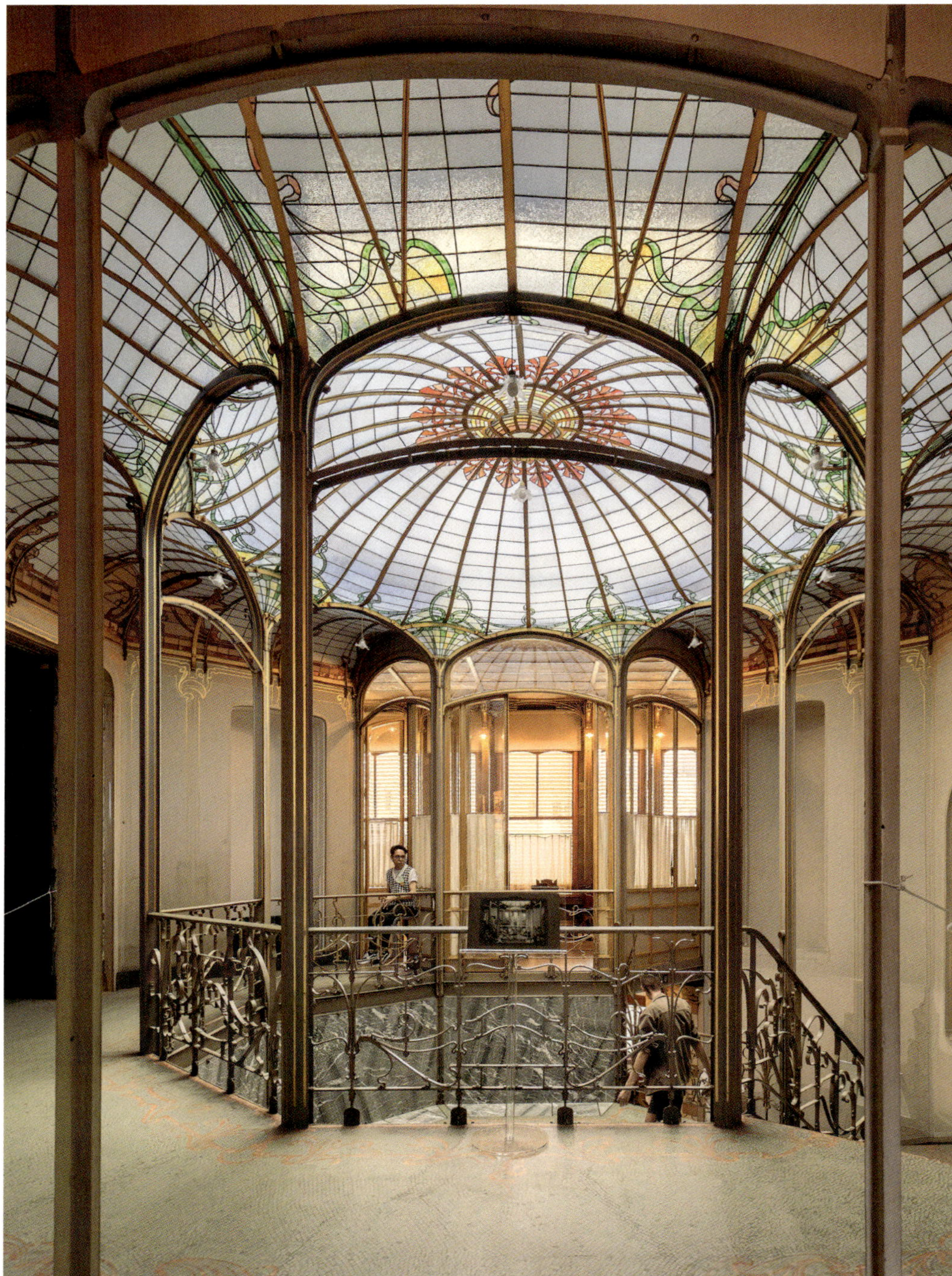

L'hôtel Van Eetvelde, joyau de l'Art nouveau (Schaerbeek)
Het Hotel Van Eetvelde, een parel van de art nouveau (Schaarbeek)
Hotel Van Eetvelde, an Art nouveau gem (Schaerbeek)

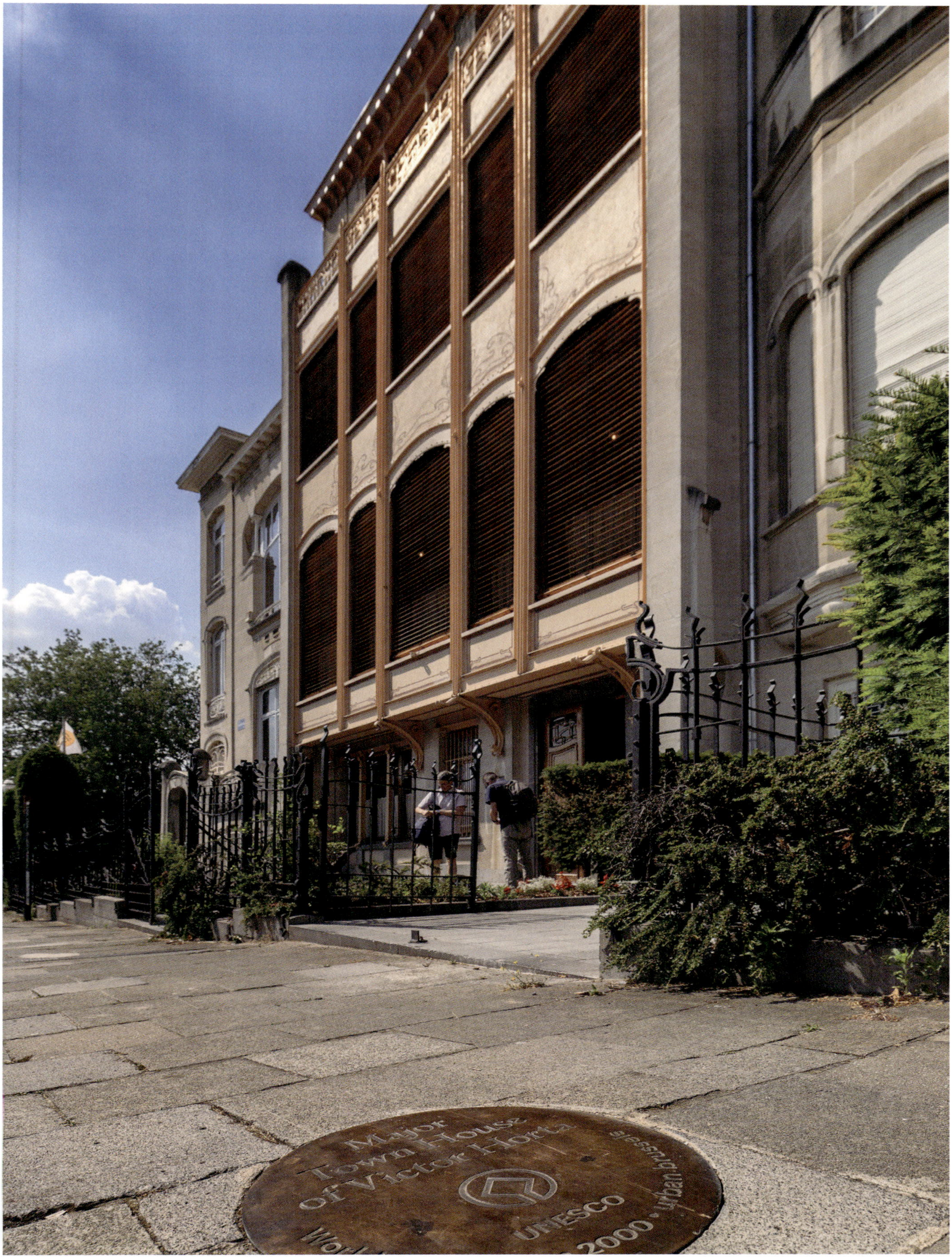
Major
Town House
of Victor Horta
UNESCO
2000 • urban.brussels

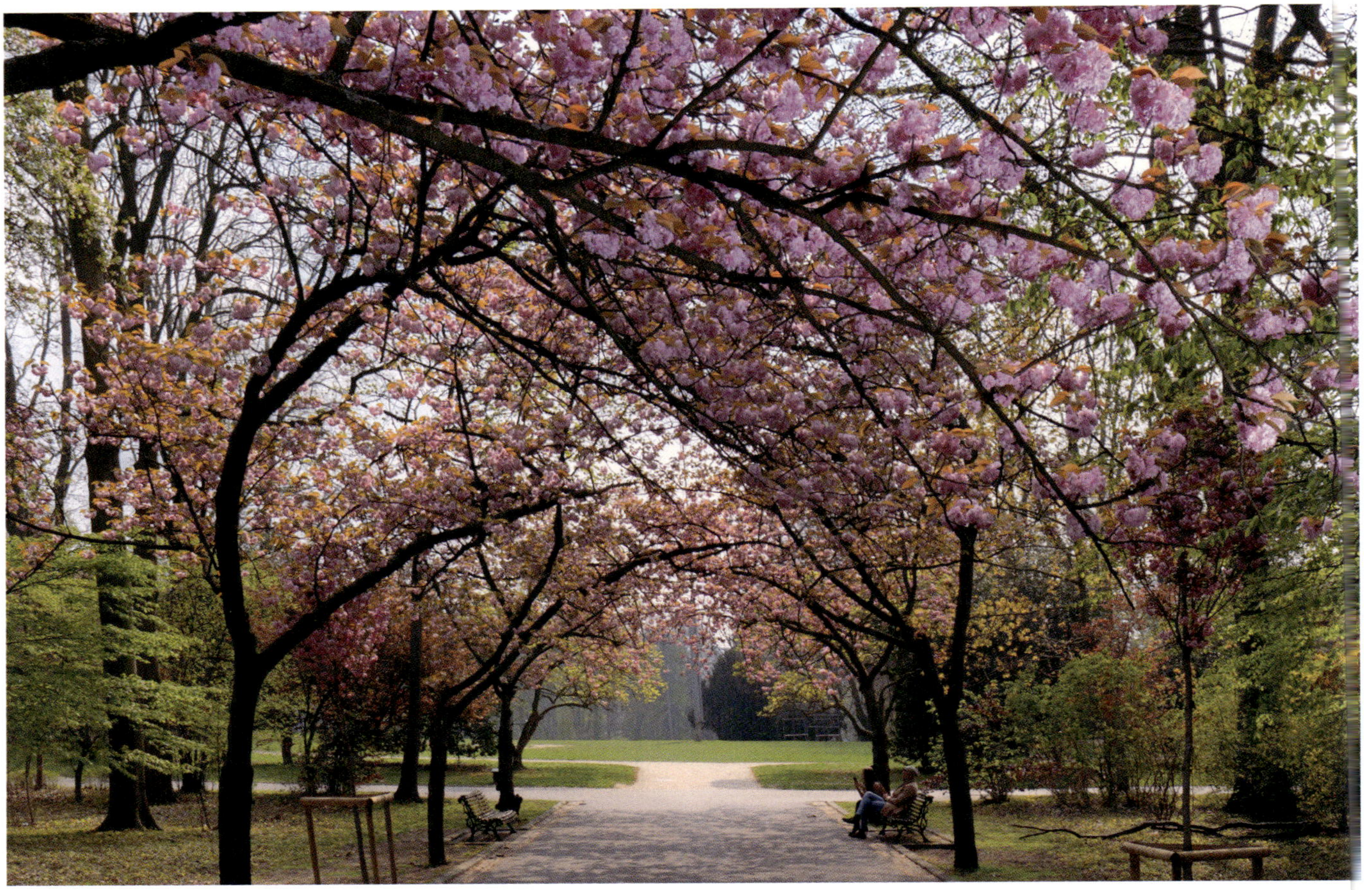

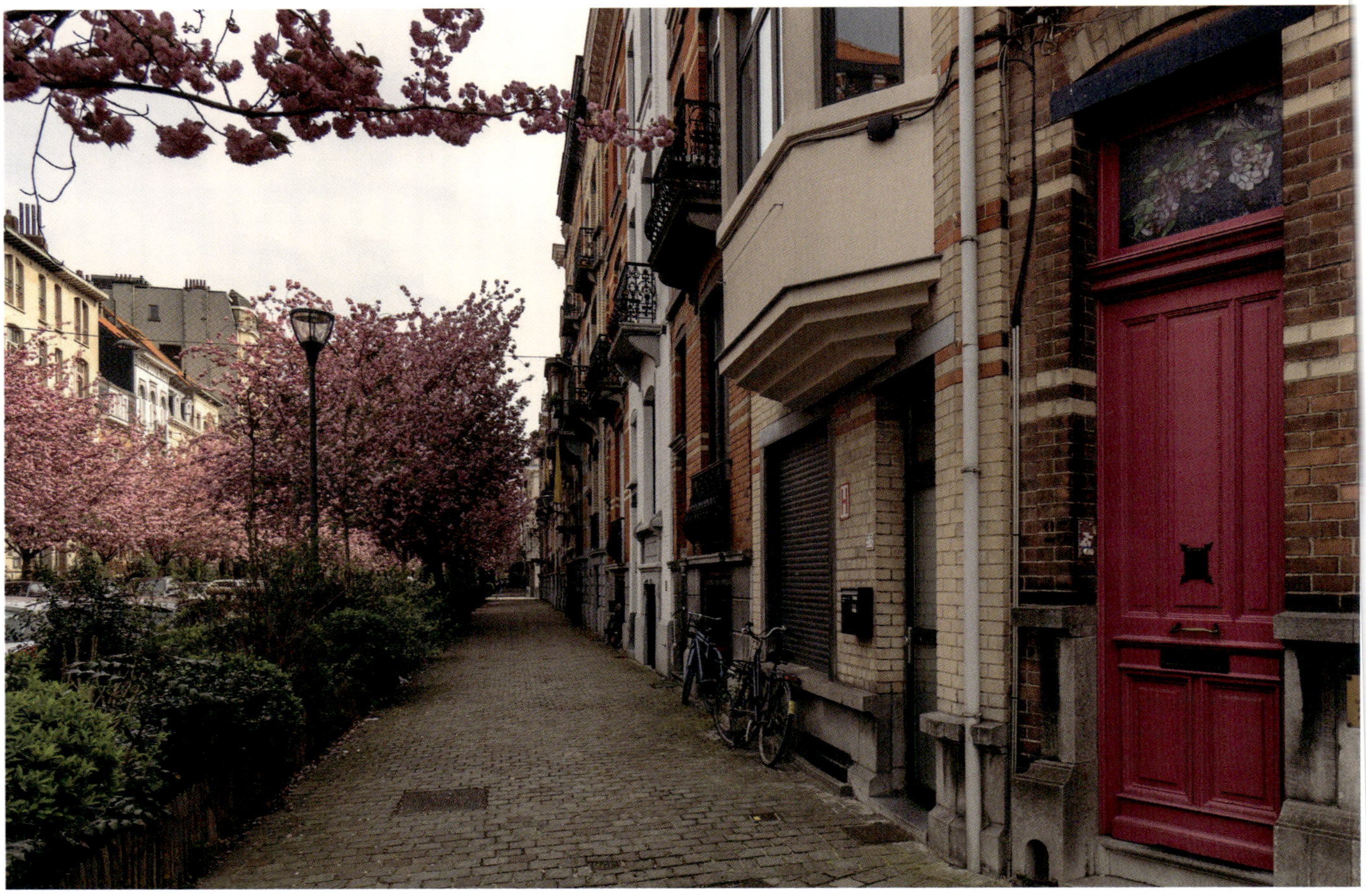

← Le parc Josaphat, avenue Émile Max (Schaerbeek)
Het Josaphatpark, Emile Maxlaan (Schaarbeek)
Josaphat Park, Avenue Émile Max (Schaerbeek)

→ Deux immeubles de rapport de style éclectique, avenue Louis Bertrand (Schaerbeek)
Twee herenhuizen in eclectische stijl, Louis Bertrandlaan (Schaarbeek)
Two appartment buildings in eclectic style, Avenue Louis Bertrand (Schaerbeek)

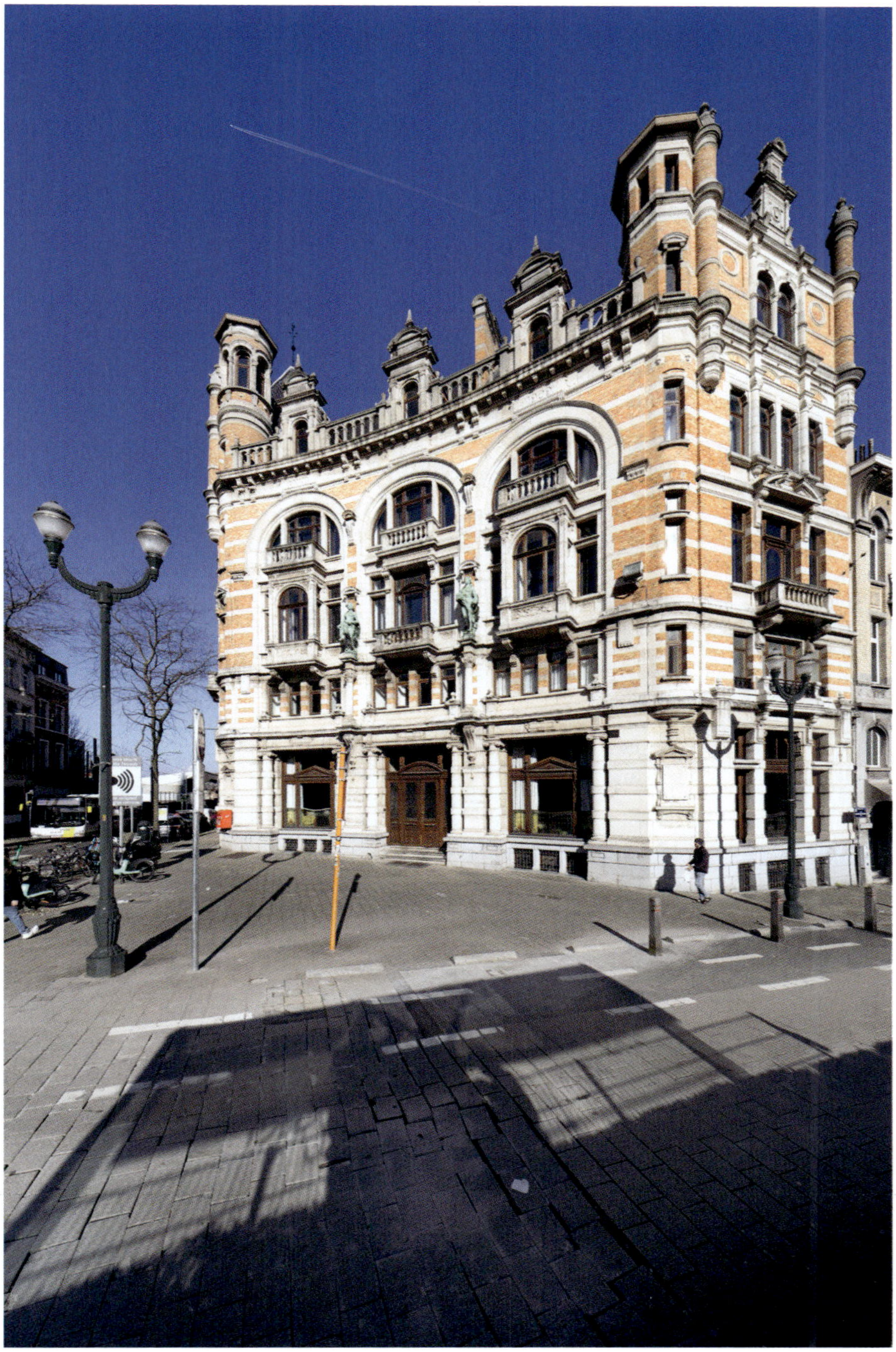

Du canal maritime à l'Atomium
Van het Zeekanaal tot het Atomium
From the Maritime Canal to the Atomium

Laeken : un musée d'architecture à ciel ouvert

Laken: openlucht-museum voor architectuur

Laeken: an Open-Air Museum of Architecture

Fr.

Rattachée à la Ville de Bruxelles depuis 1921, Laeken précise l'identité de la capitale en accueillant plusieurs édifices iconiques.

Laeken a les pieds dans l'eau. La commune débute sur la berge du canal maritime de Willebroek, relié à l'Escaut qui rejoint la côte. Le port de Bruxelles est donc un port de mer. Sous le pont routier, on découvre le Brussels Royal Yacht Club (BRYC) et sa marina, où 200 voiliers paressent le long des quais, rêvant de haute mer et d'horizons épurés, loin de l'asphalte et du bruit des moteurs.

Plus loin, le canal rejoint le site de Tour & Taxis. Ancienne friche industrielle de 27 hectares – douane, gare maritime, relais postal, entrepôts –, il est devenu un espace culturel et commercial incontournable, avec festivals, événements, bureaux, boutiques et espaces verts. C'est un exemple unique de restauration réussie. Les bâtiments néo-gothiques rehaussés d'Art nouveau, témoins d'une Belgique conquérante, renaissent dans un pôle moderne, design et résolument inscrit dans le nouveau millénaire.

Laeken est aussi la demeure de nos souverains. Derrière l'église Notre-Dame commence le domaine royal avec son château néo-classique. Le domaine est privé, mais les serres royales s'ouvrent au public au printemps, pendant trois semaines. Ce sont 76 pavillons répartis en trois zones sur un hectare et demi : dentelles de fer et de verre, chef-d'œuvre diaphane abritant plus de 600 espèces de plantes, entretenues par une armée de jardiniers.

Le site du Heysel confirme la vocation monumentale de Laeken. Les cinq premiers palais Art Déco furent construits pour l'exposition universelle de 1935. Celle de 1958 compléta le site en formant l'actuel parc des expositions avec douze palais accueillant plus de 150 événements.

L'Expo 58 fut la vitrine triomphante des Trente Glorieuses : consécration de la société de consommation, hausse du niveau de vie, progrès technologique, plein emploi. L'euphorie s'arrêta avec le choc pétrolier de 1973. Mais en 1958, on y croyait dur comme fer, et l'expo célébrait la technologie.

L'Atomium symbolise, au-delà de l'atome de fer, l'audace et le génie de l'époque. Le pavillon chinois et la tour japonaise, construits au début du XXe siècle complètent ce patrimoine unique et improbable, faisant de Laeken un musée à ciel ouvert.

Nl.

Laken is sinds 1921 aangehecht aan de Stad Brussel en geeft de identiteit van de hoofdstad mee vorm dankzij enkele iconische gebouwen.

De gemeente ligt aan het water en begint aan de oever van het Kanaal van Willebroek, een zeekanaal dat via de Schelde verbonden is met de zee. De haven van Brussel is dus een zeehaven. Onder de brug ontdek je de verrassende Brussels Royal Yacht Club (BRYC) met jachthaven, waar tweehonderd zeilboten kabbelend aan de kade dromen van de volle zee, ver weg van asfalt en motorgeluid.

Verderop voert het kanaal naar de site van Tour & Taxis, een voormalig industrieterrein van 27 hectare met douanekantoor, goederen- en poststation, pakhuizen en hangars. Nu is het een culturele en commerciële hotspot voor festivals en events, met kantoren, winkels en groenzones. De neogotische gebouwen met art-nouveaudetails getuigen van het jonge België dat de wereld wilde veroveren. Nu krijgen ze een nieuw leven als moderne aantrekkingspool in het nieuwe millennium.

Laken is ook de woonplaats van onze vorsten. Achter de Onze-Lieve-Vrouwekerk begint het Koninklijk Domein met een neoklassiek kasteel. Het domein is privé, maar in het voorjaar zijn de koninklijke serres drie weken geopend. De 76 paviljoenen op anderhalve hectare vormen een fraai kantwerk van ijzer en glas. Een leger tuinmannen onderhoudt er ruim 600 plantensoorten in dit doorzichtige meesterwerk.

De Heizel-site bevestigt de monumentale roeping van Laken. De eerste vijf art-decopaleizen zijn gebouwd voor de Wereldtentoonstelling van 1935. Met Expo 58 werd de site voltooid tot het huidige Tentoonstellingspark met twaalf paleizen, waar nu ruimte is voor meer dan 150 grote evenementen en tentoonstellingen.

Expo 58 was de vitrine van de naoorlogse bloeiperiode: consumptiemaatschappij, hogere levensstandaard, technologische vooruitgang en volledige werkgelegenheid. De oliecrisis van 1973 maakte daar abrupt een einde aan, maar in 1958 geloofde men er nog heilig in en kreeg technologie een prominente plek. Het Atomium symboliseert niet alleen het ijzeratoom, maar ook de durf en genialiteit van toen. Het Chinese paviljoen en de Japanse toren, gebouwd aan het begin van de 20^{e} eeuw maken het plaatje compleet: dit unieke en onwaarschijnlijke erfgoed maakt van Laken een openluchtmuseum.

En.

Since its annexation to the City of Brussels in 1921, Laeken has played a significant role in shaping the capital's character, as it is home to some of its most iconic buildings.

Laeken has its feet in the water. One end of the district runs along the banks of the Willebroek maritime canal, which connects to the River Scheldt and leads to the sea. As a result, Brussels' port functions as a seaport. Beneath the road bridge, in the marina of the remarkable Brussels Royal Yacht Club (BRYC), 200 sailboats rest idly along the quays, dreaming of the open sea and pristine horizons.

Further along, the canal leads to the Tour & Taxis site. Once a customs house, maritime station, postal relay, and a cluster of warehouses and hangars, this 27-hectare former industrial wasteland now exemplifies a successful restoration of a vast industrial area. Its neo-Gothic buildings, adorned with Art Nouveau details, have been integrated into an attractive, modern, stylish complex that hosts festivals, significant events, offices, shops, and green spaces.

Laeken is also home to the Belgian royal family. The royal domain and its neoclassical castle, situated behind the Church of Our Lady, are private, but the Royal Greenhouses are open to the public each spring for three weeks. These delicate iron and glass structures, translucent masterpieces, house more than 600 meticulously maintained plant species.

The Heysel site only adds to Laeken's grandeur. Its first five Art Deco palaces were built for the 1935 World Fair, but the site was not completed until 1958, when it became an exhibition park with twelve halls hosting over 150 major events and exhibitions each year.

The Brussels Expo 58 proudly showcased the post-war boom, characterised by the rise of a consumer society, improved living standards, technological progress, and full employment. In 1958, a strong belief in progress persisted, and the Expo celebrated technology with great enthusiasm.

Beyond the iron atom itself, the Atomium represents the boldness and ingenuity of the era. The presence of the Chinese Pavilion and Japanese Tower, both erected before 1910, transforms the Laeken district into a distinctive, eclectic architectural heritage, truly an open-air museum.

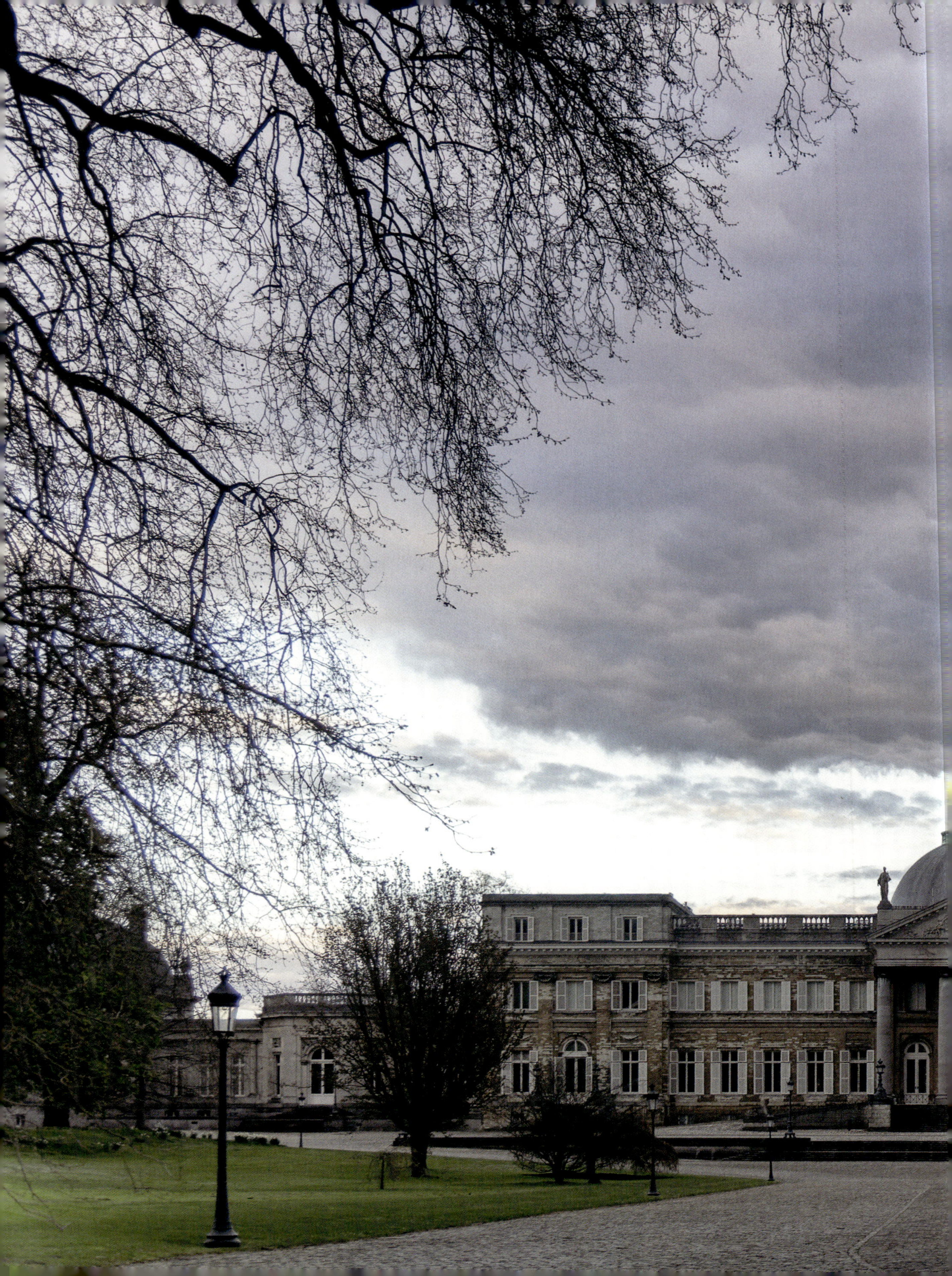

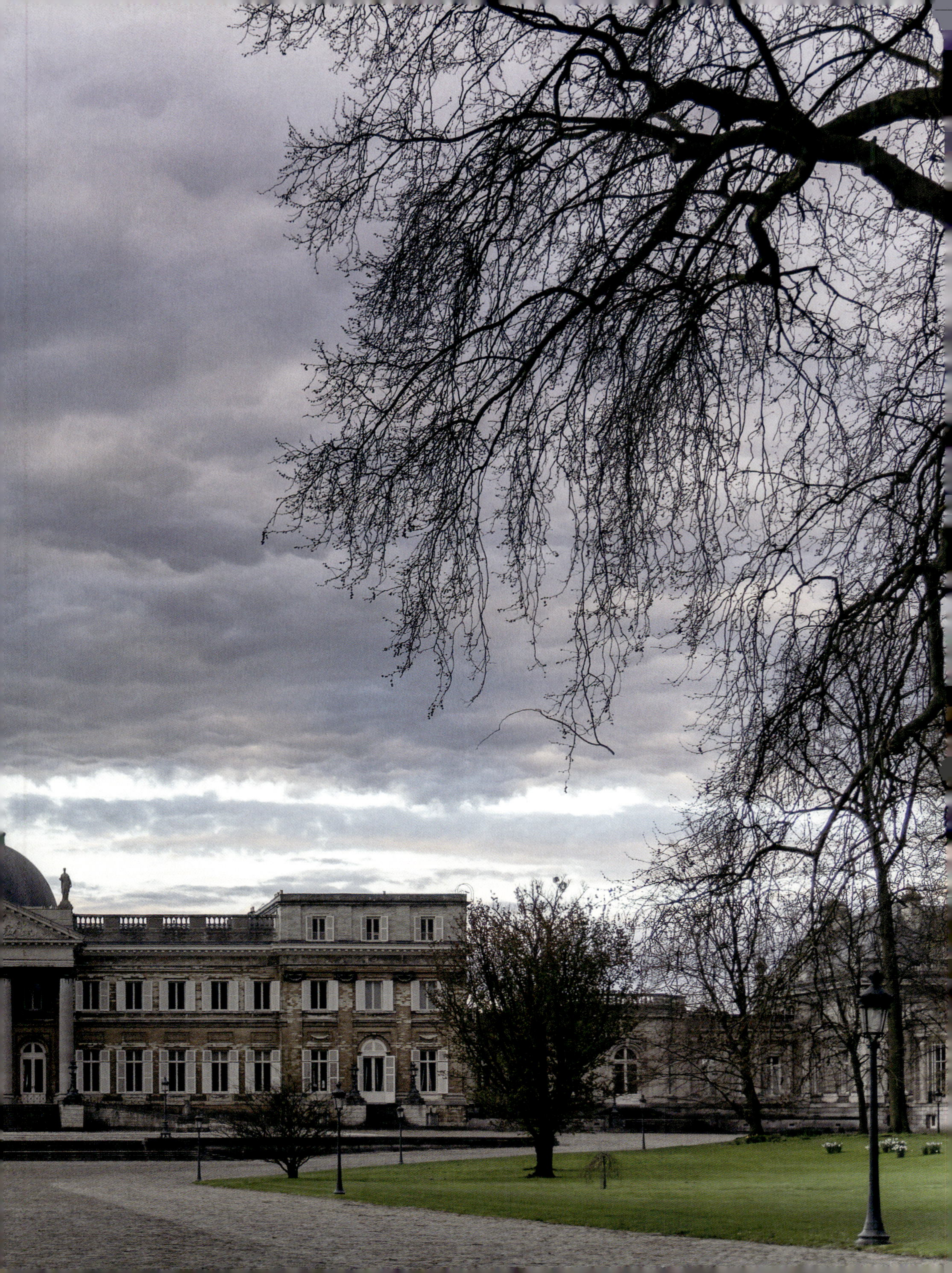

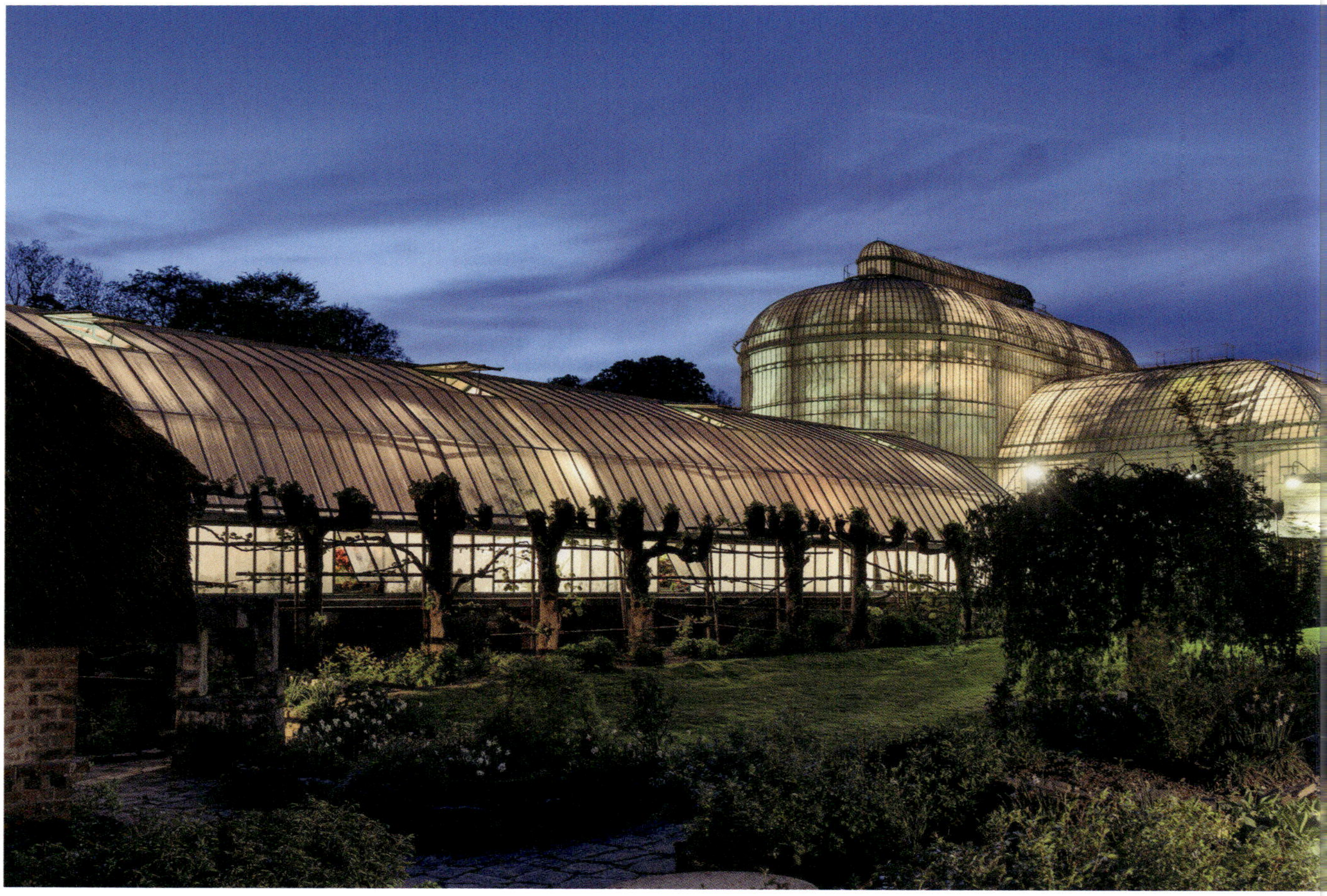

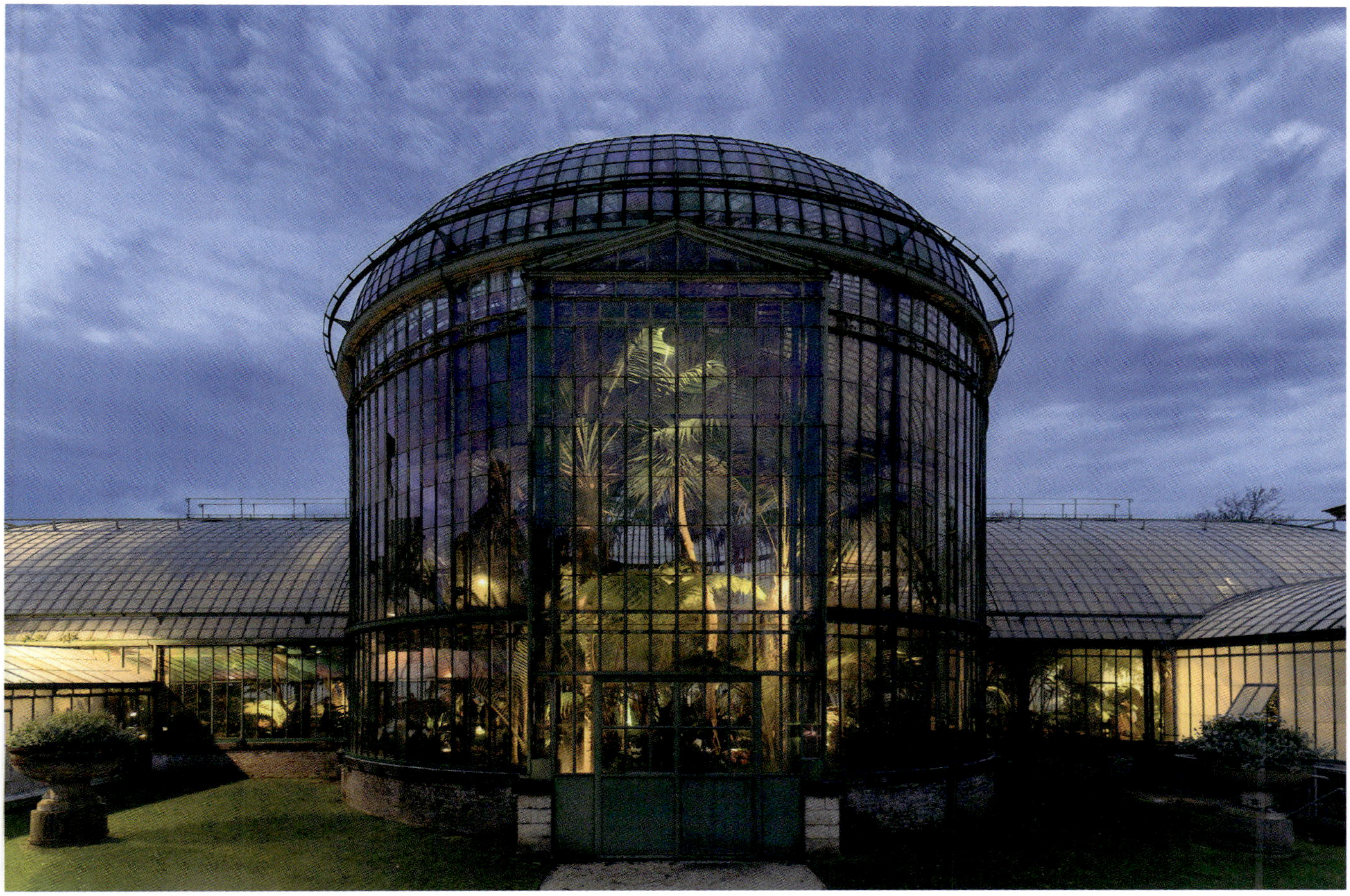

PP. 176-177 : Le Château royal de Laeken, résidence officielle du roi des Belges
Het Koninklijk Kasteel van Laken, officiële ambtswoning van de Koning der Belgen
The Royal Castle of Laeken, official residence of the King of Belgium

↖↑ Les Serres royales de Laeken
De Koninklijke Serres van Laken
The royal greenhouses of Laeken

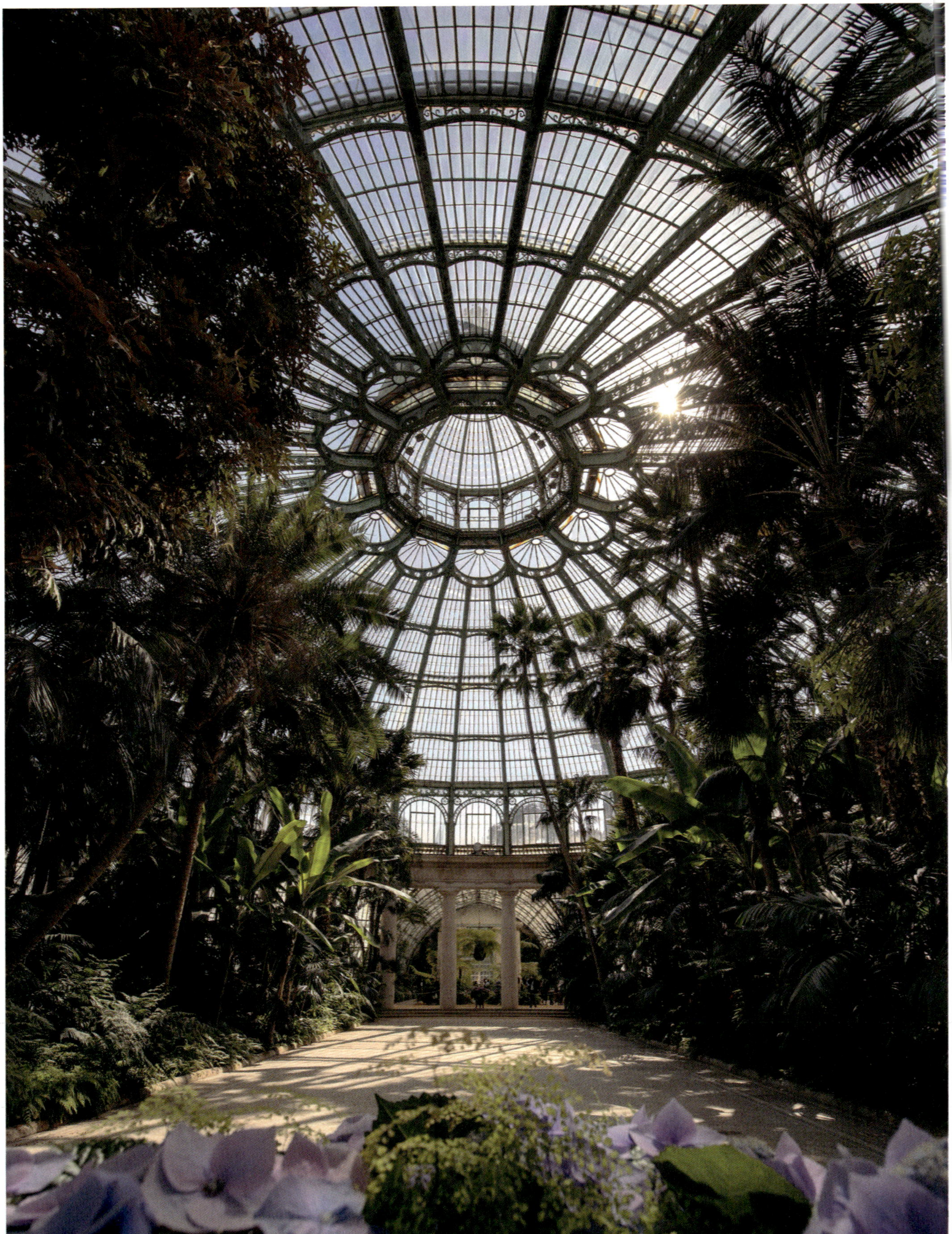

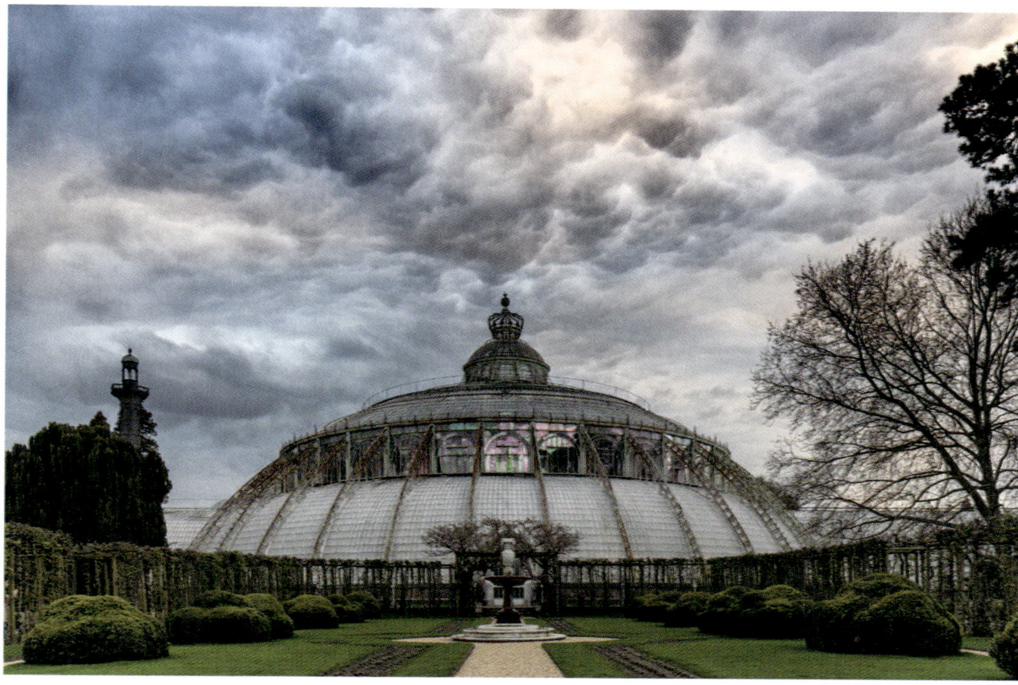

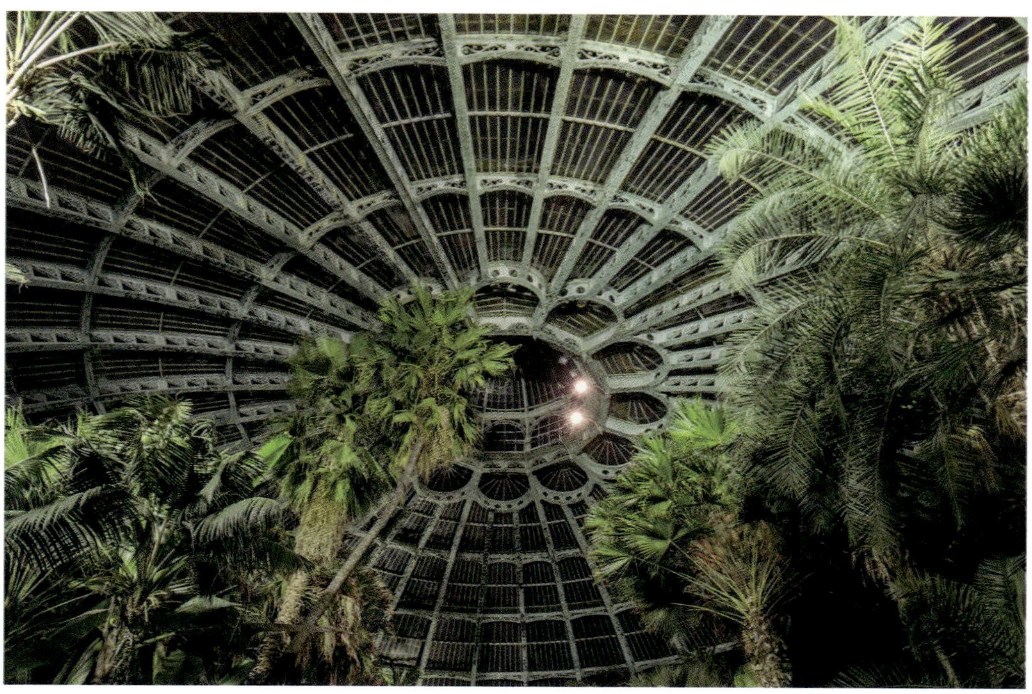

Le Jardin d'Hiver des serres royales de Laeken
De Wintertuin van de Koninklijke Serres van Laken
The winter garden of the royal greenhouses in Laeken

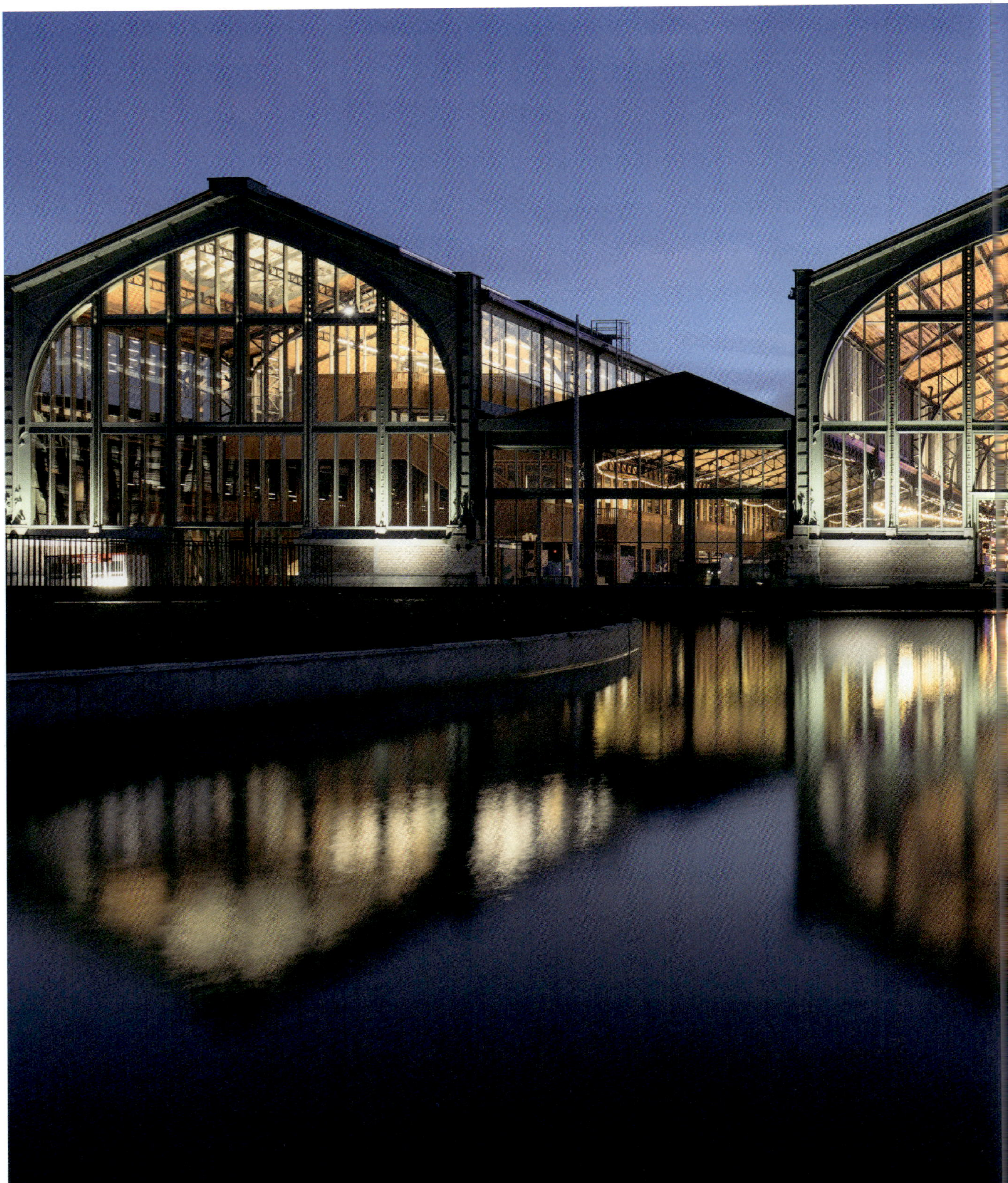

La Gare Maritime, sur le site de Tour & Taxis (Laeken)
De Gare Maritime, op het terrein van Tour & Taxis (Laken)
The Gare Maritime food market, at Tour & Taxis (Laeken)

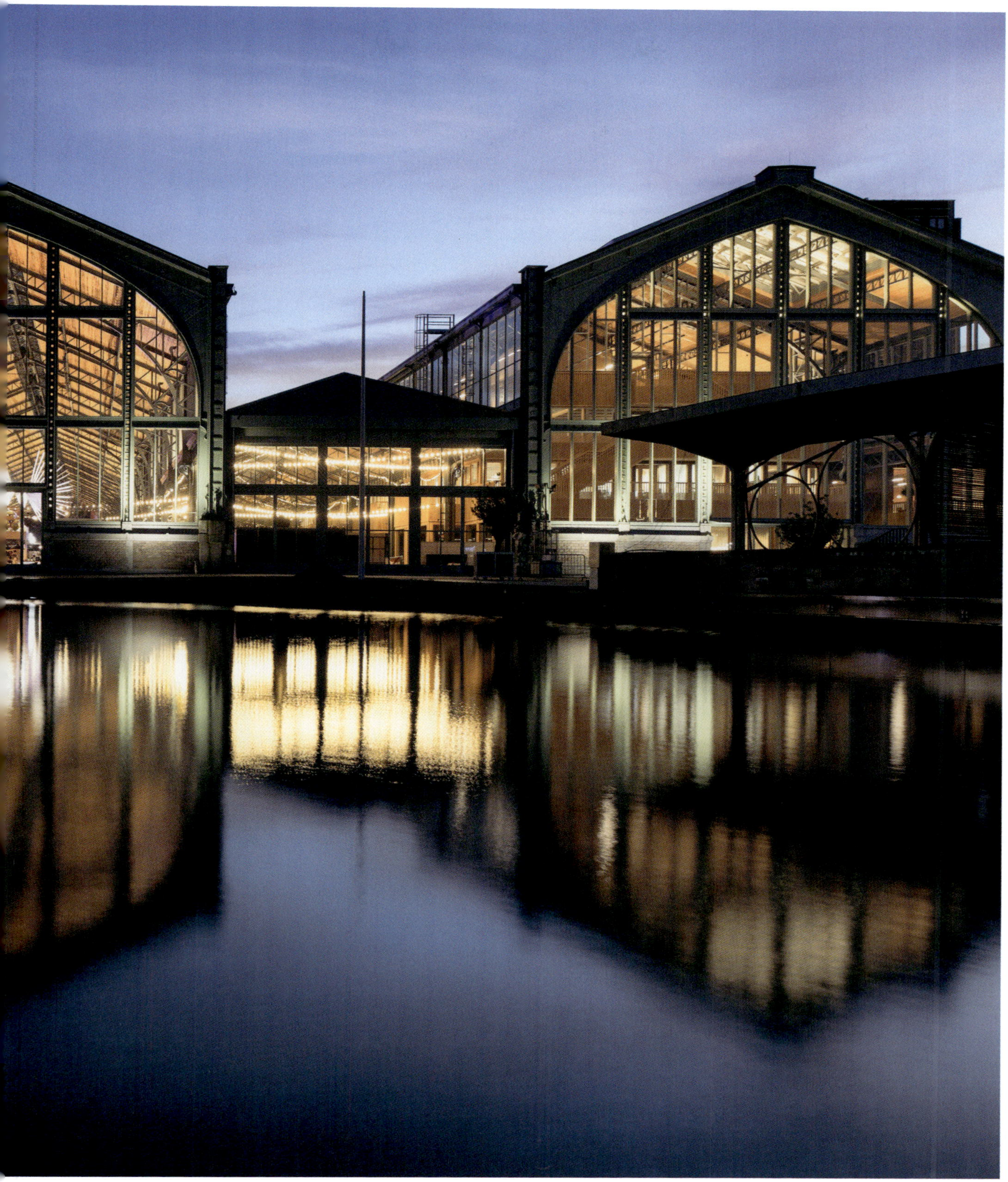

Le Pont Suzan Daniel – Le pont de Buda (Laeken)
De Suzan Danielbrug – De Budabrug (Laken)
Suzan Daniel Bridge – Buda Bridge (Laeken)

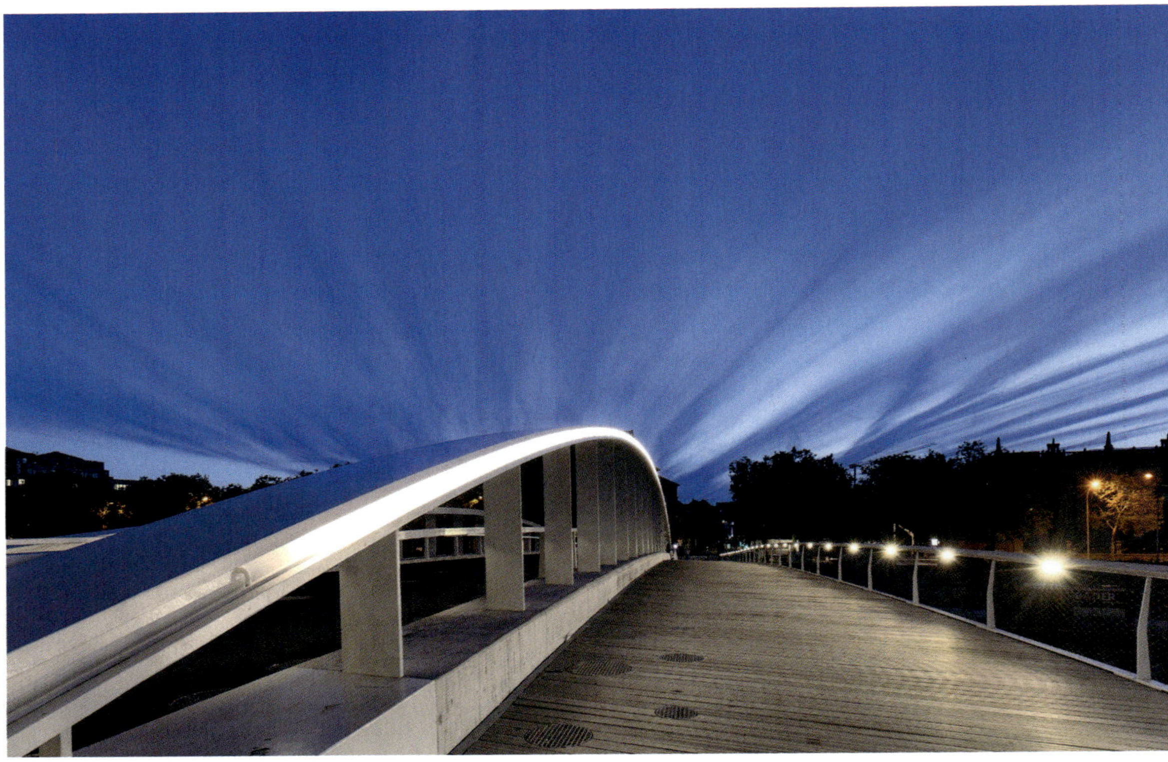

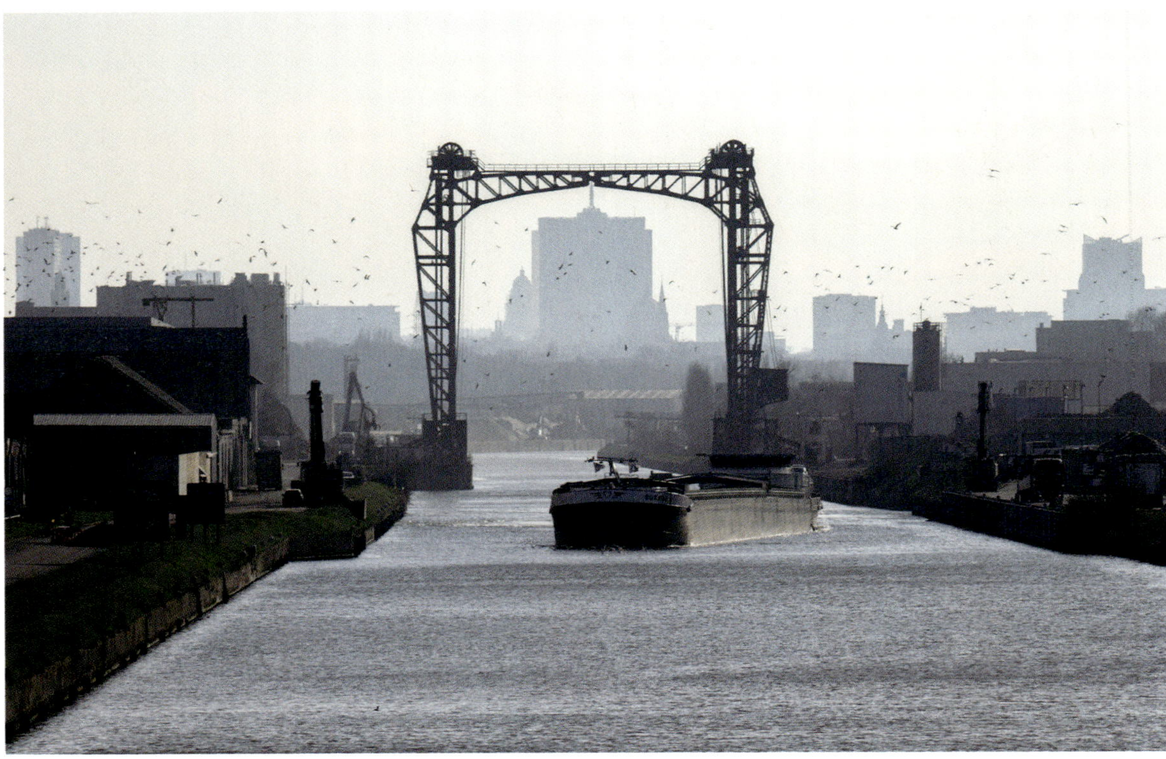

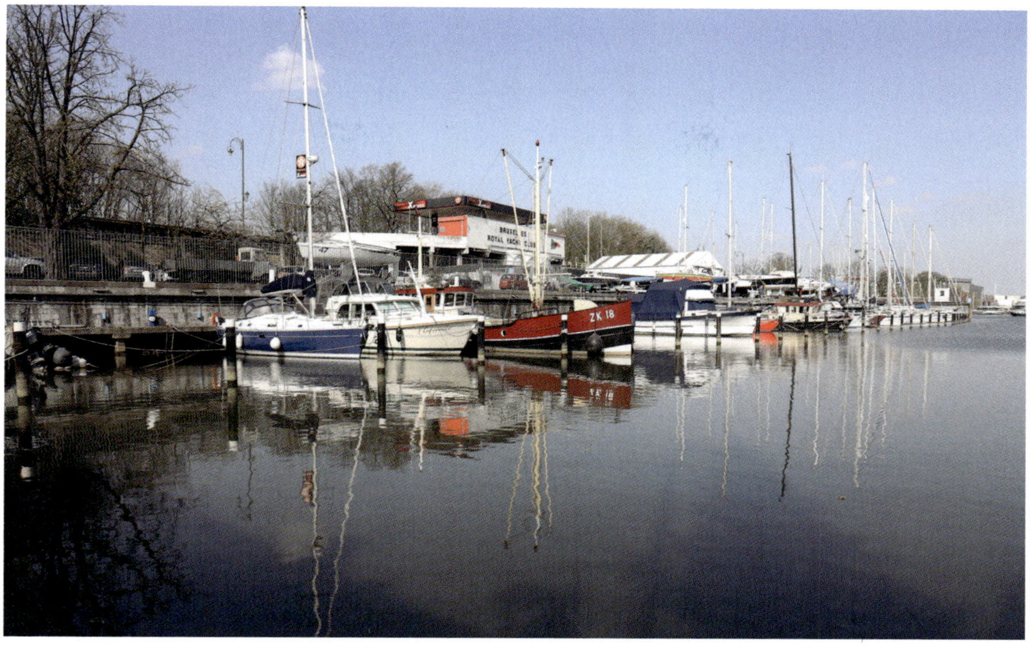

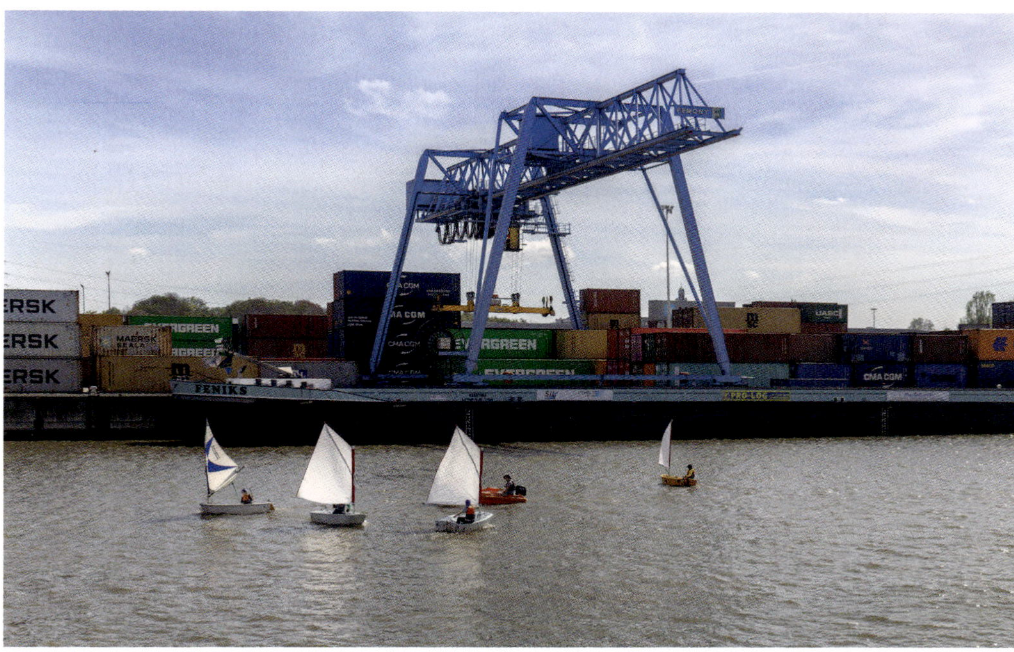

↑ Le Bruxelles Royal Yacht Club
De Brussels Royal Yacht Club
The Brussels Royal Yacht Club

↓ Les docks du port de Bruxelles (Laeken)
De dokken van de Brusselse haven (Laken)
The docks of the port of Brussels (Laeken)

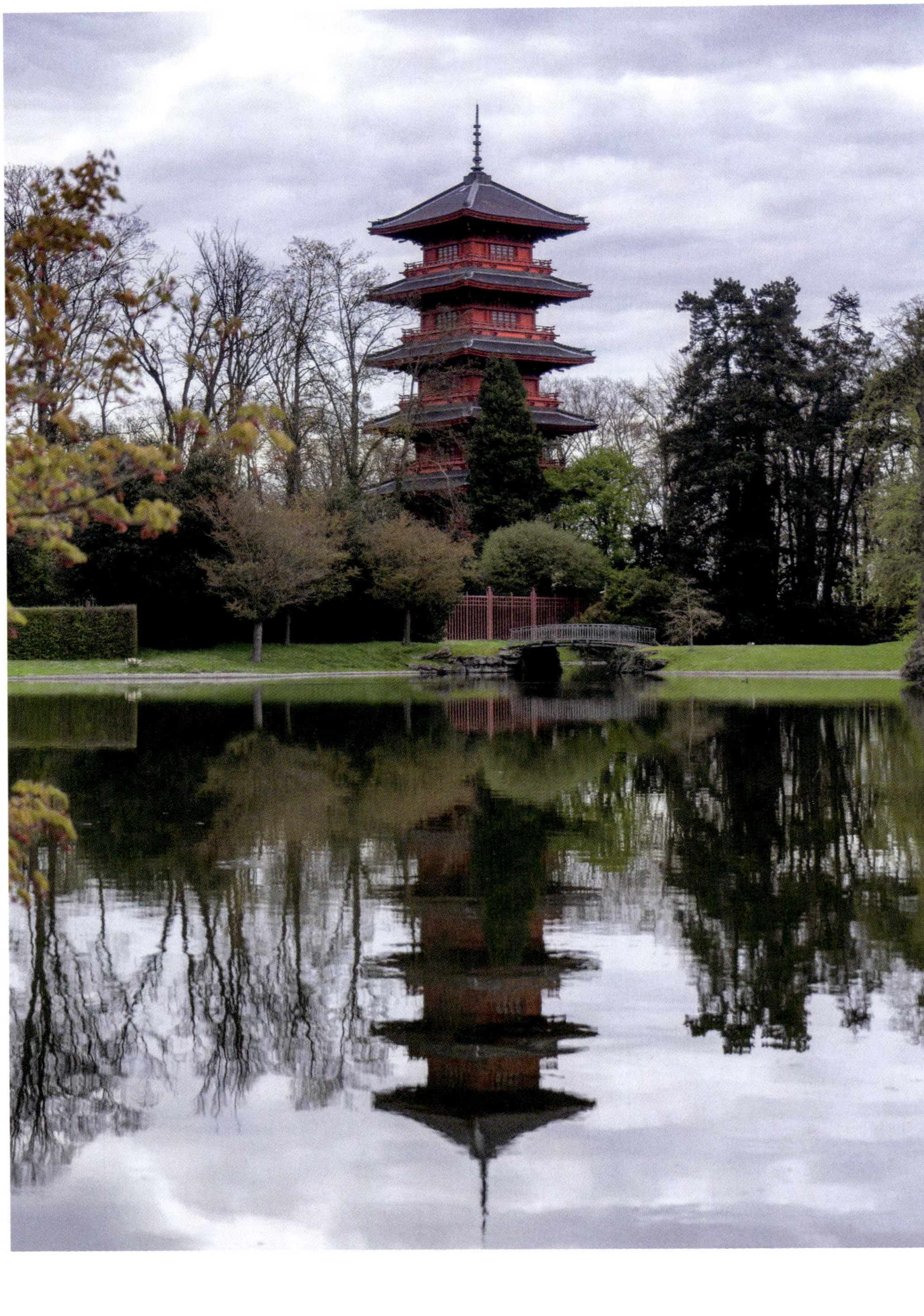

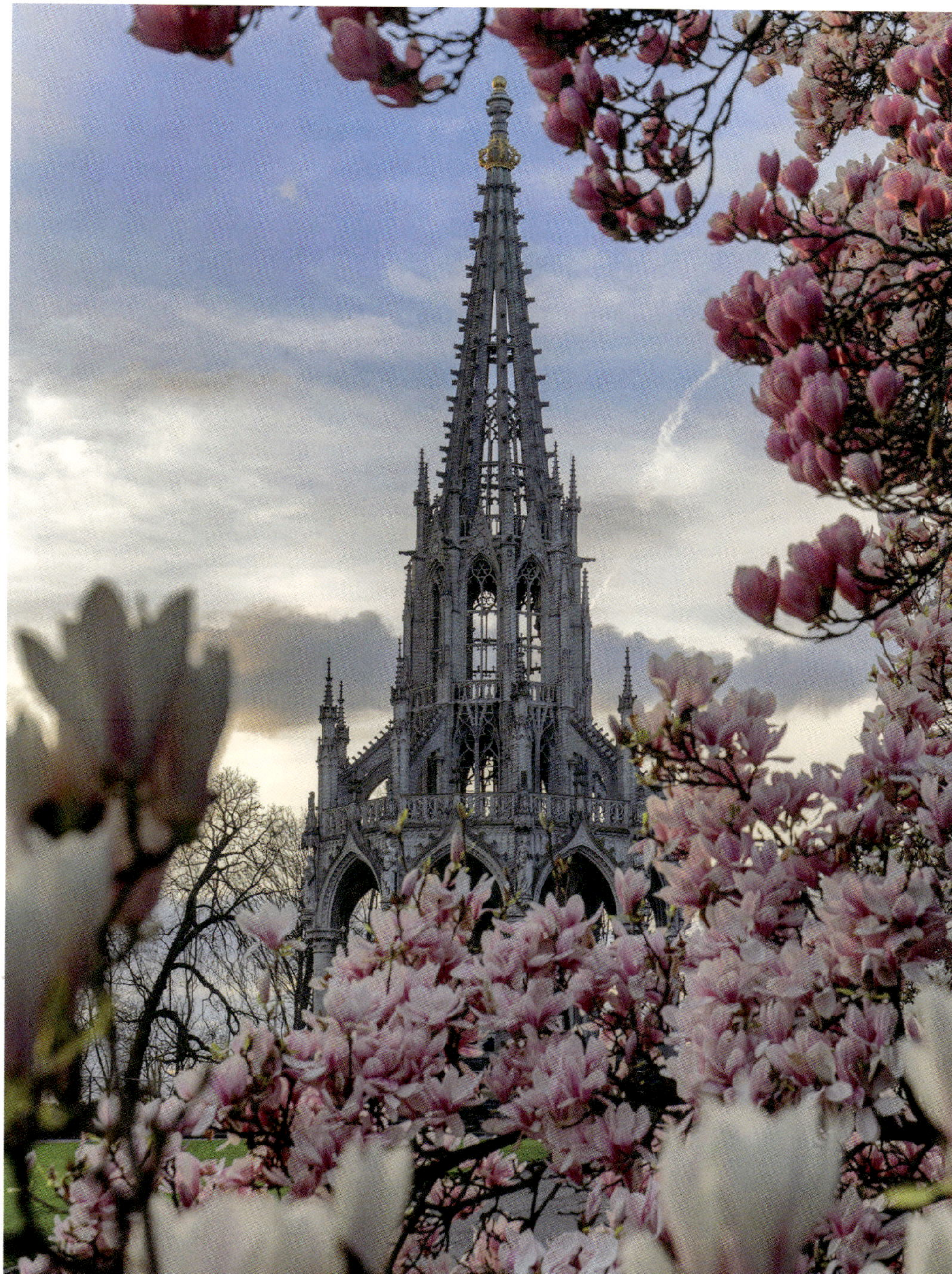

← La tour japonaise (Laeken)
De Japanse Toren (Laken)
The Japanese tower (Laeken)

↑ Le Monument à la Dynastie (Laeken)
Het Monument voor de Dynastie (Laken)
The Monument to the Dynasty (Laeken)

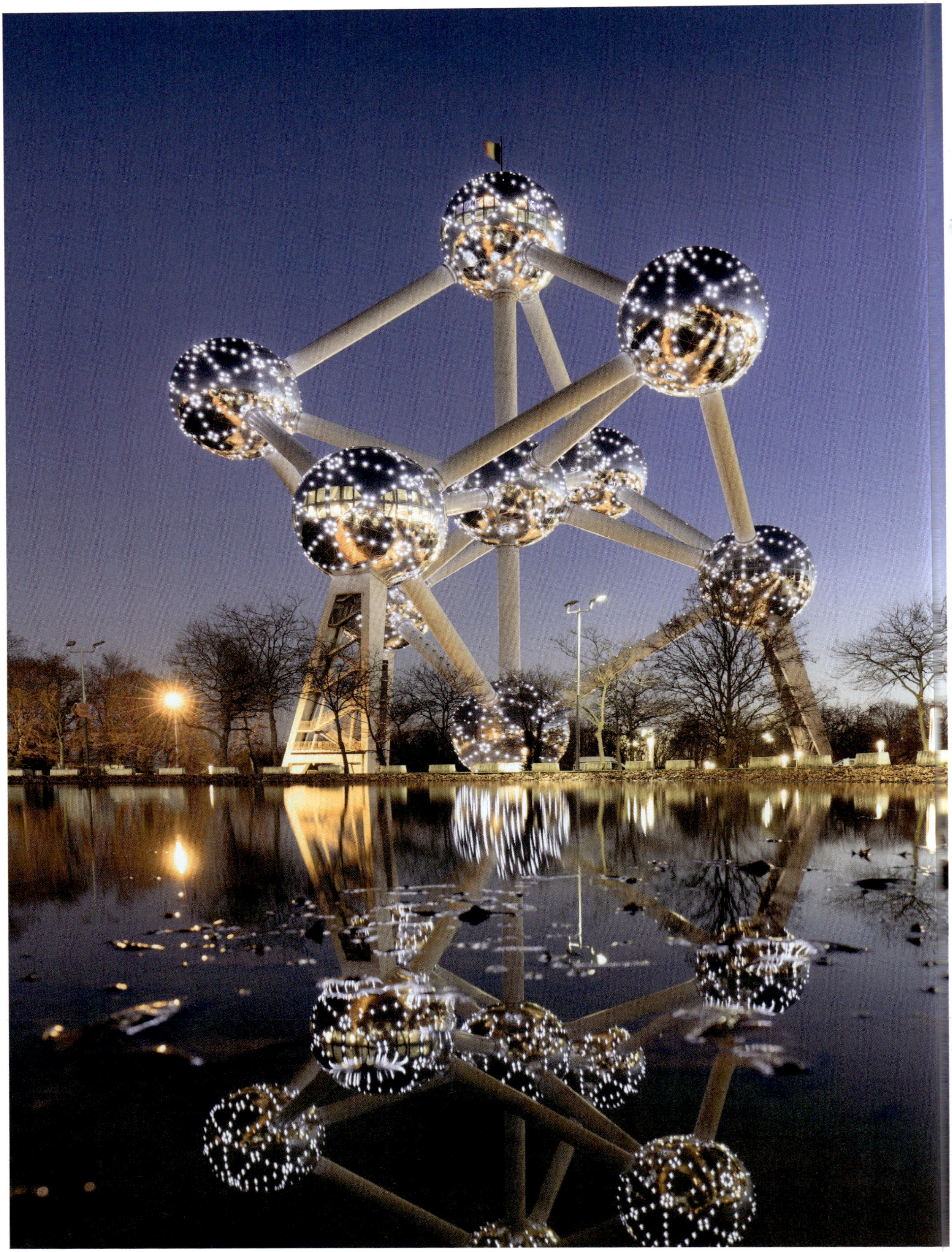

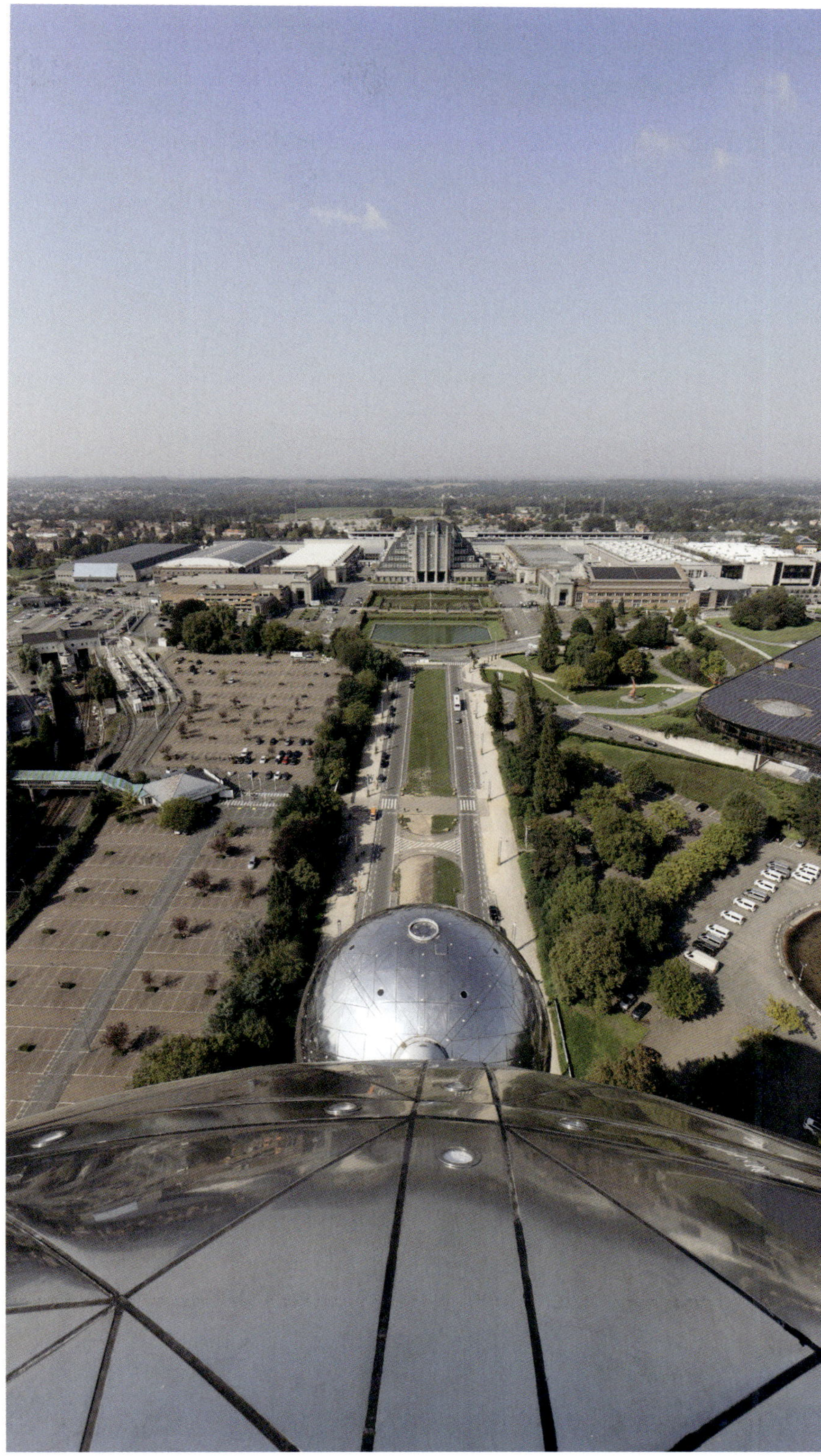

← L'Atomium, construit à l'occasion de l'Exposition universelle de 1958 (Laeken)
Het Atomium, speciaal gebouwd voor de Wereldtentoonstelling van 1958 (Laken)
The Atomium, built for the 1958 World Exhibition (Laeken)

→ Vue depuis le sommet de la dernière sphère de l'Atomium
Uitzicht van op de bovenste bol van het Atomium
View from the top of the highest sphere of the Atomium

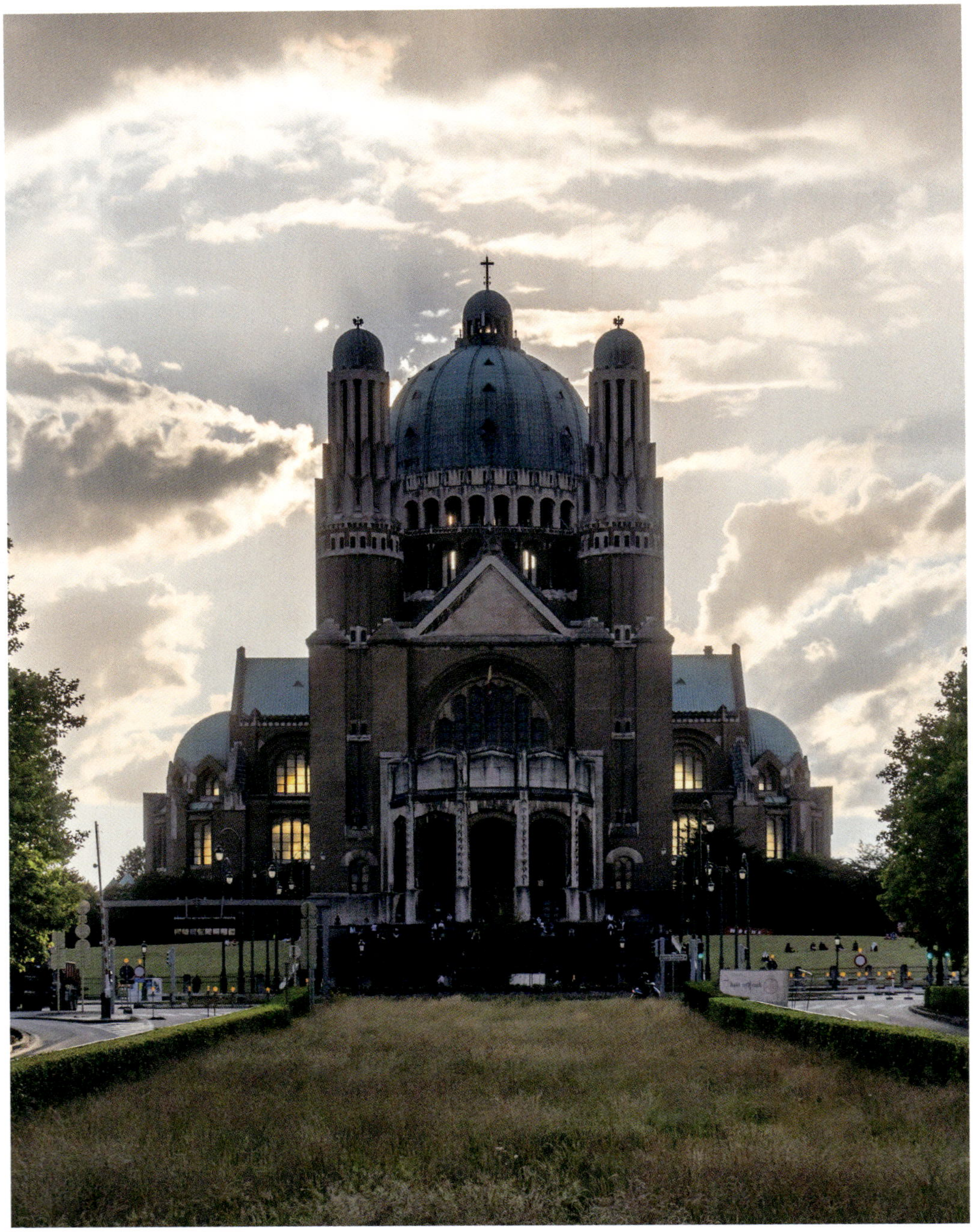

↑ La basilique nationale du Sacré-Cœur de Koekelberg
De Nationale Basiliek van het Heilig Hart in Koekelberg
The National Basilica of the Sacred Heart in Koekelberg

→ L'église Notre-Dame de Laeken, nécropole de la famille royale belge
De Onze-Lieve-Vrouwekerk van Laken, begraafplaats van de Belgische koninklijke familie
The church of Our Lady of Laeken, the necropolis of the Belgian royal family

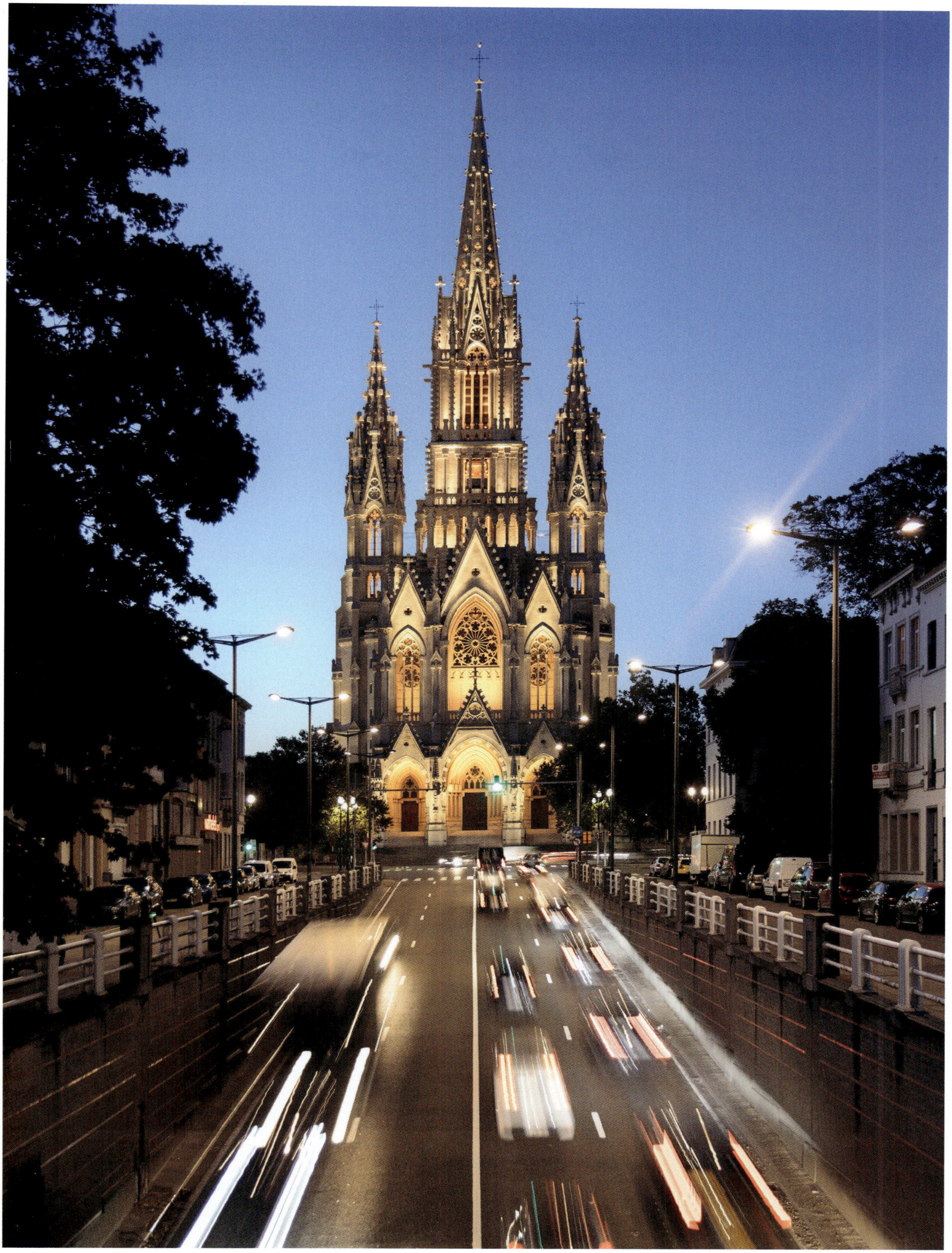

CRÉDITS PHOTOGRAPHIQUES
FOTOVERANTWOORDING
PHOTOGRAPHY CREDITS

© Photos/Foto's/Photographs : Éric Ostermann
© Succession René Magritte – SABAM Belgium 2025 : p. 79
© Maxime Brunfaut Estate : pp. 82 et 83
© 2025 – Xaveer De Geyter/Droits SOFAM – Belgique : pp. 88, 89
© Maison Hannon : pp. 110, 111
© 2025 - Joseph Diongre/Droits SOFAM – Belgique : pp. 128, 129 et couverture / and cover
© Le Logis-Floréal : p. 145
© Villa Empain : p. 143
© Hôtel Mix : p. 146
© 2025 Arch. Michel Bouquillon en collaboration avec l'association des Arch. Du CIC – SOFAM : pp. 164, 165
© Tours & Taxis : pp. 182, 183
© Atomium : pp. 188, 189 et couverture / and cover

The publisher and authors have sought to resolve the rights to the buildings in accordance with legal requirements. Copyright holders, whom we, despite our research, were unable to locate, are requested to contact the publisher.

MIX
Papier | Ondersteunt verantwoord bosbeheer
FSC® C106600

www.racine.be

Textes / Teksten / Texts : Christian Middagh
Traduction / Vertaling / Translation :
Anne Baudouin (english) and Tineke Pockelé (dutch)
Conception graphique et mise en page / Grafishe vormgeving / Layout : Philippe Dieu (www.extra-bold.be)

Tour et Taxis, Entrepôt royal
86C, Avenue du Port, BP 104A
B-1000 Bruxelles

D/2025/6852/47
Dépôt légal / Wettelijk depot / Legal deposit : October 2025
ISBN : 978-23-902-5354-9